20世紀末バブルはなぜ起こったか

日本経済の教訓

Takane Furuno
古野高根 〈著〉

桜井書店

はじめに

　20世紀末バブルは戦後幾多の景気循環のなかでも特異な経済変動であった。それまで繰り返されてきた景気循環としての側面も併せ持つが，なによりも株価，地価の暴騰・暴落が激しかった。それは列島改造論が言われた1973年のブーム期にも経験したことだが，規模がまったく違った。それに比べて物価の上昇など経済活動の過熱はさほど大きくない点が特徴であった。これまでの景気過熱とはまったく違った経験に戸惑い，識者，マスコミ，政策当局の対応も，新しい社会現象の紹介やこれに対する迎合，既存の価値基準による一方的な批判に終始するばかりで，これを冷静に分析して政策対応を模索する動きは少なかった。

　バブル形成期にはエコノミスト，経済学者の意識はきわめて希薄で，経済評論の世界でも1986年までは円高不況，大恐慌再来の可能性などにとらわれていた節がある。したがって株価・地価の高騰についても当初は「日本的経営」の勝利とか，「東京国際金融都市」とか，肯定的かつ楽観的な受け止め方が主流であった。一方，経営者の側では本格的な国際競争の時代，金融自由化の時代を迎えて，これまでの政策的庇護の下で国内シェア獲得にしのぎを削った時代から，国際的市場での収益競争の時代に入ったとの認識のもと，新しい収益機会を逃すまいとの意識が強かった。マスコミの財テクなどについての取り上げ方もむしろ肯定的ですらあった。円高不況対策としての内需拡大も，1987年2月の公定歩合2.5％への引き下げ，5月の6兆円の財政支出になると，資産価格への影響は決定的になる。その後，株価はタテホ化学工業の財テク失敗やブラック・マンデーなどでいったん反落し，地価は下落しなかったものの，議論の方向は犯人探しから政治問題化していった。吉野俊彦[1]は，卸売物価指数，消費者物価指数にストック価格を加えた総合購買力指数を作ることを提案して，1987年8月時点で，これで見ればすでにインフレが進行中である，と物価動向

---

1)　吉野俊彦「インフレの足音が聞こえる」『エコノミスト』1987年8月4日。

とは別に資産価格の異常さに警告を発した（おそらくバブルを指摘した最初のエコノミストではなかったか？）。一部の経済学者の間でも土地の需給問題にまで踏み込んだ政策論も交わされたが，結局これらはうやむやに終わった。むしろ1987年暮れから88年にかけての株価再上昇，地価の地方への波及は経済回復の成果と受け取られた。1989年に入って日本銀行はようやく公定歩合の引き上げに踏み切るが，大蔵省の不動産融資総量規制は1990年の3月で，すでに時機を失したものであった。

バブル崩壊後も銀行不祥事の続発，証券損失補塡問題などのスキャンダルの追及に追われて，不動産融資問題の深刻さに対する警鐘は打たれなかった。1992年の公的資金の投入を示唆する宮沢首相の発言も，銀行儲けすぎ論，銀行員高給論などの感情論にかき消されて，公的資金の投入も1995年までもつれ込むことになる。しかし構造改革に手間取った電機や自動車，鉄鋼などの一部の企業は別として，バブルの崩壊と景気の下降局面で致命的な打撃を受けたのは卸小売業，不動産業，建設業のバブル業種とそれに貸し込んだ銀行であった。なかでも銀行は不動産担保固有の問題もあって処理が後手に回り，世論の厳しい批判を受け，その処理はさらに遅れた。遅れたことは損失の拡大を招き，信用不安を呼び，銀行の機能自体が損なわれかねない状況に陥り，今度はこの対策に右往左往する羽目になったのである。

振り返って，バブルについてはこの20年余，目先のことに追われ，マスコミの報道に振り回されて冷静に問題の本質を検討することがなされなかったのではないかとの思いが，筆者には強い。筆者は1980，90年代の金融関係に身をおき，渦中でバブルの形成と崩壊を眺める立場にあった。そこで強く感じたことは，センセーショナルなマスコミの報道とは異なり，経済の世界でなぜこのようなことが起こるのかという率直な疑問であった。その意味でもわれわれの身辺に起こったことを改めて客観的に問い直し，後世に残すべきものは何かについて真剣に考えるときが来たといえるのではなかろうか。

本書では，20世紀末バブルの形成と崩壊を検討するに当たって，大きく三つの点を意識したつもりである。
（1）バブルの崩壊過程，不況が長期化したことの原因についてはすでに数多

くの労作が世に問われている。もっともそれらには政策の是非を問うという視点が多く，崩壊過程そのものに言及したものは少ない。もとより政策の如何が崩壊そのものの度合い，スピード，そのプロセスを規定することに違いはない。しかしバブル自体が持続不可能なものである以上，バブルの形成と崩壊は表裏一体の関係にあり，まずはその形成のプロセスを十分検討することが必要であろう。むしろそのなかに政策的含意を見出すべきと考える。ミッチェル[2]は，景気の上昇過程で蓄積されたストレスが下降への引金となることを示唆するが，同様の趣旨であろうと理解する。ただし崩壊過程は形成過程と対称的な時間，プロセスをたどるわけではなく，非対称性を持つことが特色である。この点については十分に配慮する必要がある。

（2）これまでのバブル形成要因については金融（貨幣資本）的側面が（必要以上に）クローズアップされる傾向[3]が強かった。特に1985年のプラザ合意以後の円高不況対策と国内需要拡大のための長期にわたる低金利政策，マネーフローの拡大や，この背景のもとに不動産業，建設業，ノンバンク，卸小売業などバブル関連業種に対する銀行の野放図な貸出し競争がバブルを招いたとする説である。この議論は政策ミス説や銀行犯人説などに仕立て上げられて一般に浸透していった。たしかにこれが要因のひとつの側面であることは否定できない。しかしこれではもうひとつの重要な側面，実物（生産資本）的側面をあまりにも軽視することになる。なぜなら金融（貨幣資本）的側面だけではなぜバブルが拡大したかについての説明にはなりえても，バブルがなぜ起こったかに

---

[2] Mitchell, Wesley C., *Business Cycles and Their Causes*, Burt Franklin, 1970（1st ed. 1913), pp. 452-511. 種瀬茂・松石勝彦・平井規之訳『景気循環』新評論，1972年。

[3] 一ノ瀬篤は日本のバブルについての先行研究として，①経済的覇権説（土生芳人），②1975年体制説（奥野正寛），③規制緩和説（伊藤正直，宮崎義一），④規制緩和遅滞説（清水啓典），⑤日銀責任説および国際政策協調説（岩田規久男，鈴木淑夫，斎藤精一郎），⑥資産価格上昇期待説（平成5年版『経済白書』），期待の強化説（翁邦雄，白川方明，白塚重典），⑦資金循環変化，マクロ経済政策説（野口悠紀雄）の諸説をあげているが，自身の専門分野の関係からか，①，②，⑥を除いてはいずれも金融（貨幣資本）的側面に関するものである。ちなみに一ノ瀬は，1986～88年の巨額のインパクトローンの導入が銀行による不動産，株式関連融資増加の大きな部分を占めていたことを重視する。一ノ瀬篤「日本のバブル再考——諸説のサーベイおよび後続不況との関連」同編著『現代金融・経済危機の解明』ミネルヴァ書房，2005年，3-17頁。

ついての説明にはならないからである。同時に，バブルの拡大を許した要因には，外生的な金融要因のほかにこれらの資金を自ら生み出す内生的要因もある。この点の理解なしには，逆に1990年代末から2000年初頭にかけてのゼロ金利や量的緩和にもかかわらず，バブルがなぜ再発しなかったのかについては説明できない。したがって本書においては，意識的に生産資本蓄積循環的な見地も入れて，なぜバブルが発生し拡大していったのかについて包括的に分析した。

（3）方法論として実証研究に徹したことである。データも高度な数学的，統計学的処理を施さずに極力ナマのデータを使用した。ナマのデータをじっくり観察することによりかなりの真実が見えてくるとの確信に基づいてのことである。もちろんデータもつねに事実を反映するとはいえないが，長期にわたるデータの観察はその弊を解消してくれるものと考える。

　本書の構成は以下のとおりである。
　第1章では，20世紀末バブルの背景となる第二次世界大戦後の内外の経済環境の変化と，20世紀末バブルの進行のプロセスを，なるべく具体的に述べた。最後に今後の分析の起点となる，バブルの定義を行う。
　20世紀末バブルの原因としてこれまであげられてきた要因を大きく整理すると四つに分けられる。それぞれの先行研究と要因の妥当性を第2章から第5章にかけて検討する。ここで検討する要因のなかに金融（貨幣資本）要因，政策要因，銀行行動要因が含まれていない点を不審に思われるかもしれないが，これらについては第2章，第5章でそれぞれ検討している。
　第2章は，資本蓄積の要因について検討する。資本の過剰蓄積がその暴力的な解決策として恐慌をもたらすことはつとにマルクスによって指摘されたところであるが，その理論に基づいた実証的な研究の展開は十分とはいえない。したがって，20世紀末バブルについてもこの視点を正面に据えての研究は少ない。そこで，多くの示唆を含む長島誠一のスタグフレーション論と宮崎義一の「複合不況」論を検討した後，国民経済，産業構造，企業など実物（生産資本蓄積循環）的な側面と，企業金融，家計の貯蓄など金融（貨幣資本蓄積循環）的側面双方から過剰蓄積の実態とバブルへの影響を検討する。最後に米国の大恐慌時との比較において過剰蓄積とバブルとの関係を探る。

第3章は，長期波動論からの20世紀末バブルについての説明力を検討する。ソ連の社会主義体制崩壊後，長期波動の存在をはじめて実証的に主張したコンドラチェフの著作が注目を集め，長期波動に関する研究も再び盛んになってきたが，いまだ解明されていない部分も多い。ここではコンドラチェフと長期波動研究のリーダー的存在であった加藤雅の論文を検討した後，20世紀末バブルが長期波動としてどこまで説明可能かを検討する。

　第4章は，心理要因に基づいた20世紀末バブルの説明力についてである。バブルないしは株価形成が効率的市場仮説に基づくファンダメンタル価格で説明できるか，それでは説明できない心理要因を含んでいるのかについては，米国で長く論争されてきた。20世紀末バブル形成期の日本においても，株価，地価についてファンダメンタル価格かバブル価格かの論争が続いた。これらを先行研究として検討した後，20世紀末バブルの形成に心理要因がどのように作用していったかを検証する。同時に，心理要因を計量化してその説明力を検証する試みを行ってみた。補論では経済活動における心理要因の存在を取り扱った著作の系譜をレビューした。

　第5章では，制度要因の説明力を検討した。戦後日本の高度成長はその過程で終身雇用制度，年功序列賃金，社内昇進制度，メインバンク制度，政官財の癒着などのそれに適した相互補完的なシステムを完成していったといわれる。しかし低成長への移行，人口の高齢化とともに，労使関係の変化，銀行離れ，自由化，国際化などこれを突き崩す力が次々と働くことになった。政府・政治，企業，銀行など主要な経済活動主体（プレイヤー）ごとに，それぞれをめぐる制度とその変化がバブルの形成にどのように作用したかを検証する。

　第6章では，これまで検討した四つの要因を総合的に比較検討して，20世紀末バブルの形成要因をどう結論づけるか検討する。

　第7章では，バブルの崩壊過程を検討する。バブル崩壊後の長期不況は一時的な回復はあったものの21世紀にまで及ぶ長期にわたった。なぜこれほどまでに調整が長引いたのか，企業，銀行，家計について検討を加えたうえでいまだ未解決の問題を探る。

　第8章は，以上の結果として，これまでの20世紀末バブル論に対していささかなりとも貢献できたと自負する点と，今後に残された問題を整理したうえで，

政策的含意について述べる。

　ここでなぜ「20世紀末」バブルなのかについて一言ふれておこう。巷間「平成」バブルという用語法が用いられており，一部では市民権を得つつあるようにも思われる。たしかに「バブル」と「平成」の御世の誕生は国民に強烈なインパクトを与えたことは間違いなく，連想的にも結びつきやすい。しかし翻ってみれば，バブルが発生したのは昭和61（1986）年から平成2（1990）年までで，「平成」はその末期の一部にすぎない。しかも「平成」時代は現在も続いており，昨今の資産運用ブームなどをマスコミではバブルと表現する向きもあるが，「何バブル」と命名したものか戸惑いすら見られる。したがってここでは混乱を避ける意味も含めて，あえて「20世紀末」バブルという表現で統一した。

　最後に本書が完成するに至った経緯を述べておきたい。
　本書は，筆者の東京経済大学大学院経済学研究科の博士後期課程における博士論文を加筆，修正したものである。
　客観的な形で20世紀末バブルについてまとめてみたいと考えていたことは，すでに述べた。しかし大学卒業後40年余もの間，経済学から遠ざかっていたブランクを少しでも埋めるためには大学院で学びなおすしかないと感じ，たまたま2002年に開校した放送大学大学院に入学した。そこでは仕事を続けながら学ぶことが可能で，修士課程までは修了することができた。しかし放送大学には博士後期課程がなく，仕事のめどもつき始めていたので，改めて東京経済大学大学院経済学研究科の門をたたき，博士後期課程で研究を続ける機会を得ることができた。この間，最新の経済学の動向から論文作成のイロハまで懇切にご指導いただいた放送大学の林敏彦教授，坂井素思助教授，論文指導を通じてさらに幅の広いものの見方，考え方を親切にご指導いただいた東京経済大学の長島誠一教授には心からお礼申し上げます。同時に長島教授とともに論文の審査に当たられた東京経済大学渡邉尚教授，江藤勝教授にも懇切な示唆，ご指導を頂いた。また論文作成の過程や完成後に与えられた発表の機会，大学院内の博士論文計画発表会，2度にわたる独占研究会での報告にご出席くださった先生方，経済理論学会での報告にコメンテーターをお引き受けくださった富山大学

の星野富一教授には数え切れない貴重なご指摘や助言を頂いた．改めて謝意を表したい．

さらに，桜井書店の桜井香さんは，出版事情厳しいなかで，本書の出版を快諾していただいたばかりか，経験の乏しい筆者に懇切かつ親身なご指導，ご助言を数多く下さった．氏の本づくりにかける執念，情熱に敬意を表するとともに，厚く御礼申し上げる．

そして，子供たちも成長し，二人だけののどかな時間を楽しむはずのところ，論文作成に有り余るオフタイムの大半をつぎ込むわがままを許してくれた妻，伊津子に感謝の念とともに本書をささげたい．

目　次

はじめに　3

第1章　20世紀末バブルとは何か……………………………17
第1節　20世紀後半の欧米経済と日本 ……………………17
1　第二次世界大戦後の世界　17
2　その変容　18
第2節　20世紀末バブルの発生 ……………………………19
1　戦後日本の景気循環と比較しての特異性　19
2　バブル形成のプロセス　23
第3節　バブルの定義 ………………………………………28

第2章　資本蓄積：20世紀末バブルの原因（1）…………33
第1節　資本蓄積と景気変動 ………………………………33
1　マルクス学派の過剰蓄積と恐慌　33
2　長島誠一のスタグフレーション論　38
3　宮崎義一の「複合不況」論　41
第2節　高度成長と過剰蓄積の進行：データによる検証 ……45
1　国民経済の成長と屈折　45
2　産業構造の変化　52
3　企業の成長と変質　55
第3節　金余りの進行 ………………………………………60
1　資金需給と金融資産　61
2　企業金融　63
3　家計収支と貯蓄　74
第4節　過剰蓄積論の説明力 ………………………………79
1　20世紀末バブル　79
2　米国大恐慌　80

第3章　長期波動：20世紀末バブルの原因（2） ……………… 85

第1節　長期（コンドラチェフ）波動とその系譜 ……………… 85
1　コンドラチェフの指摘　85
2　景気循環理論と長期波動　88
3　加藤雅の長期波動論　92

第2節　20世紀末バブルと長期波動 ……………… 94
1　長波のクロノロジーと20世紀末バブル　94
2　長期波動説の説明力　99

第4章　心理要因：20世紀末バブルの原因（3） ……………… 105

第1節　市場価格か？　バブルか？ ……………… 105
1　米国における株価形成論争　105
2　20世紀末バブルをめぐって　108

第2節　20世紀末バブル形成期における心理要因 ……………… 113
1　バブル現象と心理要因　113
2　心理要因計量化の試み　127

補論　経済変動と心理要因の系譜 ……………… 133
1　景気循環と心理　133
2　心理増幅のプロセス　137
3　バブルと心理要因　142

第5章　制度要因：20世紀末バブルの原因（4） ……………… 147

第1節　制度は経済活動にどのように影響するか ……………… 147
1　比較制度分析と蓄積の社会的構造（SSA）理論　147
2　資本主義成立後の日本経済の変化　153

第2節　「制度」の形成と硬直化 ……………… 157
1　終戦から高度成長期まで　157
2　高度成長以後　164

第6章　20世紀末バブルとは何であったのか ……………… 175
1　資本蓄積説　175
2　長期波動説　179

　　　　3　心理要因説　180
　　　　4　制度要因説　182
　　　　5　総括　184

第7章　20世紀末バブルの整理過程：なぜ長引いたのか……………187
　　第1節　企業………………………………………………………………188
　　　　1　産業別の動向　188
　　　　2　リストラの進行　193
　　第2節　銀行………………………………………………………………202
　　　　1　不良債権の発生とその処理　202
　　　　2　銀行の機能不全　206
　　第3節　家計………………………………………………………………211
　　補　論　残された問題と21世紀になって発生した課題……………214

第8章　結論と政策的含意………………………………………………219

　　付録1　20世紀末バブル形成期における経済動向と論文・新聞報道　227
　　付録2　参考文献一覧　265

　　事項索引　273
　　人名索引　279

　　見返し挿画＝古野春水

20世紀末バブルはなぜ起こったか

― 日本経済の教訓 ―

第1章　20世紀末バブルとは何か

　20世紀末バブルについての分析に入る前に，第二次世界大戦後の世界と日本の経済の流れ，バブルといわれる現象の進行状況について概観しておく。そのうえでバブルをどのように定義すべきかを検討したい。

第1節　20世紀後半の欧米経済と日本

1　第二次世界大戦後の世界

　第二次世界大戦後の資本主義世界の経済はブレトンウッズ体制によってスタートしたといってもよい。ブレトンウッズ体制とは，1944年7月，ブレトンウッズで調印されたIMF協定と国際復興開発銀行（IBRD）協定の総称である。その骨子は，第1に，商品，サービス取引の為替管理を禁止し，国際資本移動を規制して固定相場を実現するものである。ただし，基礎的な不均衡が発生した場合には平価の変更は可能とした。第2に，これは国際通貨の第二線準備を供与するだけのものであり，国際通貨システムは米国の金為替本位・ドル本位制（1ドル＝金35オンス）を基準とした固定相場制にすぎず，米国の圧倒的な経済力のもとでのみ機能するものであった。

　米国は第二次世界大戦による直接的な被害を受けなかった唯一の大国であったことに加えて，ケインズ経済学を基礎に置いた有効需要喚起策と，農業からのシフト，女性の労働参加，ベビーブーマーの存在などによる労働力供給の増加とがうまくマッチして，1950～60年代には安定した物価と着実な経済成長を実現した。この間労使関係も安定的で，国内的には生産と消費の拡大がかみ合った「高度大衆消費時代」[1]が実現した。また，世界的にも圧倒的な競争力を発揮してパックス・アメリカーナの時代を築いた。しかし，1963年に就任し

---

1)　Rostow, W. W., *The Stages of Economic Growth: A Non-Communist Manifesto*, Cambridge Univ. Press, 1960, pp. 73-92. 木村健康・久保まち子・村上泰亮訳『経済成長の諸段階』ダイヤモンド社，1961年。

たジョンソン大統領による「偉大な社会」建設のための福祉制度の充実，1964年に始まったベトナム戦争の激化による軍事支出の増大などにともなって財政の赤字が続き，国際収支面でも経常収支の余裕は乏しくなっていた。そのうえに，巨額の資本輸出が災いしてドルの流出が拡大していった。

　日本では第二次世界大戦終結後，主としてGHQの指示による軍事補償の禁止，財閥解体，農地改革，労働組合の結成等に始まり，特定品目の統制や石炭・鉄鋼への傾斜生産等々，戦後処理，復興の足がかりを構築するための施策が矢継ぎ早に打ち出されていった。1948年のドッジ・ラインによる財政の健全化とその結果発生した不況を切り抜けた1950年頃から本格的な成長軌道に乗り始め，折から勃発した朝鮮戦争による特需も追い風となった。

　1950～60年代には，短い景気後退と長い上昇を繰り返しつつ高い経済成長を実現した。とくに設備投資・輸出促進が政策的に誘導され，それをテコに個人所得の増加と耐久消費財普及の急拡大が実現して，1960年に閣議決定された10年間での「所得倍増計画」は難なく達成された。詳しくは第5章で検討するが，終戦直後の労働組合の結成にともなって尖鋭な対立が再三発生した労使関係も1950年代の半ば頃からは協調関係に変化し，終身雇用を前提とする労使の相互補完関係が成立する。さらに政府の銀行・企業に対する政策的支援が行きわたるにつれ，銀行と企業間，政・官・民についても相互依存関係が成立し，高度成長を促進する要因となっていった。しかしながら，1970年代に入ると労働者不足，原材料価格の高騰から物価上昇が顕著となり，オイル・ショックと消費物資不足パニックで高度成長はその頂点に達する。

2　その変容

　1971年，米国は金・ドル交換を停止し，新しい固定レート（スミソニアンレート，従来の1ドル＝360円から308円に円は切り上げられた）が実施された。さらに1973年には変動相場制に移行してドル流出に対する制約要因がなくなった。しかしながら国内的には1960年末までの労働市場の逼迫化と若年労働者を中心とした政治的，経済的要求に対する社会的共感の拡大が進行し，1970年代半ばからはインフレ，生産性の低下，失業者の増加といった相互背反的な現象が発生した。ドルの流出も止まらなかった。ケインズ経済学に拠った政策は完

全に手詰まり状態に陥ったのである。

　1981年に大統領に就任したレーガンは，ネオ・リベラリストの意見を容れてインフレ退治を優先してマネーサプライの圧縮を強行し，同時に航空，陸運，金融など準公共部門を中心に徹底した規制緩和・自由化を実施した。その結果，インフレは収束したものの，財政・国際収支の赤字，失業はさらに拡大した。とくに1983～84年頃からは財政・国際収支のいわゆる「双子の赤字」が巨額にのぼり，強いドルを維持するための高金利政策は財政負担をさらに重くし，貿易収支を悪化させるというジレンマに陥った。これに耐えられなくなった米国は，1985年，世界先進主要5ヵ国とのいわゆるプラザ合意でドル高を是正するために各国が協調介入を行う旨の合意を成立させた。さらにわが国に対しては，金融緩和，輸出抑制，国内需要拡大と同時に金融をはじめとする規制分野の規制緩和，自由化，対外障壁の撤廃を執拗に迫ることになった。

　日本経済もオイル・ショックを機に大きな転換を余儀なくされた。エネルギー価格の高騰はその後の省エネ技術の開発と円高によって吸収したものの，それでもエネルギーのコスト上昇と円高の進行はエネルギー依存度の高い業種や国際競争力の弱い業種には抜本的な構造改革を迫ることとなった。同時に高度成長時代の好循環は機能しなくなって，財政・輸出依存型の経済となり，成長率は急低下すると同時に財政赤字が累積していった。1982年に登場した中曽根内閣は「増税なき財政再建」を旗印に行政改革に取り組み，国鉄，電電公社，専売公社の民営化を打ち出し，国有財産の処分など，民間活力推進路線を進めていった。この結果として物価は徐々に落ち着きを取り戻し，財政赤字も縮小していったが，グローバル化，自由化にともなう外資の日本進出，シェア重視から収益重視へのシフトなどが顕著になった。加えて，上場されたNTT株ブームや国有地の高値落札など株価・地価高騰の引金となる現象をもたらしたことは否定できない。

第2節　20世紀末バブルの発生

1　戦後日本の景気循環と比較しての特異性

　そこで，戦後日本の景気循環のなかでの20世紀末バブルの特異性を探るべく，

表 1-1　景気変動の基準日付とピーク年の経済指標

	景気変動の基準日付			ピーク年	名目成長率前年比(%)	設備投資比率(%)	鉱工業生産前年比(%)	企業物価指数前年比(%)
	谷	山	谷					
1		1951. 6	1951.10	1951			35.6	38.8
2	1951.10	1954. 1	1954.11	1953			20.9	0.6
3	1954.11	1957. 6	1958. 6	1957	15.2	15.4	16.1	3.2
4	1958. 6	1961.12	1962.10	1961	20.8	20.2	19.2	1.2
5	1962.10	1964.10	1965.10	1964	17.6	18.3	15.8	0
6	1965.10	1970. 7	1971.12	1970	17.9	21.0	13.8	3.5
7	1971.12	1973.11	1975. 3	1973	21.8	18.5	14.9	15.8
8	1975. 3	1977. 1	1977.10	1976	12.3	16.4	11.0	5.4
9	1977.10	1980. 2	1983. 2	1979	8.4	14.9	7.5	5.0
10	1983. 2	1985. 6	1986.11	1985	7.5	16.2	3.6	-0.8
11	1986.11	1991. 2	1993.10	1990	7.7	19.3	4.1	1.5
12	1993.10	1997. 5	1999. 1	1997	2.1	16.2	3.6	0.6
13	1999. 1	2000.11	2002. 1	2000	0.8		5.7	0
14	2002. 1							

(資料出所)　基準日付：内閣府経済社会総合研究所
　　　　　名目成長率，設備投資比率：内閣府経済社会総合研究所『国民経済計算年報』
　　　　　企業物価，M2＋CD：日本銀行『金融経済統計月報』
　　　　　日経平均株価：日本経済新聞
　　　　　全国市街地価指数：日本不動産研究所
(注)　山となった月を含む直前6ヵ月が多数を占める年をピーク年とした。

内閣府経済社会総合研究所の景気変動の基準日付による戦後13の循環について，いくつかの経済指標により他の景気循環と比較したのが表1-1である。

（1）**名目成長率**　1970年代半ばを境に成長率はシフトダウンした。名目成長率の長期トレンドについては第2章で示すが（図2-1），ピーク年の成長率で見てもそれ以前の景気のピーク年より低下していることは明らかである。20世紀末バブルに相当する第11循環のピーク年も上昇の期間は長かったが第9，第10循環と同じ程度の成長率にすぎない。

（2）**設備投資比率**　企業設備投資が国内総生産に占める比率の推移も同じく後に示すが（図2-4），ピーク年の1961年（岩戸景気），1970年（いざなぎ景気）と20％を超えた後，1990年には20年ぶりに20％に迫ったが，高度成長期の水準を超えるものではなかった。

（3）**鉱工業生産の伸び**　長期トレンドは同じく後掲のとおり（図2-2），1970年代半ばのピーク年までは10％を上回っていた伸びは，以後急速に鈍化した。

M2+CD 前年比(％)	日経平均株価年平均(円)	全国市街地(2000=100)
	136	
	390	
	536	3.2
	1,549	8.7
	1,263	14.8
18.3	2,193	30.5
22.7	4,759	50.1
15.1	4,651	59.4
11.9	6,272	65.2
8.4	12,557	91.5
11.7	29,475	133.9
3.1	18,365	115.6
7.4	17,161	100

1990年も4.1％の伸びと過去と比べて勢いはない。

(4) **企業物価の上昇率** これも長期的な動きは後掲するが（図2-5），オイル・ショックでの突出した高騰の後，1980年代後半はむしろ低下気味である。20世紀末バブルの初期は物価上昇率は大幅なマイナスを記録した後，上昇率は徐々に高くなってはいくが，水準としては過去のピーク年に比べても低い。

(5) **マネーサプライ（M2＋CD）** 1970年代後半から趨勢的に伸び率は低下し，1981～82年の一時上昇後もじり高ながらほぼ横ばいに推移した。1987年以降は急上昇するが，それでもピークの1990年の水準は1970年代よりは低い（表1-1，参照）。

これら全般的な経済活動を示す指標に比較して，株価と地価は1990年には過去の景気循環のピークの時期と比べて際立った動きを示している。

(6) **株価** 225種の単純平均である日経225種平均株価と上場時価総額の指数であるTOPIX株価指数の双方の1950年からの動きを図1-1に示した。1990年代の後半からはTOPIX指数が若干上方に乖離しているものの，基本的な動きは同じである。なだらかな上昇トレンドのなかで，1972年は前年比57.4％高と単年では史上最高の上昇率を記録したが，20世紀末バブルでは1985年から89年の間に3.87倍の上昇と断然突出しており，かつ長い。上昇は1982年頃から始まり，1986年頃からピッチが上がって1989年末にピークを記録した。その後上下の変動を繰り返しつつ2003年には1984～85年の水準にまで下落した。

(7) **地価** 戦後我が国の地価は右肩上がりの上昇を続けてきたが，この間3回の急騰期を経験している。1960年代前半，1970年代前半，そして1980年代後半の20世紀末バブル期である。1回目は高度成長期にあたり大都市圏の工業地

図 1-1　日経225種平均と TOPIX 年間平均推移

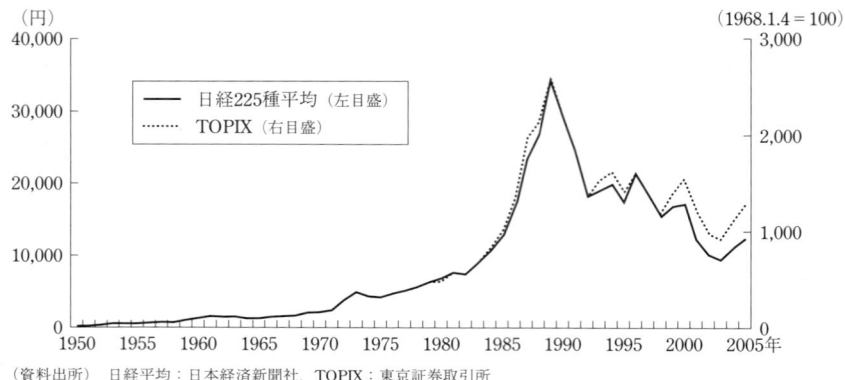

（資料出所）　日経平均：日本経済新聞社，TOPIX：東京証券取引所

図 1-2　商業地価格指数推移（2000年＝100）

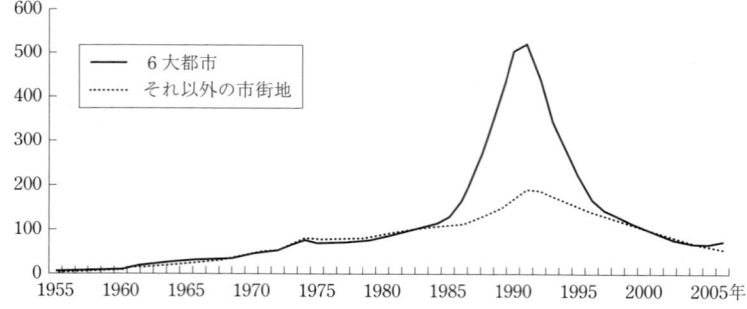

（注）　各年 3 月末現在。
（資料出所）　日本不動産研究所

主導型，2 回目は列島改造ブーム下で全国すべての地価が上昇，全国市街地価格上昇率では20世紀末バブル期を上回る。ちなみに20世紀末バブル期にクローズアップされた大都市商業地についても，図 1-2 に見るように，1970年代には 6 大都市よりも，それを除く市街地の商業地のほうが上昇は激しい。これに対し20世紀末バブル期は，東京都心の商業地から始まり，周辺住宅地，大都市圏の商業地へと時間とともに波及していき，1983年に至り 6 大都市の商業地価格指数がその他の全国市街地の商業地を凌駕した。しかしながら，1970年代には物価上昇率も高く，このことを勘案すれば20世紀末バブル期は 6 大都市商業地

価格が独歩高であったといえる。しかもこのバブル崩壊後に金融問題が発生して，我が国経済に多くの後遺症を残した点でも過去例を見ない。

2 バブル形成のプロセス

株価，地価高騰の要因については第4章で詳しく検討するので，ここでは上昇のプロセスだけを追跡するにとどめる。

（1）株式

20世紀末バブル期の株価の動きは図1-1で示した。なだらかな上昇を続けてきた株価は，1981～83年頃から上げ動意が見え始めた。この時期は，日本企業の国際競争力強化を評価した外人買いに端を発するもので，「日本株浮世絵論」など，国内投資家の出遅れに対する焦りも見られた。この点は，表1-2の部門別売買差額を見ても明らかで，この時期外国人は買い越しとなっている。1984～86年，1987～89年とバブルの最盛期に入ると，もともと安定的な買い手だった金融機関は資金量拡大にともなう運用手段として，また取引維持のための安定株主あるいは持ち合いの相手として，買い越し高は急速に膨らんだ。事業法人も安定株主，持ち合い等で増加した。しかしながら，買い越しの量から見て，事業法人の運用目的の直接株式投資は比較的少なかったのではないかと思われる。一方，安定株主化が進むなかでの，投資信託を通じての運用目的の買いが株式相場を急速に引き上げる原動力になったものと思われる。表1-3は投資信託の動きを示したものであるが，法人が中心であったと見られる株式投

表1-2 投資部門別株式売買差額　　　（単位：百万株）

年	1981～83	1984～86	1987～89	1990～92
自己	-483	-752	-5,249	-750
証券会社	-137	-132	-86	-172
個人	-3,096	-2,313	-3,420	-532
外国人	1,683	-8,337	-7,452	2,569
投資信託	-822	1,349	4,528	-106
事業法人	-466	471	905	-1,815
その他法人	1,687	1,248	822	1,474
金融機関	3,160	8,626	11,845	948
計	1,526	160	1,893	1,616

（資料出所）東京証券取引所『証券統計年報』

表 1-3 投資信託の動き (単位：十億円)

年	1978～80	1981～83	1984～86	1987～89	1990～92
株式投信					
差引増減額	665	1,169	10,943	20,149	-10,152
運用増減額	411	953	2,024	6,282	-14,294
純資産総額	4,029	6,151	19,118	45,549	21,103
公社債投信					
差引増減額	292	5,722	4,725	28	8,536
運用増減額	58	192	295	114	562
純資産総額	2,023	7,937	12,957	13,100	22,197

(資料出所)　証券投資信託協会『証券投資信託年報』
(注)　差引増減額＝設定額－解約額－償還額

表 1-4 株式分布状況（株式数ベース） (単位：%)

年度末	政府・地方公共団体	金融機関	投資信託	証券会社	事業法人	外国人	個人他	計
1980	0.2	37.3	1.5	1.7	26.0	4.0	29.2	100
1983	0.2	38.0	1.0	1.9	25.9	6.3	26.8	100
1989	0.7	42.3	3.7	2.0	24.8	3.9	22.6	100
1992	0.6	41.3	3.2	1.2	24.4	5.5	23.9	100

(資料出所)　東京証券取引所『証券統計年報』

信は1984～86年11兆円，1987～89年20兆円の大幅な設定超過となっており，証券バブルが始まった1983年とピークの1989年の株式保有状況（表 1-4）を比較してみると，この間，保有比率は1.0％から3.7％へと金融機関に次ぐシェアポイント・アップとなった。しかし，1990～92年には反動から激減，巨額の運用損も出している。

　一方，公社債投信は当初法人の余資運用対象として増加したが，1984年4月転換社債との抱き合せ販売が禁止されるや証券各社は個人主体の市場開拓を進め，1981～83年，1984～86年の両期間とも5兆円前後の設定超過となった。1987～89年には増勢は完全に止まり，個人も一部株式投信にシフトした節が窺える。逆に株価落ち込みを受けた1990～92年には，従来にもまして個人資金が戻ってきたものと思われる。個人の株式売買については一貫して売り越しで，株式保有状況を見ても1980～92年の間に保有シェアは5.3ポイントの低下を見た。個人の間でも関心は高かったが，数ではともかく直接株式投資に参加して，市場に影響を与えたプレイヤーは多くはなかったといえるのではなかろうか。

図1-3 公示地価対前年比推移

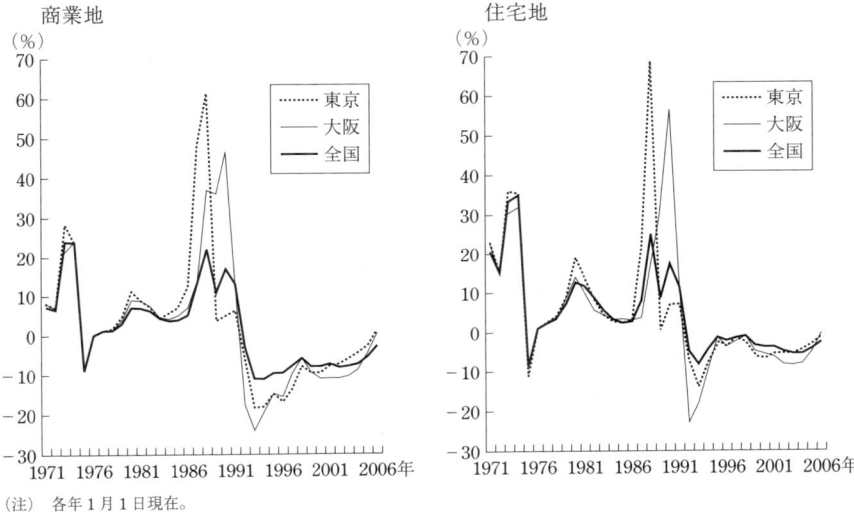

(注) 各年1月1日現在。
(資料出所) 国土庁『地価公示』

このことは第2章で検討するが個人貯蓄全体に占める比率がさして高くないことからも裏づけられる。

(2) 土地

地価の動きをもう少し細かく見るために、公示地価の対前年比を見れば図1-3のとおりである。オイル・ショック後の落ち込みから立ち直りを見せた1980～81年の小騰の後,「土地神話の崩壊」とか「大都市空洞化論」などの悲観論が一時支配したが、東京の商業地は1984年頃から徐々に上昇に転じ、その後ピッチを速めて1988年には前年比61％高という狂騰ぶりとなった。しかし、さらにこれを日本不動産研究所の資料で細かく見ると、東京23区だけでは、すでに1986年9月に伸びはピークに達し、多摩地区、東京周辺へと波及していったことがわかる。これに引かれて大阪も上昇、1990年にピークをつけ、他の大都市も多かれ少なかれ追随した。もっとも、全国平均の上昇は遥かに低く、地方都市への波及は小さかった。

これにつれて東京の住宅地も1988年から急騰、1年遅れて大阪へも波及した。全国で見ると上昇率が低いのは商業地と同様である。

図1-4 事務室空室率推移

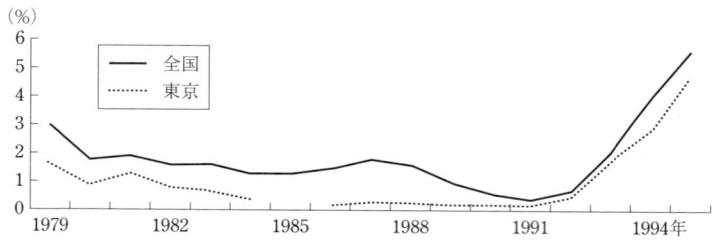

（資料出所）　日本ビルヂング協会『ビル実態調査のまとめ』

図1-5 事務室実質賃料

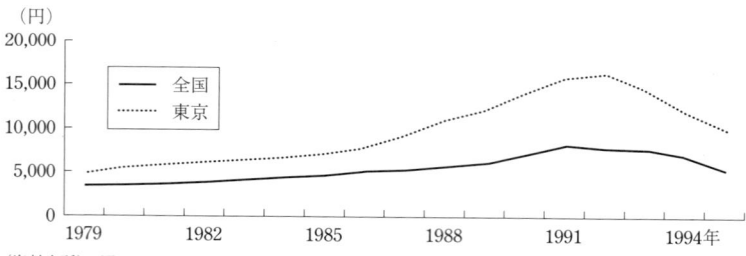

（資料出所）　図1-4に同じ。実質賃料は敷金・保証金金利を1986年までは10％，以降は長期プライムレートで換算して加算。

　東京の商業地急騰はなぜ起こったのか？　産業構造の変化と東京の情報・金融都市化の進行による需給逼迫に端を発したものといえる。すなわち，東京圏の工業出荷額の全国シェアは1960年の29.7％と比べて1985年は25.6％と低下したが，手形交換金額シェアでは1986年79.9％（1960年53.2％），外国企業法人数では1985年87.6％（1960年84.4％）と圧倒的な集中化が進行しており，1981～86年の従業員数の増加は119万2000人（全国の41.8％），非製造業だけでは116万9000人（同48.8％）を占めた。この間OA化の進展もあって1人当たり事務室床面積も2割程度増加しており，東京におけるオフィス需給は急速に逼迫することとなった。

　これは東京の空室率に明らかで（図1-4），各都市のビルヂング協会加盟の大手ビル会社対象の調査であるため実態より低めの水準の空室率とは見られるが，1982年より1％割れの超逼迫となっており，特に1984～90年にわたって全国水準の半分以下の状態が続いた。

図1-6　東京23区事務所着工面積推移

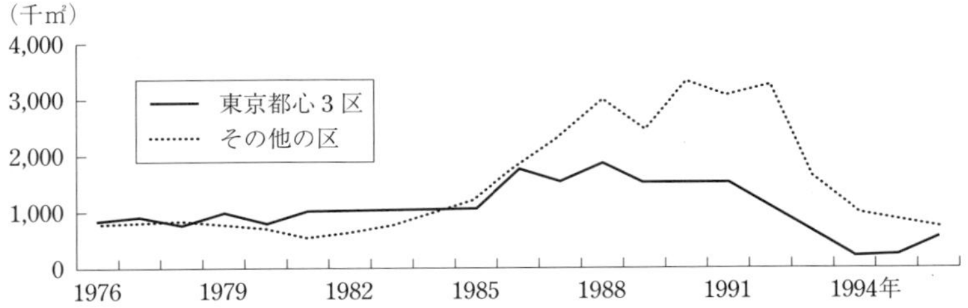

(千㎡)
凡例：東京都心3区／その他の区
横軸：1976, 1979, 1982, 1985, 1988, 1991, 1994年
(資料出所)　東京都都市計画局『建築統計年報』

　賃料については，2～3年ごとの条件更改が一般的で，長期賃貸の場合さらに変更幅が小さくなる傾向があるため，上昇は遅れ勝ちながら，東京は1987年頃から上昇ピッチが上がり，1992年には全国平均の2倍となった（図1-5）。

　ビル建設もタイムラグがあり，千代田区，中央区，港区の都心3区では1986年頃からようやく高水準となり1988年にピークを記録するが，用地の制約から大きな増加にはならなかった。しかし制約が少ないそれ以外の20区の合計では1984年に都心3区を上回った後，1990年にピークとなり，建設面積も都心3区の倍以上の水準が続くなど，建設ラッシュが都心から周辺へと波及したことが窺われる（図1-6）。しかし，土地の仕込み（買い入れ）はこれよりさらに先行しているわけで，港区での実態調査では1980年頃から個人から法人への土地取引が増加，1983年には100平方メートル以下の取引が増加（地上げ），法人間の取引増（土地転がし，1980～86年）が見られる。町田市でも都区在住者の買い主増加（買い替えまたは投資，1980年～），個人から法人への取引増加が見られ，買い漁り，土地転がし，相続対策としての不動産投資などが盛んに行われていたと思われる。東京都心における土地取引[2]は実需に基づき1980年頃から盛んになり，年を追うにつれ地上げによる買い集め，買い替え，値上がりの結果の節税対策，等の土地需要は連鎖的に拡大，かつ周辺へ波及していった。これとともに単なる値上がり期待の熱狂の渦も大きくなっていったものと思われる。

---

2)　東京都企画審議室『地価高騰の実態と影響に関する調査』1989年，46-47頁。

第3節　バブルの定義

　1636～37年半ばにオランダで発生したチューリップ・バブルをはじめ，バブルについての経済学の立場からの著作はこれまでにも数多く出されてきた。しかし何をバブルと呼ぶかについては著者により微妙に異なり，いまだに一般的なコンセンサスはないといってもよい。ただこれまでの先学の著作からいくつかの視点を読み取ることができる。

　R. ブレナーは明確に定義づけをしているわけではないが，「バブル」と「ブーム」の違いについては，1990年代末の米国経済について「株価バブルの拡大で，アメリカのブームは維持され速度を増したのだが，株価バブルの拡大によって，結局のところアメリカのブームは維持不可能になった」[3]と述べる。「バブル」は資産価格の高騰，「ブーム」は好景気という意味で使い分けているように思われる。厳密性には欠けるが一般的な用語例であると思う。

　R. シラーは，1881年から2000年までの月ごとの株価・収益比率，すなわち「実質S&P複合株価指数（インフレ調整後）」を「実質S&P複合企業収益の過去10年間の移動平均」で割ったもののトレンドから見て，20世紀の米国の株式市場においては四つのピークが存在することを指摘している。1901年（「20世紀ご祝儀ピーク」），1929年，1966年（「ケネディ・ジョンソン・ピーク」），2000年（タイトルの「根拠なき熱狂」とはこれをさす）である[4]。これらはいずれも過去の実績から見て異常な高騰であり，そこには常識では説明できない熱狂が働いていることを示唆する。

　同じく実物的な経済活動からは乖離した金融的側面が大きいことを示唆するのは，宮崎義一や篠原三代平である。宮崎は，通貨と国民所得の関係を示す

　　　$Y/M = v$　（Y：国民所得，M：通貨量〈M2＋CD〉，v：流通速度）

---

[3] Brenner, Robert, *The Boom and the Bubble: The US in the World Economy*, Verso, 2002, p. 130. 石倉雅男・渡辺雅男訳『ブームとバブル　世界経済のなかのアメリカ』こぶし書房，2005年。

[4] Shiller, Robert, *Irrational Exuberance*, Princeton Univ. Press, 2000, p. 8. 沢崎冬日訳・植草一秀監訳『投機バブル　根拠なき熱狂』ダイヤモンド社，2001年。

を用いて，通貨の流通速度の現実の動きをトレンド線と比較して，「列島改造ブーム期」と20世紀末バブル期は大きく下方に乖離しており，特に1987年の水準は1.059と列島改造期の1.363を大きく下回ることを指摘する。そして，「このようにフロー（名目総需要）に向けられなかった過剰流動性が，ストック購入，具体的には土地投機，株式投機（その一部は海外証券投資となり，アメリカ市場向け株式・債券購入）に向かった事はいうまでもないだろう」[5]と述べている。一方篠原は，マーシャルのｋ，すなわち

M/Y＝k（Y, M は宮崎と同じであるが，M は M2 だけで定義している）

を用いて，1961年と1980年とをつないだ線がトレンドであるとすれば，現実のマーシャルのｋの水準は1988年にはそれを54兆円ぐらい上回っているとして，「問題は年々取引される財貨・サービスの価格が比較的安定していても，こういう時期に貨幣量が所要以上の速度で伸びると，株価や地価を引き上げ，資金分布を悪化させるということである」[6]と同様のことを述べている。

J. K. ガルブレイスと C. P. キンドルバーガーについては第４章で詳しく検討するが，二人とも景気循環とバブルを明確に区別しているわけではない。ただ景気の過熱（あるいは不況）とは別に特定商品，資産の取引の過熱（あるいは暴落）をバブルとして切り分けて検討の対象としている。ガルブレイスの場合は銀行券，証券，不動産，美術品，その他資産および物品等に対する投機[7]をさす。キンドルバーガーも合理的行動からかけ離れた利潤目的のための投機を「熱狂」とか「バブル」と呼び，歴史的に何が投機の対象になったかを例示している[8]。そしてその背後には，「陶酔的熱病」（ガルブレイス）とか「熱狂」（キンドルバーガー）と名づけた心理的要因の高まりがあったことを主張している。

柳川範之は，経済学上では「バブル」は「ファンダメンタル価格」と対をな

---

5) 宮崎義一『複合不況 ポストバブルの処方箋を求めて』中公新書，1992年，125頁。
6) 篠原三代平『長期不況のなぞをさぐる』勁草書房，1999年，114頁。
7) Galbraith, John K., *A Short History of Financial Euphoria: Financial Genius is Before the Fall*, Whittle Direct Books, 1990, p. 1. 鈴木哲太郎訳『バブルの物語 暴落の前に天才がいる』ダイヤモンド社，1991年。
8) Kindleberger, C. P., *Panics and Crashes: A History of Financial Crises*, 4th ed., John Wiley & Sons, 2000. pp. 41-43. 吉野俊彦・八木甫訳『熱狂，恐慌，崩壊 金融恐慌の歴史』日本経済新聞社，2004年。

す概念で，ファンダメンタルズから乖離して資産価格が上昇または下落していく現象をさすという[9]。そのうえで，「経済学上の（狭義の）バブル」は購入する資産がさらに高値で転売可能な状態が無限に続くという合理的な予想がある場合に発生する合理的バブルと，情報不足のまま他人の行動に左右されるエイジェンシー・コストによって発生するバブル，さらに高くなるといった非合理的な予想に左右されるバブルに分けられ，20世紀末バブルは非合理的バブルの可能性が高いとする。

ではこれらの指摘を踏まえた上でバブルをどのように定義すべきであろうか。ここでは四つの視点にあわせて検討したい。

まず，景気の上昇過程において物価全般が上昇するいわゆる景気過熱・インフレとは区別されなければならない。「平成バブル」についても，両者を一体化して定義する向き[10]もある。たしかに現実の経済現象は両者の相乗効果の結果であることは否定できない。特に景気過熱時には多かれ少なかれ投機が出現する。しかし，これから検討するように，景気循環に付随する投機とバブル現象はその原因，プロセス，したがって対処すべき政策も異なる。20世紀末バブルについても，バブルの発生は1984年頃から始まり，ピークは株価が1989年，地価は6大都市の商業地は1991年であるが，上昇のきっかけをつくった東京の商業地では1989年以降上昇率は頭打ちとなっている。これに対し景気循環の谷は1986年11月，山は1991年2月とタイミングがずれていることも指摘される。したがって，バブルは，古今東西の例から見ても特定の商品，資産への投機にともなう価格の異常高騰であると定義して，景気循環とは一応切り離して議論をスタートさせることが必要である。

第2に，さりながら単なる商品・資産投機とは区別されるべきである。特定の商品や資産に対する投機は日常的に発生しており，価格の暴騰，暴落が発生

---

[9] 柳川範之「バブルとは何か」村松岐夫・奥野正寛編『平成バブルの研究』上巻，東洋経済新報社，2002年，197頁。
[10] 田中隆之は，「一般に〈バブル経済〉といったときには，実体経済の行きすぎた拡大ないし〈大型景気〉も含めてさすことが多い」として，バブルを「資産価格の異常な高騰と行きすぎた景気拡大」と定義する。田中隆之『現代日本経済 バブルとポストバブルの軌跡』日本評論社，2002年，91頁。

してもマクロ経済にはさほど影響を及ぼさずに収束するケースが多い。過去にバブルと称されるもののなかでも，1636～37年のチューリップ・バブルや1720年の南海泡沫会社事件の破綻は，当時のオランダや英国経済にそれほど深刻な影響を与えたわけではなく，長引くこともなかったといわれている。しかし1822年から25年にかけての「投機の熱狂を境に投機と景気循環が密接に関係することになった」[11]。その意味で固有のメカニズムを有する景気循環と一体で論ずることは避けなければならないが，マクロ経済に対する影響力を有するという点はバブルを定義する上で重要である。

第3に，何をもって異常過熱というか？　一般的には，「資産価格が経済のファンダメンタルな要因からは説明できない動きを示し，長期的に持続しない非合理的なもの」という説明がなされる。しかしながら何を具体的に把握可能なファンダメンタルな要因と見るかとなると簡単ではない。たとえば t 期の資産のファンダメンタル価格 (P) は通常，

$P_t = E_t / (i_t - g_t)$　　E：その資産が生み出す収益，i：利子率，g：成長率

で示される。ここでは $i > g$ が条件で，これを満たす E, i, g をそれぞれ客観的に説得力のある指標で示すのは容易ではない。特に問題となるのは成長率で，主観の入る余地が大きく，仮にこの予想が前期の価格上昇率に左右される，たとえば，

$g_t = P_{t-1} / P_{t-2} - 1$

とすれば価格上昇が価格上昇を招くことも可能で，現実論としてはファンダメンタル価格自体が心理的な要因を含んだ脆弱な基盤の上に立っていることになる。この問題については第4章で改めて検討する。したがって厳密性には欠けるが異常高騰の水準は「過去にあまり例を見ないような」という抽象的かつ歴史的表現にとどめておき，「持続不可能な」という限定条件を加えることで縛るのが現実的ではなかろうか。

第4に，「持続不可能な」という以上，バブルにはその崩壊過程も必然的に含めるべきであろう。一気呵成に進行する形成過程とは異なり，崩壊過程は

---

11) Chancellor, Edward, *Devil Take the Hindmost: A History of Financial Speculation,* Farrar, Straus and Giroux, 1999, pp. 19, 89, 118. 山岡洋一訳『バブルの歴史　チューリップ恐慌からインターネット投機へ』日経BP，2002年。

徐々に進行するという時間の長さに加えて，資産の値下がりがもたらす金融への影響など非対称的な動きが特色である。

　以上のことを勘案してここでのバブルの定義は，「資産価格の異常かつ持続不可能な高騰とその高騰，反落にともなう一連の経済的影響」としておく。

第2章　資本蓄積：20世紀末バブルの原因（1）

第1節　資本蓄積と景気変動

「はじめに」の脚注3）で指摘したとおり，20世紀末バブルの発生原因として，わが国の巨額の経常収支黒字，その結果大きな赤字に苦しむ米国の圧力で，過度の内需刺激策，長すぎた金融緩和を余儀なくされた点をあげる向きは多い。しかしながら，財政による景気刺激策は財政再建下にあって限定的であり，金融緩和は，もし引き締めがもう少し早めに，かつ強めに行われていれば，バブルの拡大を未然に抑制できたかもしれないことは推察できるとしても，これがバブル形成の直接の要因になったとは言いがたい。その背後にさらに強力な，内生的なインパクトが存在していたことを無視するわけにはいかない。

設備投資（資本の蓄積）が過剰生産を生み景気変動をもたらすメカニズムは経済学では広く受け入れられている。これを資本主義経済に固有の現象であるとし，20世紀末バブルのような稀にしか起こらない長期的な変動も説明の対象として排除していないのはマルクス学派の経済学[1]である。そこでまずマルクス学派経済学の資本主義における過剰蓄積と恐慌についての考え方を整理したうえで，この立場に立ちながらもスタグフレーションという観点から過剰蓄積の問題を実証的に理解しようとした長島誠一のスタグフレーション論，マルクス学派ではないが，金余りからストック経済への移行を論じた宮崎義一の複合不況論を検討してみたい。

1　マルクス学派の過剰蓄積と恐慌

マルクスは過剰蓄積を資本主義経済に固有の問題と考え，その発生のプロセスについて次のように考えている。

---

1) マルクス学派経済学の恐慌論については，高須賀義博『マルクスの競争・恐慌観』岩波書店，1985年，を参照。

(1) **剰余価値の創出** 資本主義経済においては，労働力だけが剰余価値を創出し，生み出される剰余価値と労働力の価値（必要労働）との比率，すなわち「剰余価値率は資本による労働の，または資本家による労働者の搾取度の正確な表現である」[2]とされる。

(2) **産業予備軍の形成** 「剰余価値の生産または貨殖が，この生産様式の絶対的法則」[3]であり，「むしろ資本主義的蓄積が，しかもこの蓄積の活力と大きさに比例して，相対的な，すなわち資本の中位の増殖欲求にとって余分なそれゆえ過剰または余剰な労働者人口を絶えず生産」[4]し，「産業予備軍」を形成する。

(3) **再生産の均衡条件と恐慌の可能性** 「商品生産が資本主義的生産の一般的形態であるという事実は，貨幣が資本主義的生産において単に流通手段としてばかりでなく，貨幣資本としても演じる役割をすでに含んでいるのであり，また，この生産様式に固有な，正常な転換の一定の諸条件を，したがって再生産——単純な規模であれ拡大された規模であれ——の正常な諸条件を生み出すのであるが，これらの諸条件はそれと同じ数の異常な進行の諸条件に，すなわち恐慌の可能性に急転する」[5]。

(4) **利潤率の低下** 蓄積の結果，利潤率（剰余価値/総資本）は長期的傾向的に低落していくが，好況の末期には資本の「絶対的過剰生産」に陥り利潤率が急落する[6]。「利潤率の下落は，新たな自立的諸資本の形成を緩慢にし，こうして資本主義的生産過程の発展をおびやかすものとして現れる。それは，過剰生産，投機，恐慌，過剰人口と並存する過剰資本を促進する」[7]。さらに生産物が販売されなければ剰余価値（搾取）は実現しない。この「内的矛盾は，生産の外的分野の拡張によって解決をはかろうとする。しかし生産力が発展すればするほど，生産力は，消費諸関係が立脚する狭い基盤とますます矛盾する

---

2) Marx, Karl H., *Das Kapital: Kritik der politischen Ökonomie*, 資本論翻訳委員会訳『資本論』第1部第7章，新日本出版社版，第2分冊，369頁。
3) Marx, 同上書，第1部23章，第4分冊，1065頁。
4) Marx, 同上書，第1部23章，第4分冊，1083頁。
5) Marx, 同上書，第2部21章，第7分冊，801頁。
6) Marx, 同上書，第3部15章，第9分冊，428–430頁。
7) Marx, 同上書，第3部15章，第9分冊，412頁。

ようになる」[8]。

(5) **矛盾の暴力的な解決としての恐慌**　「抗争し合う作用諸因子の衝突は，周期的に恐慌にはけ口を求める。恐慌は，つねに，現存する諸矛盾の一時的な暴力的解決でしかなく，攪乱された均衡を瞬間的に回復する暴力的爆発でしかない」[9]。このような矛盾の爆発は商人資本による「架空の需要」(在庫)の創出の結果，この部門から先駆的に発生するようになる[10]。

(6) **信用制度による恐慌の増幅**　さらに蓄積とは異なる貸付資本の集積をもたらす信用制度が恐慌のプロセスを増幅する。すなわち，「貸付資本の蓄積が，現実的蓄積からは独立し，にもかかわらずそれにともなっているこうした諸契機によって増大させられるという理由からだけでも，循環の一定の諸局面ではつねに貨幣資本の過多が生じざるをえないのであり，またこの過多が，信用の発達につれて発展せざるをえないのである」[11]。

このようにマルクスによれば，資本主義経済体制の特質は，本来労働力が生み出した剰余価値を資本家が「搾取」しこれを「蓄積」(再投資)することにある。労働力の取り分(＝消費)を犠牲に蓄積が行われると，蓄積された資本に対する剰余価値の比率(利潤率)はますます低下して，さらに労働力に対する需要を減退させる過剰資本状態を招き，産業予備軍が再形成される。これは資本蓄積が進行して生産力が発展すればするほど自らの消費財市場を狭める自縄自縛に陥り，この諸矛盾の暴力的な清算過程として恐慌が発生する。在庫や信用の存在はこれをさらに増幅するというものである。これはきわめて重要な指摘であり，当時としてはかなりの実証データも織り込んで説明されているが，この理論の展開は第2部，第3部が，草稿として残されたものにエンゲルスが手を加えて完成させたものであることもあり，明快さを欠く部分も多い。

その後多くのマルクス学派経済学者によって「恐慌論」として展開されることになるが，長島誠一によれば[12]，その見解は大きく三つに分けることができ

---

8) Marx, 同上書, 第3部15章, 第9分冊, 417頁。
9) Marx, 同上書, 第3部15章, 第9分冊, 424頁。
10) Marx, 同上書, 第3部18章, 第9分冊, 515頁。
11) Marx, 同上書, 第3部32章, 第11分冊, 877頁。
12) 長島誠一『景気循環論』青木書店, 1994年, 31-53頁。

るという。すなわち，恐慌の需要サイド・実現の条件を重視する実現恐慌説（商品過剰説）[13]と供給サイド・搾取の諸条件を重視する産業予備軍説（資本過剰説）[14]および両者の統合説である。

　過剰蓄積・恐慌問題を需要・供給両面から検討する場合には，投下資本の効率すなわち利潤率循環として論ずるのが妥当である。その代表的な例として置塩信雄が提示する利潤率を価格とコストの両面から規定し，生産財，消費財両部門の再生産プロセスをマルクスの蓄積論に従ってモデル化した景気循環論[15]がある。これによれば，両部門の粗投資がゼロの状態でも基礎的消費が一定の率で伸びるので消費財生産部門の稼働率は上昇し，やがて投資の再開，労働需要の増加をもたらす。それが生産財生産部門に波及して投資再開となり本格的な景気上昇に入る。これを下方に反転させる契機として置塩は，消費財部門の利潤率低下，生産財のボトルネック，完全雇用，実質賃金率の下限，金融の制

---

13) 実現恐慌説では，『資本論』の「生産と消費の矛盾」を重要視する。井村喜代子は，好況期には更新投資，新規投資が重なって生産財部門では需要が供給を上回り，この差を吸収するためにはますます群生需要を創出し過剰投資化していく。なぜなら，生産財部門の不均等拡大の結果生じた余剰生産手段を消費財生産の拡大に向けていくメカニズムが資本主義経済には一切存在していないために市場価格の上昇鈍化が起こり，やがて上昇停止，下落に至るとする。「そして，急激な下降への逆転が，以上のべたような基本的関係の基盤の上ではじめて生ずるということは，この〈生産と消費の矛盾〉の累積・成熟こそが全般的過剰生産恐慌の原因であり，この〈生産と消費の矛盾〉の累積・成熟がなければ部分的・一時的な〈実現〉困難・生産物過剰はあるにしても，全般的過剰生産恐慌の爆発はありえないということを意味するものである」（井村喜代子『恐慌・景気循環の理論』有斐閣，1973年，250頁）という。しかしここでは（消費・投資）需要をもたらす実質賃金率，価格，利潤についての踏み込んだ言及はなされていない。

14) 宇野弘蔵によれば，「資本の蓄積の増進は，いうまでもなく生産手段に対する需要の増加となってあらわれ」（宇野弘蔵『恐慌論』岩波書店，1973年，75頁）る。「労働力に対する需要増加に伴う労働賃金の騰貴は，一般物価の騰貴と異なって資本の利益そのものに対抗し利潤率を実質的に浸蝕する騰貴である」（同，78頁）。「ますます大量的に生産せられる生産手段と生活資料とが過剰となるというのは，かくして単に労働人口に対して過剰であるというのではない。かかる生産手段乃至消費資料が資本として機能する限りにおいて過剰なのである」（同，96頁）。このもとでは，商品が「単なる商品としても販売し得ない」ものになり，「商品乃至生産手段の形態にある巨額の資本が，その資本形態の故にその活動を渋滞し」，「生産手段が有り余るほどありながら資本として労働と結合せられない」（同，101頁）こととなって資本としての価値を喪失することになる。しかしここでは逆に需要サイドが無視されているといわざるをえない。

15) 置塩信雄編著『景気循環　その理論と数値解析』青木書店，1988年，115-135頁。

約等をあげ，それぞれの契機によって一義的に恐慌の必然性を確定するのではなく，契機ごとに限定条件が付けられている。その後置塩の晩年の論文[16]ではさらに現実的な前提を用いて，「生産技術が不変のとき，(1)貨幣賃金率が労働市場で決まる，(2)資本家は利潤率予想にもとづき，次期以降の生産量を計画し，それを行うに必要な生産要素を購入する資金を調達し支出する，という2つの想定の下で」検証すると，「利潤率循環は生じ，資本家のその時々の利潤に依存しない個人消費・労働供給の外生的増加が捨象される場合には，この循環はゼロに収束し，そこでは単純再生産が行われる」とした。

これに対して長島は，高須賀義博の基礎的蓄積（景気循環）モデル[17]に利潤原理による投資関数と労働市場の需給関係を反映した貨幣賃金率決定（賃金率関数）を導入したモデルを用いて，種々のシミュレーションを行い，中期的循環と長期的循環が具体的にどのような条件のもとで出現するかを検証している。その結果，「筆者はかつては，恐慌の必然性を論証しようとしてきたが，数理モデルで厳密に論証しようとしてみると，一義的な因果関係によって説明することは無理であると考えるようになった。恐慌を引き起こす要因は，好況がどのような発展経路をとるかによって異なり，一義的な経路は確立しにくいからである。すなわち，初期条件，技術状態，競争関係，需要状態，及びそれらの部門間の違いなどの具体的な条件に左右されて恐慌になるからである」[18]と結論付ける。同時に長島は置塩の晩年の論文についても独自のモデルを用いて再検討し，「利潤率平均」が「低下から上昇，ないし上昇」する資本主義の存続条件は「労働供給に適合的に蓄積（労働需要）が進展すること」[19]であると指摘した。

---

16) 置塩信雄『経済学と現代の諸問題 置塩信雄のメッセージ』大月書店，2004年，184頁。
17) 高須賀義博『鉄と小麦の資本主義 下降の経済学』世界書院，1991年，第22章補論147-159頁。
18) 長島誠一『現代の景気循環論』桜井書店，2006年，171頁。あわせて同著『景気循環論』第3章，第10章。同時に長島は「その意味においてマルクスは〈恐慌の必然性〉という言葉を使用していないし，〈恐慌を引き起こす諸条件〉を明らかにしなければならないといったマルクス経済学レキシコン代表編集者久留間鮫造の主張を再評価すべきであると考える」と，自身の戦後日本の景気循環の実証分析の経験も踏まえて述べている。
19) 長島，同上書，157頁。

2　長島誠一のスタグフレーション論

(1) 過剰蓄積とスタグフレーション

　過剰蓄積と恐慌の関係についてはこれまで述べてきたとおり，多くの人々によって理論的考察の対象とされ，モデル化の試みも行われてきたが，それを現実の日本経済に当てはめて実証的に検討するという試みはあまりなされてこなかったように思われる。また，米国の1929年の大恐慌を契機として，多くの業種での寡占化が進行するなかで，国家の経済活動への介入，個人消費の拡大により恐慌の発現自体が緩和・先送りされるようになり，古典的な形での景気循環は影を潜めたとも言える。

　これを打開しようとする試みのひとつに長島のスタグフレーション論がある。経済停滞と物価騰貴が同時に発生するスタグフレーションは資本主義経済の新しい宿痾として，1970年代を中心に先進資本主義各国に蔓延した。寡占企業における資本の過剰蓄積は生産過剰・価格暴落を招来する代わりに，操業度の低下をもって価格維持をはかろうとし，このことは同時に利潤圧縮（資本過剰）をもたらす。利潤圧縮の要因について，長島はT. ワイスコフ[20]の手法に従い利潤率（利潤/資産）を三つに分解して次のように表現した。

$$\rho = \Pi/K = (\Pi/Y) \times (Y/Z) \times (Z/K)$$

　　Π：利潤，Y：現実の生産高・国民所得，Z：潜在的生産高・生産能力，K：資産（本）

その上で利潤率 ρ の低下を，労働者の力が強くなり実質賃金上昇が生産性上昇を上回る（資本分配率〈Π/Y〉の低下），交易条件の悪化（労働生産性の低下，資本生産性の低下など産出係数〈Z/K〉の低下），稼働率の低下（〈Y/Z〉の低下）等によるものとした。結果として企業収益が圧迫されると同時に，圧縮される利潤を回復するため価格に転嫁されて，成長率の鈍化（失業の増加）と物価上昇という二律背反的なスタグフレーションが現出することを日，米の経済状況に即して説明しようとした[21]。

---

20)　Weisskopf, Thomas E., 'Marxian Crisis Theory and the Rate of Profit in the Postwar U.S. Economy', *Cambridge Journal of Economics*, Vol. 3, No. 4, Dec. 1979. p. 342. 長島誠一『現代資本主義の循環と恐慌』現代資本主義分析6，岩波書店，1981年，82頁。

21)　長島，同上書，191-198頁。

スタグフレーションの度合を測定する一つの目安として，失業率と消費者物価上昇率を加えた「スタグフレーション度」が用いられることが多いが，日本においては1966年頃から顕在化し始め，1973年に急進したものの1979年には他国よりも早く収縮している。この間，1973年から操業度低下，1970年から資産利潤率の長期的な低下に見舞われている[22]。この結果として長島は，スタグフレーション下では，①景気回復力が弱体化し，個人消費主導の回復とならざるをえないこと，②貨幣錯覚をもたらし，インフレ心理，資産効果を誘発しやすいこと，③設備投資の落ち込み，物価上昇による可処分所得の減少がさらなるスタグフレーションの深化を招くこと，④産業予備軍のプールが第3次産業へ移行していること，などを執筆時点の1970年代には指摘していた[23]。

（2）過剰蓄積と20世紀末バブル

長島は，戦後日本資本主義の時代区分について，経済復興期（1945～54年），高度成長期（1955～70年），スタグフレーション期（1971～83年），バブルの形成と崩壊期（1984～2001年）とした[24]うえで，高度成長期に入ると，前半は民間投資，後半は民間投資と輸出主導で，高成長，高利潤，低失業，消費者物価上昇・卸売物価安定が実現し，消費者物価上昇率と失業率を加えたスタグフレーション度も低く推移した[25]とする。しかしながら，高度成長の帰結として二つの大きな問題が世界規模で表面化することとなる。ひとつは，過剰蓄積の結果発生するスタグフレーション，もうひとつは，それまでのケインズ政策による成長維持政策のストッパーの役割を果たしていた米国が金・ドル交換停止に追い込まれて流動性供給に歯止めがかからなくなったことである。

それでは「列島改造ブーム」の反動として発生した1974～75年恐慌で過剰蓄積は解消したのか，この関連において20世紀末バブルをどう判断するのか，この点について長島には直接的な記述は見当たらない。具体的なデータに基づいての検討は次節以下に譲るとして，ここでは長島の問題提起のみ整理しておきたい。

（1）まず長島は「列島改造期」において，「『経済白書』はバブルを規定しな

---

[22] 長島，同上書，111頁。
[23] 長島，同上書，202頁。
[24] 長島誠一『戦後の日本資本主義』桜井書店，2001年，87頁。
[25] 長島，同上書，101頁，132頁。

かった。しかし〈列島改造ブーム〉に煽られて,私鉄を中心として大都市周辺の山林が分譲住宅・ゴルフ場・観光施設用に買い占められていった過程は,国土の破壊であると同時にバブルと呼ぶべき現象であった」[26]と指摘する。事実関係は指摘のとおりであるが,第1章でも述べたとおり,列島改造期は物価の騰貴も著しく,資産価格高騰だけが突出していたわけではないこと,銀行融資も直接的にはそれほど利用されておらず,崩壊後の混乱も一部の不動産業者,総合商社に限られたことから見て,本書で検討の対象とするバブルの定義には該当しないと考える。

　(2)スタグフレーション度は1973〜76年の10％を越える水準に比べて,消費者物価が落ち着いた結果,一番高い1990〜91年でも5％台にとどまっており,スタグフレーション現象は解消したかに見える。これは,オイル・ショック,狂乱物価騰貴の後に行われた種々の価格抑制策と折からの円高によって国内物価安がもたらされ,賃金上昇も抑えられたためである。その後も新自由主義的な政策による市場原理の活性化,規制緩和,グローバル化の流れが進展して,物価上昇率(縦軸)と失業率(横軸)の関係を示すフィリップス曲線も列島改造ブーム期の垂直から緩やかながら本来の右下がり曲線に戻った。

　(3)過剰蓄積を判断する基準である資産利益率を決定する要因のうち,操業度はその後小変動を繰り返した後,1987年から1990年までは上昇,以後1993年までは1974〜75年ほどではないが,大きく落ち込んでいる。売上高経常利益率(全産業)について好況期だけを取り上げて比較すると,1986〜91年平均は3.2％で1972〜74年平均の2.9％と大差ない水準の後急落し,スタグフレーション期,バブル期通算でも2.5％,2.6％と高度成長期よりは低迷したまま似たような水準となっている。これだけを見ればバブル期の好況過程は列島改造ブーム期の再来(循環的現象)といえなくもないが,これから営業外収支(主として受取・支払金利,受取配当などの金融関係収支)を加味する前の,企業の実物資本の収益力を示す売上高営業利益率を見ると,1986〜91年平均は3.2％と1972〜74年平均の4.7％と比べて大きく落ち込んでいる。実物資本利潤率の低下を金融資本の利潤でカバーしていることが明らかである[27]。さらに,もうひ

---

26)　長島,同上書,157-158頁。

とつの要因である平均産出係数（生産能力/資産）が長期的に低下していることが過剰蓄積のもうひとつの側面である。このことは次節以下で詳しく検討する。

（4）長島は篠原の分析に倣って，1970〜77年間の法人企業の設備投資の伸びが1.08倍であるのに対して売上高の伸びが2.86倍となったことは，1970年までの高度成長期に過剰蓄積が顕在化してきたためであるとする[28]。これは実物ベースでの過剰蓄積の深度を測定するものというべきで，その意味では生産設備の形で過剰蓄積が行われたのは1970年代半ばまでで，次項で見るように現に企業の負債倍率の推移を見てもこの時期をピークとして以後財務内容は改善の一途をたどっていることと軌を一にする。問題は20世紀末バブル期をどう位置づけるかということに絞られてくる。

3　宮崎義一の「複合不況」論

長島のスタグフレーション論は，戦後の日本経済変動の実物（資本蓄積）的アプローチであった。20世紀末バブルを検討する場合，金融（貨幣資本蓄積）的アプローチも必要である。この側面を重視した宮崎義一の一連の研究を検討しておきたい。

（1）『複合不況』の組み立て

資本蓄積と景気変動の問題を実証的に検討し，20世紀末バブルについて的確な分析を展開した一人に宮崎がいる。宮崎は，20世紀末バブルの崩壊後，比較的早い時期にその不況を従来とは異なる「複合不況」であると指摘して注目された。そこではまず，世界の大勢としてモノの貿易に対してカネの貿易（国際資本移動）の比重が急速に大きくなっていることが紹介され[29]，次に，金融自由化の結果，米国では1987年から89年にかけて貯蓄貸付組合（S&L）が相次い

---

27)　長島，同上書，90頁，93頁。長島が示した売上高経常利益率で見ると指摘の通りであるが，ここで定義する法人企業統計で見た資本分配率に相当する「営業純利益〈営業利益－支払利息〉/付加価値」で見ても，好況期は列島改造期の11.2％に対して6.2％と急落している。

28)　長島，同上書，150頁。

29)　宮崎義一『複合不況 ポスト・バブルの処方箋を求めて』中公新書，1992年，10頁。

で行き詰ったり，高い利鞘を狙って貸し進んだ開発途上諸国への融資の焦げ付きが多発したことが説明される。翻ってわが国では，1985年9月のプラザ合意を契機として，稀に見るスピードで為替レートが円高ドル安の方向に動き，その行き過ぎの調整策としてのドル買い円売り介入の結果，未吸収の過剰流動性が市場に滞留して個人・企業の財テクを誘発した。この動きは1987年のブラック・マンデーでいったん収縮したが，その後金融機関の有価証券含み損の会計処理緩和措置がとられたこともあって資本市場，銀行からの企業の過剰資金調達が加速化した。宮崎は株価・収益比率（PER）から判断して1988～89年の株式市場ではバブルが発生したとする[30]。しかし，1990年に入り株価は反落，外資系証券会社の裁定解消売りがこれを加速して，成長率が低下する前に資本（産）が目減りするという現象が発生し，その後のクレジット・クランチ，金融・証券の不祥事につながっていくことになる。これらを総括して，この不況は従来の経済におけるようなフローからストックへの流れとは逆で，バブルの発生と崩壊の影響が実体経済に及んだもの，すなわち有効需要不足ではなく信用逼迫による「複合不況」であると結論づける[31]。

　ここでの「複合」の意味は，金融自由化の結果としてハイリスク・ハイリターンを追求した金融機関の活動とその反動がもたらしたものと実体経済の変動が絡み合っているという意味で，金融自由化→資産価格の変動→バブルの膨張と崩壊という過程を通じて形成されるとしているが，後にこれをさらに拡大して[32]，

①乗用車販売が1988年頃から過去のトレンド等で予想される線から乖離して上昇を始め，その後急落した例をあげて，個人消費における資産効果と逆資産効果が働いたこと，

②バブル発生時における銀行の与信急増（信用乗数効果＝貸出増加/通貨供給すなわち信用創造）とその後の貸し渋りという行動の急変が，極端な経済変動をもたらしたこと，

③日産自動車苅田工場計画に象徴されるように，資本市場からの資金調達を

---

30)　宮崎，同上書，194頁。
31)　宮崎，同上書，259頁。
32)　宮崎義一『国民経済の黄昏 「複合不況」その後』朝日選書，1995年，210-263頁。

あてにした過大設備投資と資本市場環境の変化にともなうその後の急激な計画縮小，

④国内市場中心の価格形成からグローバルな価格形成へ移行する過程での新旧の経済的枠組みの調整過程としての不況,

等かなり範囲を広げた複合的要素をも含んでいることを述べている。

しかしこれだけでは，企業行動の金融的側面が大きくクローズアップされるという従来見られなかった現象が，なぜ1980年代後半に発生したのか，金融自由化の必然性はあったのか，といった疑問にはまったく答えていないことになる。

(2)「複合不況」論の背景

そこで，それ以前の著作をもとに，宮崎が金融主導の経済変動の発生を可能にした経済的背景について，どのように考えていたか検討したい。

宮崎は1982年までの戦後の日本資本主義を五つの時代に区分している[33]。これを大くくりにすると，第二次大戦後からニクソン・ショック（1971年）にいたる高度成長期と第一次オイル・ショックとその後の世界同時不況にいたるまでに分けられる。まず高度成長の末期，1970年代に入ると，ニクソン・ショック後に1ドル360円を維持するためにドルを買い支えた結果，国内資金市場への円資金供給は急増し，輸出代金で潤った企業の手元資金は潤沢になった。加えて折からの株式市場の活況で，有償増資による資金調達も活発化し，企業内部でも自己資金の蓄積が進むなど金余りが急速に進行したが，1971年までは先行きの不安が先行して投資需要は冷え込んだままで，実物投資以外の有価証券，預金，融資などの形での運用が盛んになった。政府はこれを一途に不況と判断して金融緩和・大型予算を続けた結果，列島改造ブームによる株式・土地投機を招来することになった[34]とする。その意味では，すでに高度成長末期の投資機会の減少傾向を指摘していたといえる。

世界的な一次産品価格の高騰に続く第一次オイル・ショックを頂点にして，

---

33) 宮崎義一『転換期の資本主義 80年代の展望』日本放送出版協会，1982年，14頁。宮崎はここで執筆時点までの戦後の時代区分を，戦後第1期（初の景気後退まで，1945～50年），第2期（スエズ動乱まで，～1957年），第3期（ニクソンショックまで，～1971年），第4期（イラン革命まで，～1978年），第5期（1979年～）に分けている。

34) 宮崎義一『日本経済の構造と行動 戦後40年の軌跡』筑摩書房，1985年，30頁。

インフレを契機とする不況，いわゆる「スランプフレーション」に突入するが，これは従来の有効需要不足に起因する不況ではないだけに，それまでとられてきた有効需要創出政策ではさらにインフレを加速しかねず，新しい政策が求められることになった。そうした状況に直面して日本では，「新価格体系」への移行を目指して，原油高に対して比較的対応の容易な電機・機械などの加工組立産業については減量経営でコスト競争力の強化に努めるなどの自助努力に任せ，エネルギー依存度が高く国際競争力の劣る構造不況業種には別途政策手当てが行われたが，その中間に位置する装置型生産財産業では不況カルテルによる価格引き上げが側面から支援された。装置型生産産業ではすでに寡占化が進んでいるものも多く，比較的速やかにオイル・ショックの打撃を吸収することが可能となった。この結果として企業の金余り現象はさらに進行し，①手元流動性のうち短期有価証券，特に現先運用が盛んとなり，銀行でも対抗策として高金利のCDの発行を余儀なくされた，②内部資金比率《(内部留保＋減価償却)／粗設備投資》が上昇，1972年下期には0.99とほぼ自己資金で設備投資をまかなえるまでになり，株主，銀行の影響力を排除しいわゆる経営者支配に近づいた，③株式や外債など銀行以外からの調達が拡大した[35]，④また，米国企業と同様，日本の大企業でも企業内部資金比率が１を超える時期から海外進出を活発化させ，投資有価証券，長期貸付金の増加が急増している（「企業内部純余剰仮説」）[36]，など大企業の銀行離れ，多国籍化現象が随所で見られるようになったとする。

　これに対し米国で1960年代に経済調整の手段として多用されたケインズ経済学に基づくスペンディング・ポリシーによる繁栄の持続は，公債発行か国際収支の赤字を必要とする一国独善主義的な性格を有しており，国際的な節度と協調が不可欠であることはケインズ自身も主張していた[37]と指摘され，結局，最

---

35) 宮崎，同上書，203頁。
36) 宮崎義一『現代資本主義と多国籍企業』現代資本主義分析10，岩波書店，1982年，213頁。
37) Keynes, John M., "The Means to Prosperity: MR Keynes's Reply to Criticism," *The Times*, 5 Apr. 1933, in The Royal Economic Society, *The Collected Writings of John Maynard Keynes*, XXI, 1982, pp. 178–185.

終的にはプラザ合意という国際協調を仰がざるをえない状況に追い込まれることになるとしている。

このように，バブル発生以前に書かれた著作を見ても，資本の過剰蓄積について直接言及した部分は少ないが，企業の投資機会の減少による設備投資の減退とキャッシュ・フローの増加から，企業の自己金融力は着実に強化されてきたことが底流として存在し，これに運用・調達の多様化，海外進出などで，戦後日本資本主義発展の原動力であった銀行依存度が低下する，経営方針も寡占化の進行とシェア拡大志向から収益重視への転換が進む，という流れを読み取ることができる。これらの現象は20世紀末バブルにおいてさらに明確に出現するもので，特に1972年の自己金融力の高まりは，大企業製造業に先駆的に現れたものであり，全体として見ればその後の設備投資増加によりいったん後退し，本格的実現にはかなりの歳月を要したのだが，その先見力は十分に評価されるべきだろう。これらについての実証分析は第3節で詳述する。

いずれにせよ，宮崎の一連の著作は20世紀末バブルについての金融的側面については的確に指摘されているが，これだけではなぜバブルが発生したのかという疑問には十分に答えたとはいいがたい。やはり実物的側面と統一した理解が必要となる。

第2節　高度成長と過剰蓄積の進行：データによる検証

1　国民経済の成長と屈折

20世紀末バブルの形成と崩壊を検討する場合，20世紀後半，すなわち第二次世界大戦後の日本経済の流れのなかでその位置づけを把握することが肝要であると思われる。

国内総支出の動きを名目成長率，実質成長率で見るとき（図2-1），まず二つの時期に分けることができる。第二次大戦後の混乱が収まり，「もはや戦後ではない」[38]といわれた1956年から「いざなぎ景気」が収束して谷となった1971年までの高度成長期と，1972年以後の低成長期である。さらに1994年以降

---

38)　経済企画庁『経済白書　日本経済の成長と近代化』至誠堂，1956年，41頁。

図 2-1　名目成長率，実質成長率の推移

（資料出所）　内閣府経済社会総合研究所『国民経済計算』

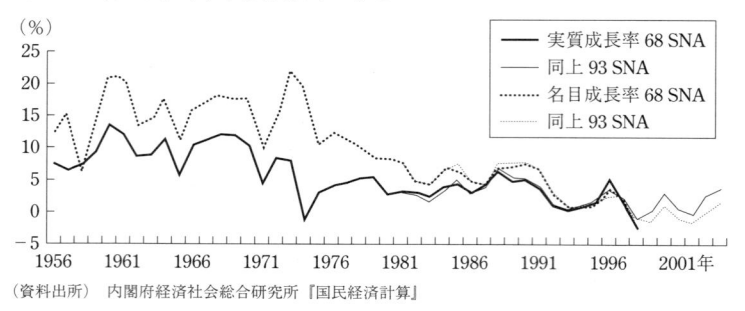

図 2-2　鉱工業生産指数対前年比増減率

（資料出所）　経済産業省『生産・出荷・在庫指数確報』

は成長率がいちだんと落ち込んだ。すなわち名目成長率で見れば，1956〜71年の平均は年率15.3％に達するのに対して，1972〜93年の平均成長率は8.6％，1994〜2004年は93 SNA[39]ベースで見て0.4％とさらに減速しており，それぞれ大きな格差が見られる。したがってこの三つの時期を高度成長期，低成長期，停滞期と分けることができる。この形は実質成長率で見ても同様で，それぞれ

---

[39]　国民経済計算に93 SNA が採用されたため，従来の68 SNA と比べて区分が詳細になったほか，従来中間消費とされていた受注型コンピューター・ソフト，鉱物探査支出が総固定資本形成（投資）に計上されるため，その分 GDP が増加．道路・下水道等の社会資本も減価償却を実施することとなったためその分政府最終消費支出，GDP が増加，医療保険給付等の一般政府からの移転的支出，教育・保健衛生など一般政府・民間非営利団体の個別的サービス支出は一般政府や対家計民間非営利団体の消費と見なされる。

　詳しくは，浜田浩児『93 SNA の基礎　国民経済計算の新体系』東洋経済新報社，2001年を参照。

図 2-3　名目国内総支出推移

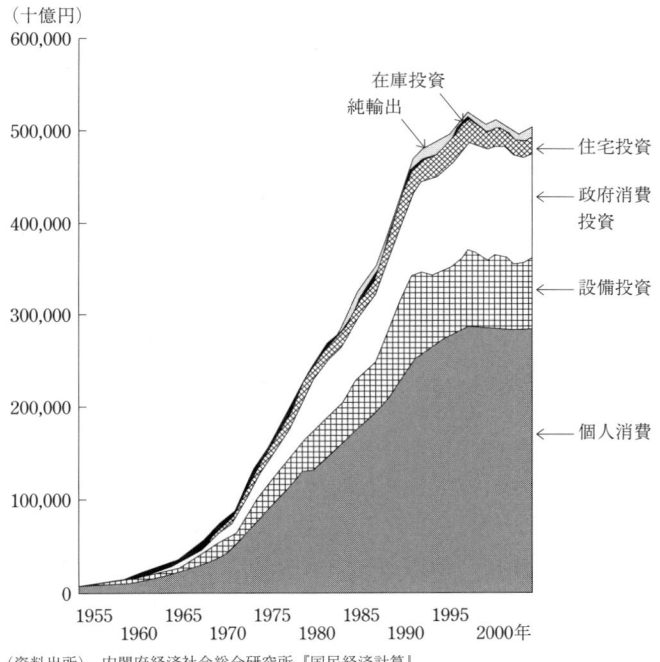

(資料出所)　内閣府経済社会総合研究所『国民経済計算』

9.4％，3.8％，1.5％と高度成長期には物価上昇が顕著で名目値の上方乖離が大きく，逆に停滞期には物価下落の時期が長く，わずかながら実質値のほうが名目値を上回っている。

　生産活動を示す鉱工業生産指数の前年比伸び率で同じ時期を見ると（図 2-2），変動率は国内総支出よりも大きいが，傾向としては実質成長率とほぼ似たようなパターンを示している。しかしながら，前年比伸び率の平均は高度成長期が13.9％と実質成長率をかなり上回っているのに対して，低成長期に入ると3.3％と実質成長率とほぼ等しくなり，停滞期には−0.9％と逆に実質成長率を下回ることになる。これは経済活動に占める製造業（第二次産業）の生産活動が漸次低下すると同時に，非製造業（とくに第三次産業）のウェイトが相対的に高まっていることを示している。

　国内総支出を構成する主要支出項目の動向を見ると図2-3のとおりで，国内

図 2-4　名目国内総支出主要項目構成比率推移

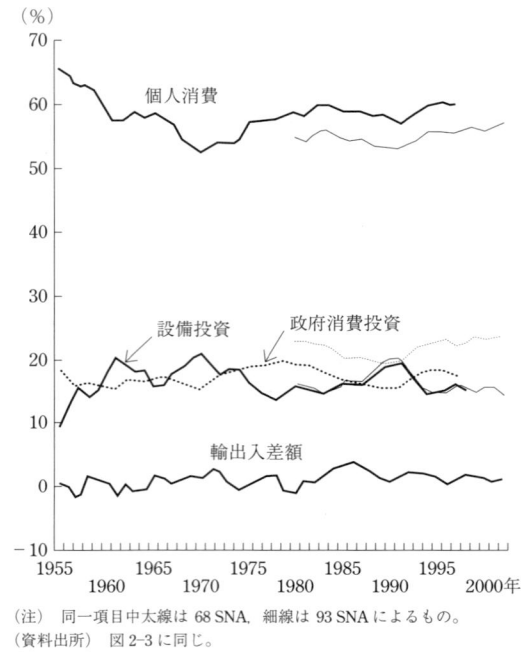

(注)　同一項目中太線は 68 SNA, 細線は 93 SNA によるもの。
(資料出所)　図 2-3 に同じ。

総支出の伸びが鈍化するなかで最大の需要項目である個人消費は，1980年から93 SNAのデータを採用した不連続はあるが，増加のペースは低下しつつも全体の増加を支えてきた。しかし国内総支出がピークをつける1年前の1997年にピークを記録した後，実質横ばいに転じた。このところ増加傾向を強めている政府消費投資に対して，設備投資は変動が激しい。この点をさらに明確にするために，名目国内総支出に占めるそれぞれの比率の推移を示したのが図 2-4である。93 SNA では，医療保険給付などの移転的な支出や教育・保健衛生などの個別的サービス支出は一般政府消費と見なすことになったため，個人消費と政府支出の間で水準訂正が発生しているが，その他の項目は大きな影響は受けていない。まず個人消費が占める比率について見ると，設備投資の占める比率と相反する関係が窺われ，とくに1950，60年代は設備投資の趨勢的上昇に食われる形で1956年の65.7％から1970年には52.3％にまで落ち込んでいる。もっともこの時期は成長率自体が高く，設備投資の伸びのほうが大きくて，比率は上昇したものの絶対額としては個人消費の増加も高度成長に大きく寄与したことはいうまでもない。1970年代に入り，設備投資比率が低下するのと入れ替わりに比率は上昇に転じ，1980年代前半までの設備投資低迷期には個人消費のウェイトは上昇，1983年には60％台にまで回復した。その後設備投資の活発化に押されて1991年には57％台までいったん低下した後，1990年代後半には60％台に回復している。

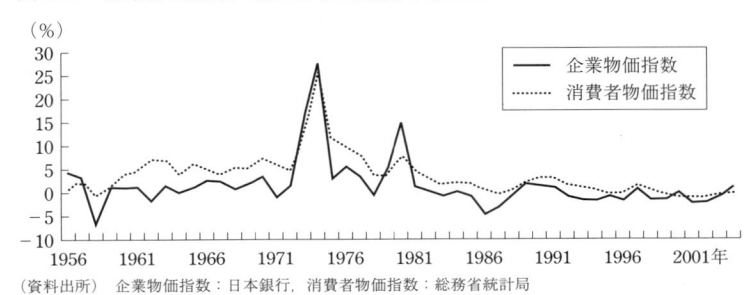

図 2-5　企業物価指数・消費者物価指数対前年比

(資料出所)　企業物価指数：日本銀行，消費者物価指数：総務省統計局

　一方，設備投資はほぼ10年ごとに20％程度にまで上昇してピークを形成するが，趨勢としては前述のごとく1970年を境に上昇から下降に転じ，1981年のピーク時には15.7％に達したにすぎず，1991年のピークに20％近い水準を示したことを除いては，低水準が続いている。これに対し政府支出は低成長期に入った1970年代後半から徐々に比率を上げてきており，20世紀末バブルのピーク1989〜91年には財政再建の効果と設備投資の盛り上がりから多少比率を下げたが，その後赤字の再拡大に加えて 93 SNA による上方シフトもあり総需要の1/4 を占めるにいたった。輸出入は1970年までではプラスマイナスゼロで推移してきた。その後輸出商品の技術革新とコストダウンが奏功して1984〜88年，内需が大きかった20世紀末バブルのピーク時を除いて1992〜94年には 2 〜 3 ％のプラス，その後もコンスタントにプラスを続けている。
　名目成長率と実質成長率の乖離の要因でもある物価動向の推移を見る（図2-5）。企業物価指数は1970年代とりわけ1973〜74年，1978〜80年代の2度にわたるオイル・ショックの時期に突出したことを除けば安定し，1980年半ば以降はわずかながらもマイナス基調が続いている。これに対し消費者物価は1970年代前半までは企業物価の上昇をかなり上回って推移し，第一次オイル・ショック時には一部の商品不足パニックも手伝って大きく上昇した。第二次オイル・ショックでは企業物価の上昇率を下回り，その後徐々に企業物価上昇率との格差を解消してきた。
　では，この間に資本蓄積はどのように進んできたのか。国民所得統計の制度部門別勘定を使って，「非金融法人企業」の「純固定資産」（土地は除く）の年

図 2-6　純固定資産残高と対前年比増加率

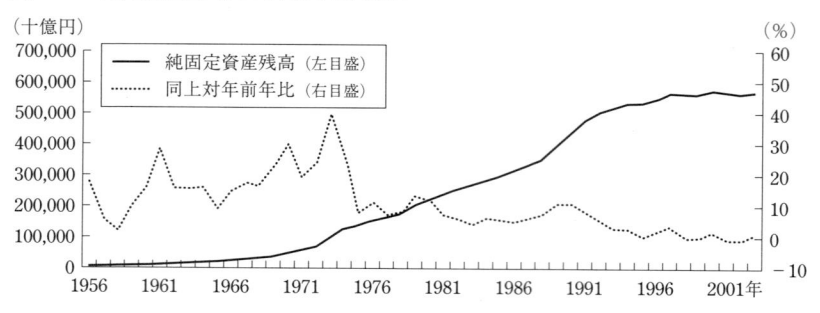

名目GDP/純固定資産比率

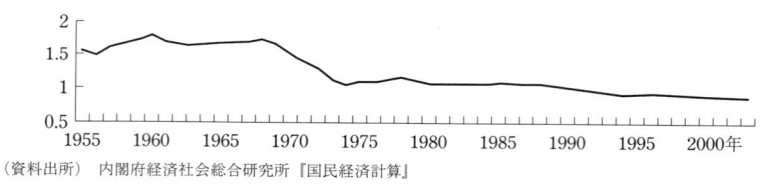

（資料出所）　内閣府経済社会総合研究所『国民経済計算』

末残高と対前年比伸び率，あわせて国内総生産と純固定資産残高との比率の推移を示したのが図 2-6 である。これによれば純固定資産残高は1950年代から尻上がりに増え，1970年代の前半にいちだんの増加を見た後緩やかな上昇に転じ，1990年代初頭の駆け上がりの後は横ばいに推移している。この変化をさらに明確に示すのが伸び率で，ほぼ10年ごとに盛り上がりを見せつつも水準として1960年代の後半から1970年代初頭までが高い。1972～74年の伸びが突出して高いのは，時価で表示されるこの時期の設備財価格の急騰が反映されたもので，この間の固定資産の調整勘定を勘案すれば伸び率は半分以下の水準にとどまる。伸びは1990年前後に一時的に高まったほかは低迷した。一方，国内総支出を純固定資産残高との比較で見ると，その比率は1960年代までは高水準で推移，1970年代前半に急速に水準を切り下げた後，今日に至るまで漸減傾向を示している。これは第1節2項(1)で長島が示した利潤率を説明する分解式の3要因のうち2要因，すなわち

　　　稼働率(生産高/生産能力)×産出係数(生産能力/資産残高)

であり，この低下は残りの要因（資本分配率＝利潤/生産高）に変化がなければ利潤率の低下をもたらすことを意味する。これから見ても1970年代半ばまで

図2-7 稼働率指数推移

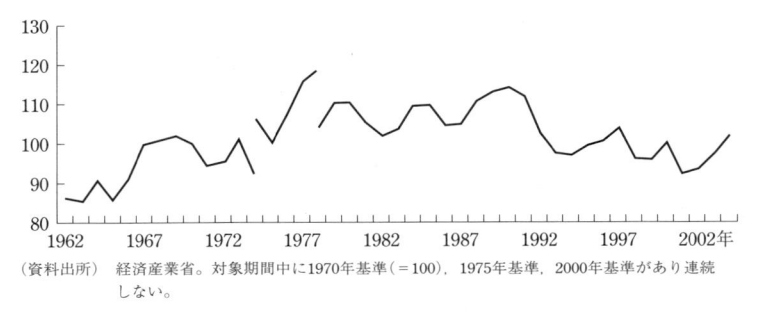

(資料出所) 経済産業省。対象期間中に1970年基準(=100), 1975年基準, 2000年基準があり連続しない。

図2-8 完全失業率と有効求人倍率

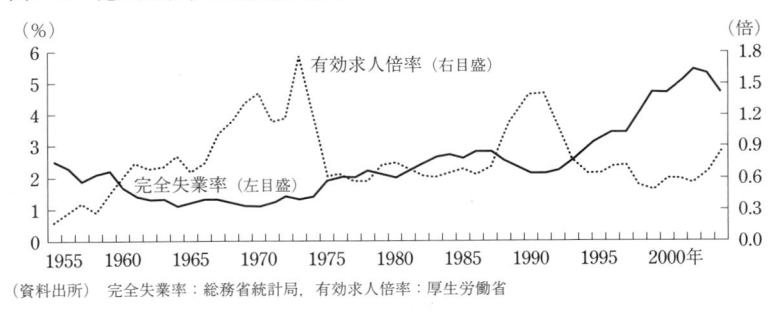

(資料出所) 完全失業率:総務省統計局, 有効求人倍率:厚生労働省

に急激な資本蓄積（＝設備投資）が進行，これが小循環を繰り返しつつも基本的には設備投資を抑制する要因として作用した。同時に，設備投資自体の国民総生産誘発効果が弱体化してきたといえる。

もうひとつ資本の過剰蓄積のメルクマールとなる稼働率と失業率・有効求人倍率について見ると（図2-7，図2-8），稼働率の変動を示す稼働率指数は基準年度が再三変更されているため同一基準での比較が困難である。これをあえて連続した一本の曲線と想定すれば，1973年まで高水準の稼働率が続いた後急低下，その後波を描きつつも低迷の時期が続き，1990年をピークとする前後3年程度の高稼働率を実現した後，再び低迷期を迎えている。その意味では1970年代前半までの過剰設備投資の影響が1970年代後半の低稼働率をもたらし，20世紀末バブル期の一時的な投資がさらに低稼働率を余儀なくさせたといえる。これは人の面でも顕著で，完全失業率は1970年代前半までは低下傾向が続いた後上昇に転じ，1990年前後には一時落ち込んでいたがその後急上昇している。

もっともその後の急上昇については，少子化・高齢化を反映しての若年層の失業率の上昇，失業率の高い高齢者の増加などの構造変化が指摘されてきたが，ここ10年間では定年，リストラ，倒産などによる非自発的失業増加が著しい[40]。有効求人倍率も完全失業率とは裏腹に1970年までは上昇，その後1990年，1991年の盛り上がりを除いては低迷が続いている。

　以上，20世紀後半の日本経済をマクロ的な指標から通観すると，1970年初頭までは設備投資の伸びが高く全体の需要拡大をリードする形で高度成長を実現した。しかし資本蓄積は過剰設備の蓄積をもたらしてオイル・ショックによる狂乱物価を契機として行き詰まり，変動相場制への移行という外的環境の変化のなかで低成長を余儀なくされることとなった。ここでは設備投資の伸びの鈍化とともにその国内総生産誘発効果も低下し，個人消費の伸びも低下して下支え程度にしかならず，政府の比重の増加，輸出の増加などに支えられても全体の伸びは急激に低下した。1990年前後の設備投資の盛り上がりはさらに過剰蓄積を上積みする結果となり，1％台の成長，鉱工業生産はマイナス成長に落ち込んだ。このことから見るかぎり，1970年初頭までの設備投資中心の高度成長の結果設備過剰（過剰資本の発生）となり，20世紀最後の四半世紀に及ぶ長期低迷をもたらしたことが推定される。

2　産業構造の変化

　このような大きな変化が具体的にどのような産業と企業の動きによってもたらされてきたのか。第二次大戦後の日本経済の混乱が収まり，1955年頃から本格化した高度成長はとりもなおさず工業化の過程であった。表2-1に示すとおり，国内総生産（名目）に占める製造業の比率は1955年の28.4％から1970年には36％とピークを記録した。原油をはじめとする一次産品の値上がり傾向は，1973年のオイル・ショックによる石油価格の高騰をきっかけに，それまで高成長の中心的役割を果たしてきた重化学工業に大きな打撃を与え，同時に徐々に力を付けてきた電機や機械など加工組立産業へのシフトを加速することとなった。1975年にはこれら重化学工業を中心に原燃料価格高騰の製品価格への転嫁

---

40)　完全失業率急増の要因については，『労働白書』1995～2003年，を参照。

第 2 章　資本蓄積：20世紀末バブルの原因（1）　53

表 2-1　経済活動別国内総生産（名目）の構成比推移　　　　　　　　　　（単位：％）

年	1955	1960	1965	1970	1975	1980	1985	1990	1995	2000
農林・水産・鉱業	21.9	14.6	10.8	6.9	6.0	4.3	3.5	2.8	2.1	1.5
製造業	28.4	34.6	33.7	36.0	30.2	29.2	29.5	28.2	23.1	21.9
うち食品・繊維・製紙	11.9	9.6	8.0	6.7	5.7	5.2	5.0	4.3	3.6	3.3
化学・金属・窯業	8.2	11.6	11.5	12.5	9.7	9.5	8.4	8.1	7.0	6.4
機械・電気製品	4.8	9.5	10.0	12.3	10.2	10.2	11.8	11.4	8.7	8.7
軽工業品ほか	3.5	3.9	4.2	4.5	4.6	4.3	4.3	4.4	3.8	3.5
建設業	4.5	5.6	6.6	7.7	9.7	9.4	7.9	10.1	8.2	7.4
電力・ガス・運輸通信	9.7	9.9	10.2	9.7	8.4	8.9	9.8	9.2	9.8	9.2
卸小売・金融・不動産	20.3	22.7	25.8	26.7	28.3	29.9	28.8	30.4	33.2	32.8
サービス業	10.1	7.5	7.8	9.6	11.0	11.7	14.5	14.8	17.7	20.3
政府ほか	5.1	5.1	5.1	4.1	6.4	6.6	6.0	2.7	5.9	6.9
計	100	100	100	100	100	100	100	100	100	100

（資料出所）　内閣府経済社会総合研究所『国民経済計算報告』

が相対的に遅れたため製造業比率は30.2％に急低下したが，実質値で見ると1ポイント程度の落ち込みにとどまっている[41]。この間の動きを実額で見ると，国内総生産全体では1955年の8.4兆円が1970年には73.3兆円（8.7倍），1975年では148.3兆円（17.7倍）に拡大したのに対し，製造業は1955年の2.4兆円が，それぞれ26.4兆円（11倍），44.8兆円（18.7倍）と成長の原動力となり，建設業や金融・不動産業の伸びもこれに均霑したものといってよい。この間，1955年にはなお21.9％を占めていた農林・水産・鉱業の第一次産業[42]は1970年までには2.8倍の伸びにとどまり，比率は6.9％に低下した。

製造業の高い成長は業種別に見ると，食品・繊維等の比率が相対的に低下する反面，化学・鉄鋼などの重化学工業，電機・機械などの加工組立産業が急成長し，比重が上昇することによってもたらされた。しかし，内需中心の重化学工業は1970年をピークに鈍化傾向にあったところでのコスト急上昇で，これを十分に価格に転嫁することができず，アルミ，平電炉，肥料，合成繊維の一部

---

41)　平成2年を基準値とする経済活動別国内総生産（実質値）を見ると，製造業の占める割合は1970年の25.9％に対し，1973年に27.3％と一応のピークをつけ1975年には24.8％にまで低下したにすぎない。その後も1990年代初頭に28％台に上昇するが，平成2年基準値で見るかぎり1970〜98年の間はほぼ25〜28％で安定している。しかし，基準値の改訂の際には構成変化も反映されるため，実質値は長期の産業構造変化の指標としては限界がある。

表 2-2　産業別就業者数構成比推移　　　　　　　　　　　　　　　　　（単位：％）

年	1960	1965	1970	1975	1980	1985	1990	1995	2000
農林・水産・鉱業	33.6	26.3	17.8	13.0	10.6	9.0	7.4	5.8	5.2
製造業	21.3	24.4	27.0	25.8	24.7	25.1	24.2	22.6	20.6
建設業	5.3	6.5	7.7	9.2	9.9	9.2	9.5	10.3	10.2
電力・ガス・運輸通信	5.5	6.4	6.9	7.0	6.9	6.5	6.5	6.9	7.0
卸小売・金融・不動産	19.0	20.1	22.5	24.8	26.1	26.5	26.9	26.6	26.9
サービス業	12.4	13.2	14.7	16.4	18.1	20.3	22.4	24.4	26.8
政府ほか	2.9	3.1	3.2	3.8	3.7	3.4	3.1	3.4	3.3
計	100	100	100	100	100	100	100	100	100

（資料出所）　総務省統計局『労働力調査』

などは，いわゆる構造不況業種として法的な支援を得て縮小を余儀なくされた。かわって電気器具・輸送機械（除く造船）などが ME 製品を中心に円高の逆風下にもかかわらず国際競争力を発揮し発展の主軸となった。しかしながら，国内総生産全体から見ればそれに占める比率の低下をかろうじて食い止めたにすぎない。しかも，これらの業種は設備投資規模も相対的に小さく建設・不動産・金融などの関連産業への波及効果も少なかった。結果としてすべての業種で低下した製造業の比率は2000年には22％となり，落ち込みの小さかった電気器具・輸送機械で製造業全体の4割を占めるにいたる。

一方，卸小売・金融不動産は不動産業の一貫した伸びと，1975年以降の金融関係の伸びに支えられて着実に比率を上げ，サービス業も1980年代以降の伸びが顕著である。建設業は1970年代後半から1990年にかけて比率を上げたが，その後は低下している。

---

42) C.クラークは鉱業を第二次産業に含めた（Clark, Colin, *The Conditions of Economic Progress*, Macmillan, 1940, 2nd ed., 1951, Ch. 5, 6. 大川一司・小原敬士・高橋長太郎・山田雄三訳篇『経済進歩の諸条件』勁草書房，1954年）。

篠原三代平は米国に見られる傾向を一般化して，第二次産業の所得構成比は上昇傾向であるのに対し労働力構成比は総体として横ばい，第三次産業は逆に前者横ばい後者上昇傾向であるとする。そして所得構成比を労働力構成比で割った「比較生産性」について，「第二次産業の比較生産性は歴史的に上昇傾向」，「第三次産業の比較生産性は第二次産業とはちがって歴史的には低下する」という命題を引き出している（篠原三代平『産業構造論』経済学全集18，第2版，筑摩書房，1976年，7-8頁）。しかし戦後日本については，製造業の比較生産性は表 2-1，表 2-2 から計算して，1973年まで低下した後横ばい，非製造業は横ばいで，これは当てはまらないように思われる。

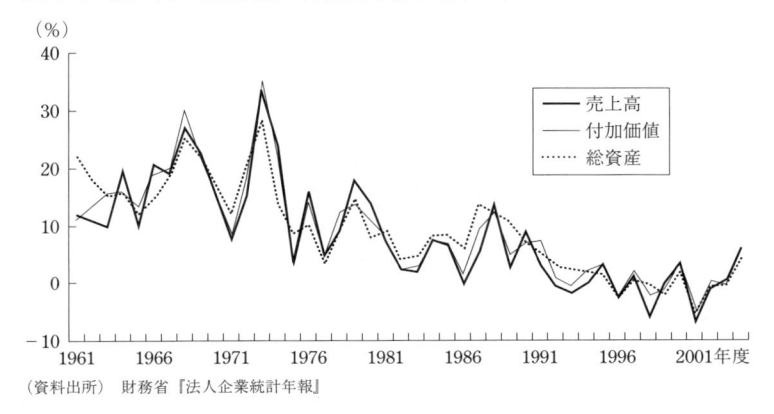

図2-9 売上高・付加価値・総資産対前年比伸び率

（資料出所）財務省『法人企業統計年報』

これを就業者の面から見ると（表2-2），国内総生産の動きに比較すれば変化が緩慢ではあるが，1960年には全就業者の1/3を占めていた第一次産業就業者比率が一貫して減少して2000年には5％にまで落ち込み，製造業は就業者比率が1970年までは上昇したが，以後卸小売・金融・不動産業，サービス業での就業者数の伸びに取って代わられている。

これらのことから高度成長期は製造業中心の伸びの時代であり，低成長期に入るとともに，金融，不動産，サービス業などの第三次産業の伸びが相対的に高まり，1990～2000年の10年間の伸びで見ると，国内総生産の伸びが1.2倍なのに対して製造業は0.85倍と15％も落ち込み，もっぱら第三次産業の伸びに支えられている。まさに製造業の低迷期であるということができる。

3　企業の成長と変質

ではこれが企業活動にどのような影響を与えたのだろうか。財務省の『法人企業統計年報』に基づいて分析してみる。

まず全産業の売上高，付加価値，総資産の伸びを見ると（図2-9），6～7年ごとにピークを記録する波動で三者いずれも似たような動きを示しているが，伸び率の水準のトレンドで見ると国内総生産の成長率同様3段階に分けることができる。前述の国内総生産の成長率区分に即してみると，全産業の売上げの伸びは1961年から1971年までの高度成長期は年平均16.1％，1993年までの低成

表 2-3 付加価値構成比 (単位：％)

年度	1960	1965	1970	1975	1980	1985	1990	1995	2000	2004
鉄鋼・化学	11.2	10.5	9.5	6.9	6.9	5.6	5.1	4.2	4.7	4.5
電機・機械	13.8	12.2	14.0	12.2	13.3	14.8	13.9	12.7	13.5	13.3
その他製造	31.7	29.2	25.8	22.9	21.0	19.8	17.4	16.4	15.1	13.1
製造業計	56.7	51.9	49.3	42.0	41.2	40.3	36.3	33.3	33.3	30.9
建設	5.2	8.0	8.6	10.2	10.0	9.2	10.7	12.5	10.8	9.6
卸小売	18.8	19.1	20.8	24.5	24.2	23.6	23.7	23.7	22.1	20.8
不動産	0.5	1.4	1.9	2.6	3.2	3.2	4.7	3.7	3.7	4.0
運輸通信	8.3	9.3	9.6	9.5	8.3	9.4	9.8	9.6	9.5	13.0
電力	2.7	3.0	2.0	1.8	2.5	2.6	1.8	1.9	2.0	1.8
その他非製造	7.7	7.2	7.7	9.4	10.5	11.7	12.9	15.3	18.7	19.9
非製造計	43.3	48.1	50.7	58.0	58.8	59.7	63.7	66.7	66.7	69.1
全産業	100.0	100.0	100.0	100.0	100.0	100.0	100.0	100.0	100.0	100.0

（資料出所）　財務省『法人企業統計年報』

長期は1973～74年の狂乱物価の時期の高い伸びを含めても9.0％，1994年以降の低滞期に入ると0％と横ばいで推移し，それぞれ名目成長率と呼応した動きとなっている。しかも1970年代までは総資産の伸びが売上げに敏感に反応して設備投資中心の経済を形成していたのに比べて，1980年代に入ると売上げの伸びの急激な落ち込みに対し総資産の伸びの低下は緩やかで，資産の伸び率が売上げの伸びを上回る傾向が見られる。

　これを業種的な変化という観点から5年ごとの付加価値構成の推移で見てみる（表2-3）。これは表2-1の経済活動別国内総生産推移と概念的には近いが，法人企業統計には政府部門，金融機関，家計が含まれていない点が異なる。まず製造業は1960年には全体の57％を占めていたが，1970年には非製造業に逆転され，2004年には31％に低下，急激な産業構造の変化は企業会計サイドの動きからも窺われる。製造業を内訳別にみると，鉄鋼・化学は1965年までは電機・機械と並ぶが，その後シェア低下を余儀なくされ1985年以降5％程度のシェアをコンスタントに続けている。電機・機械等の加工組立産業は唯一12～14％台のシェアを維持し続けているのに対し，食品，繊維，軽工業品など輸入品との代替が進行している業種が多いその他製造業の占める地位は一貫して低下して，2004年には電機・機械に抜かれ，製造業シェアダウンのほとんどを占めている。これに対し非製造業では，最大のシェアを占める卸小売業が1970年代半ばから

図 2-10 売上高経常利益率

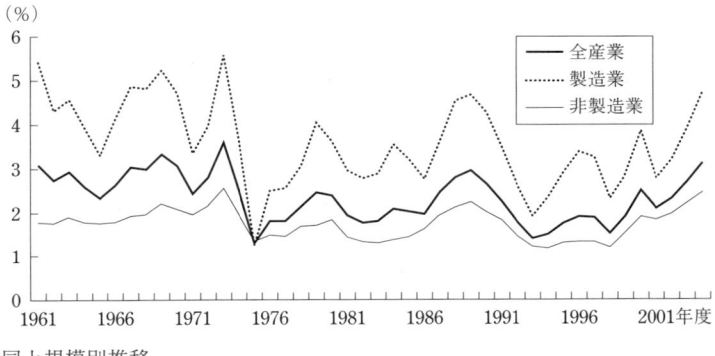

(%)

同上規模別推移

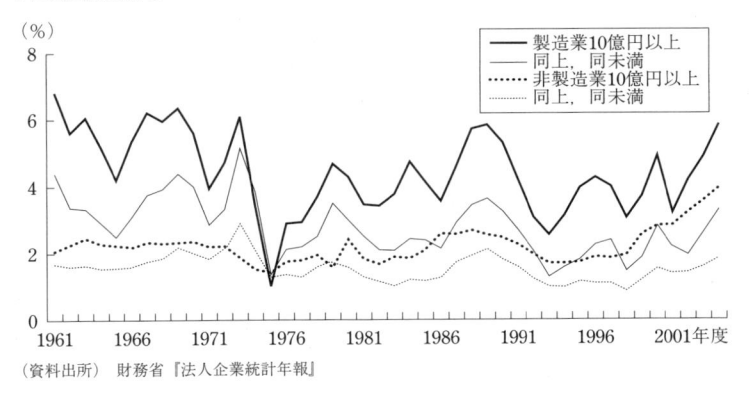

(%)

（資料出所）　財務省『法人企業統計年報』

1990年代半ばにかけて高い比率を占めたがその後低下し，サービス業中心のその他非製造業が急上昇して2004年には20％を占めるにいたっている。また，最近の通信関連新事業の急発展を反映して運輸通信のシェアが急拡大した反面，建設，不動産は1990年代前半までは伸びたがその後シェアをダウンさせている。

　企業会計から見た過剰蓄積のメルクマールとして企業の収益力の推移（図2-10）を見ると，収益率水準は1975年を除き一貫して製造業が高い。加えて，まず全産業では売上高経常利益率は売上高の伸びと同じく，1960〜71年平均が2.8％と高いが，その後は1972〜93年2.2％，1994〜2004年2.1％と大差なく，むしろ1990年代後半から回復基調である。この傾向は，製造業についても変動幅は大きいが同様で，1960〜71年は4.9％と高水準だが，1972〜93年，1994〜

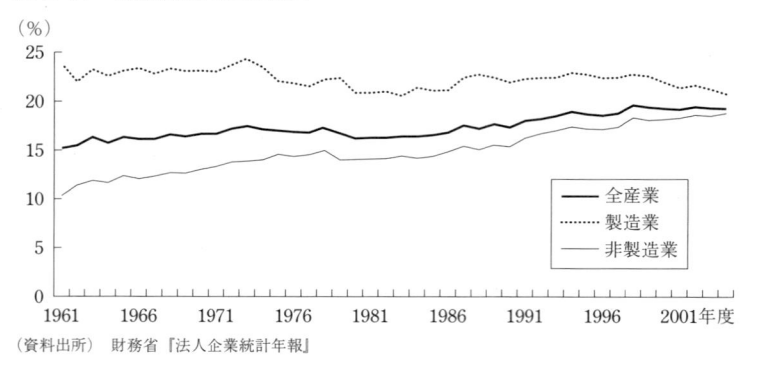

図 2-11　付加価値/売上高比率

(資料出所)　財務省『法人企業統計年報』

2004年はともに3.3％である。これに対し非製造業を同じ3期間で見ると，1.9％，1.7％，1.7％と収益水準は低いが安定している。これを資本金10億円以上の大企業と10億円未満の中小企業に分けてみると，製造業では変動は大企業が若干先行している時期があるものの大企業，中小企業の変動は同調的で，収益率水準は大企業のほうが高い。これに対し非製造業では変動は相対的に小さく，1970年代までは規模別の収益力格差はほとんど見られなかったが，以後収益水準が横ばいの中小企業に対し，大手卸売業の収益改善，大手不動産業の赤字脱却，電力の増益等が寄与した大企業の収益水準は上昇傾向で，1990年代に入ってからは製造業中小企業の収益率を上回り，製造業大企業の水準に接近しつつある。

　もうひとつの指標である付加価値は，営業利益のほかに労務費，租税公課，賃貸料が含まれ，逆に営業外収益（金融収益など）が除かれているため経常利益とは少し異なる動きを示す。付加価値/売上高比率の推移（図 2-11）では，製造業では1973年と1994年をピークとするなだらかな山を描きつつ1960年代以降低下傾向をたどり，1960～71年平均では23.1％，1972～93年と1994～2004年は22.0％と横ばいながら，2004年には20.7％となっている。これに対し非製造業では1961年10.5％から一貫して上昇を続け，1960～71年12.1％，1972～93年14.8％，1974～2004年18.0％で，2004年には18.7％と製造業の水準に近づいている。この理由を付加価値構成比の推移で見ると（図 2-12），製造業は付加価値の絶対額で1991年のピークを超えられず，以後弱含み横ばいで推移している

図 2-12 付加価値構造比

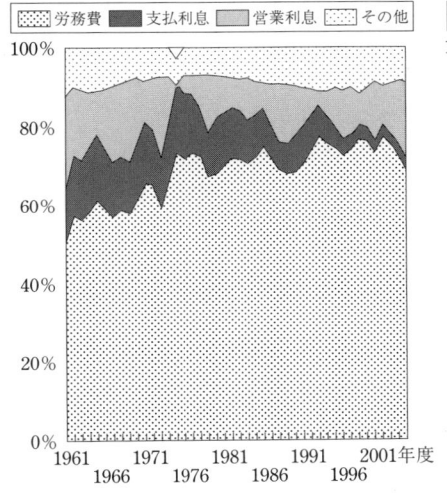

製造業　　　　　　　　　　　　　　非製造業

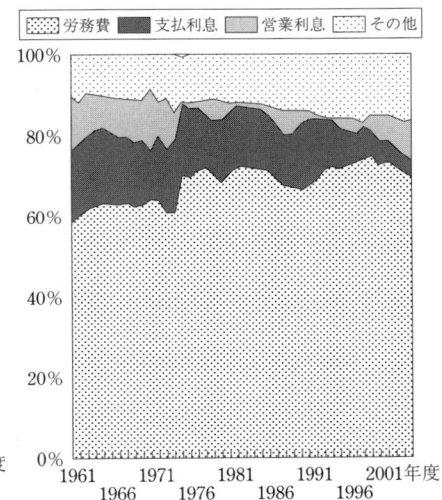

凡例：労務費／支払利息／営業利息／その他

（資料出所）財務省『法人企業統計年報』

が，支払利息の圧縮が大きく，労務費の比率も低下気味で，1980年代後半を除いて長らく圧縮傾向にあった営業利益は特に2000年代に入ってから回復している。これに対し非製造業では，絶対額では1994，2004年にピークを更新し，2004年は1991年を10.9％ポイント上回る水準にある。これを構成比率の変化で見ると，支払利息が大きく減少し，増加した労務費の割合も2000年以降は低下して，薄かった営業利益の回復につながった。この最近時点の動きから見ると，収益力の低下傾向も長期的なトレンドとして指摘するのは早計である。

一方，貸借対照表上における資産の蓄積と自己資本の充実度合いとの関係を見るべく負債倍率の推移を検討してみたい。自己資本充実のペースを上回って資本蓄積が進めば外部負債は増加し，負債倍率（負債/自己資本）[43]は上昇する。これを示した図 2-13 を見ると，高度成長期には一貫して上昇し全産業で1976年に最高（悪）値（製造業は1975年，非製造業は1976年）を記録した後，成長率の鈍化とともに一貫して低下（改善）している。非製造業では1980年代後半から不動産業を中心に業容が急拡大して20世紀末バブル崩壊後も過剰投資の整理が遅れ，1990年代後半にいたり巨額の赤字処理を余儀なくされて分母の資本

図 2-13 負債倍率推移

(資料出所) 財務省『法人企業統計年報』

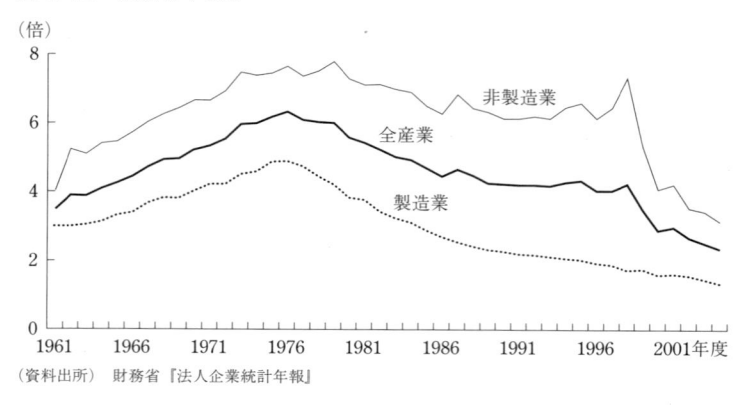

が減少したためいったん上昇した。その後銀行支援による債務免除や不動産処分の進行から本来の下降トレンドに戻っている。

第 3 節　金余りの進行

　実物資本の過剰蓄積ないし貨幣面から見た過剰貯蓄を具体的な現象として捉えようとする場合，つねに二面的な視点が必要となる。ひとつは前節で検討したような再生産システムそのものからの，すなわち実物的な側面からの検討である。それは，生産，稼働率であり，売上げ，収益，付加価値であり，資産であった。しかし同時にその金融的な側面，すなわち資金繰り，調達問題を検討しなければ片手落ちとなる。とくに前者は主として企業を対象にしていたのに対して，20世紀後半の経済システムを考える場合，家計の貯蓄動向が与える影響を無視することはできない。

43）　この比率が上昇すれば財務の健全性が失われ，設備投資（資本蓄積）にブレーキがかかる。シュタインドルは，「企業の自己資本に対する資本資産の割合を資金調達力比率 the Gearingratio」と定義し，これが成長率にプラスに作用するとした。資金調達力比率を g とすれば，負債倍率は $(1/g-1)$ の関係になる（Steindl, J., *Maturity and Stagnation in American Capitalism*, Basil Blackwell, 1952. p. 46. 宮崎義一・笹原昭五・鮎沢成男共訳『アメリカ資本主義の寡占と成長の理論』日本評論社，1962年）。後に検討するミンスキーの「借手リスク」も同様の考え方である。

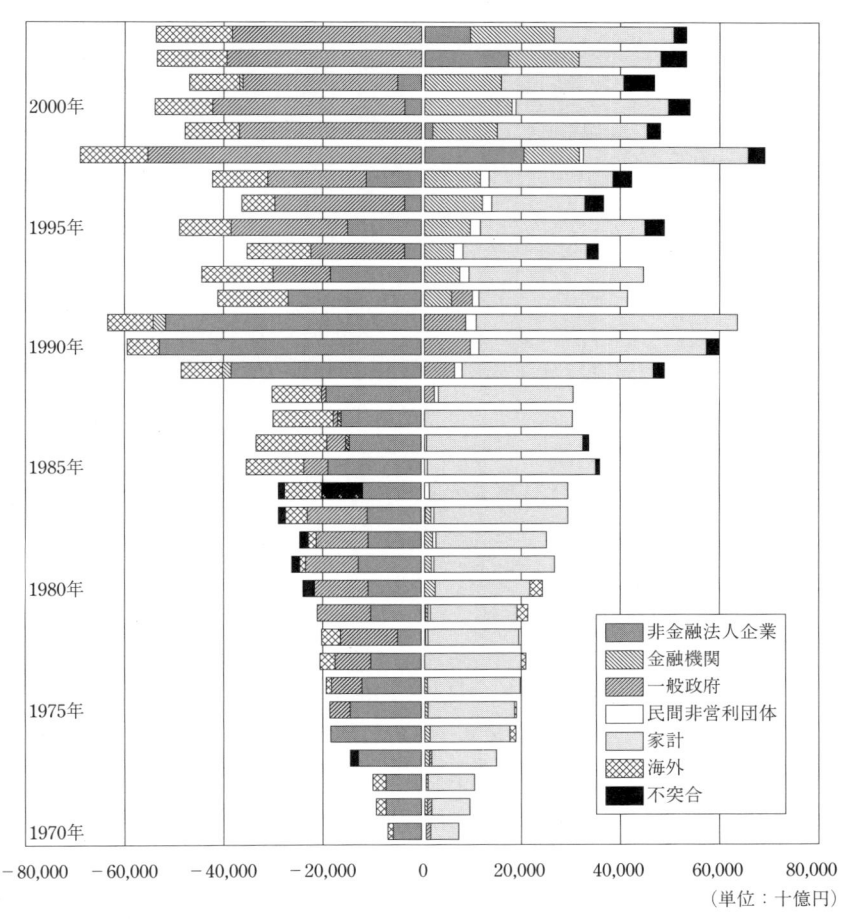

図 2-14 制度部門別貯蓄投資差額

(資料出所) 内閣府経済社会研究所『国民経済計算』，1970〜79年は68 SNA，1980年〜は93 SNAベース．
(注) 符号の（＋）は貯蓄超過（資金の純供給），（－）は投資超過（資金の純需要）を示す．
　　　海外部門の（－）は海外の資金の純需要，すなわちわが国から海外への投資を意味する．

1　資金需給と金融資産

　まずわが国全体の資金需給を国民経済計算に基づき概観する．全制度部門ごとの資金需給実績推移は図 2-14 のとおりで，最大の資金需要部門であった非金融法人企業の需要超過幅は1973〜76年に続き1989〜91年に最大のピークを迎えた後縮小，1990年代後半から2000年代にかけては一時的に資金供給に転じた．

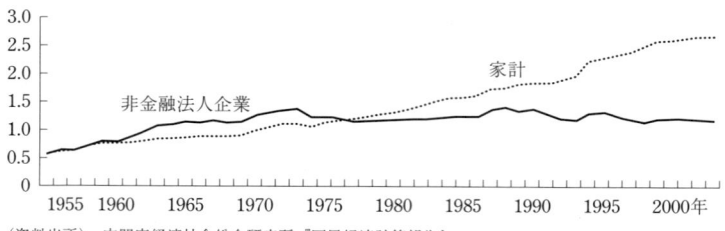

図 2-15　実質金融資産残高/GDP 比率推移

（資料出所）　内閣府経済社会総合研究所『国民経済計算報告』
（注）　実質金融資産残高は，金融資産のうち株式については株式調整勘定の累積額を差し引き含み益を推定排除したもの。

　これに対し1994年以降最大の資金需要部門となったのは一般政府で特に1998年来大幅な需要超過となっている。一方これらに比べれば金額は小さいが海外部門も1980年以来，日本からはつねに投資超過である。これに対して最大の供給超過部門は家計で，1970年代後半から超過幅は急速に膨張して1990～91年にピークを記録し，この間に家計の貯蓄が急速に拡大していったことを示しているが，その後の超過幅は減少傾向にある。

　次に国民所得計算の期末貸借対照表勘定から非金融法人企業と家計の金融資産（株式は推計簿価）の推移を見ると，名目国内総生産との比率（図 2-15）では，非金融法人企業は当初は上昇傾向で1973年にいったんピークをつけた後ほとんど横ばいで，1988年に再度ピークをつけてからは1970年代後半の水準にまで後退した。これに対し家計部門は非金融法人と同じレベルからスタートしたにもかかわらず一貫して上昇を続け，2003年には非金融法人企業の2.2倍に達している。資金需要はもっぱら家計によりまかなわれてきたことが明白である。金融資産の内訳（図 2-16）で見ると，非金融法人企業では預貯金は1989年以降減少し，出資金，金融派生商品，その他の金融資産が主流を占めているほか，1990年代に入って債券も増加している。これに対し家計は伸びは鈍化しているが預金が全体の60％を占め，その他の金融資産がこれに次ぎ，債券も漸増傾向にある。両部門とも株式への直接投資の比率は低い。

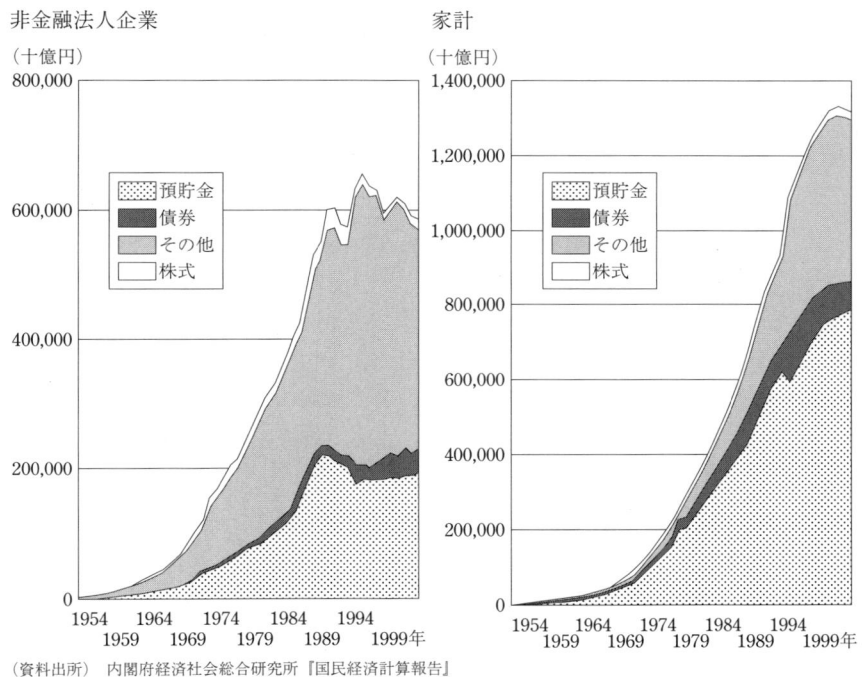

図 2-16　制度部門別実質金融資産残高推移

非金融法人企業
（十億円）

家計
（十億円）

（資料出所）　内閣府経済社会総合研究所『国民経済計算報告』

2　企業金融

（1）フリー・キャッシュフロー

　それではこれらの金融資産はどこから生じたのか。企業の場合，収支ズレや立替などによる一過性の資金余剰，不足分（いわゆる運転資金）の外部からの調達を除けば，基本的な形は設備投資と自己資金の関係である。自己資金（当期利益＋減価償却，社外流出は日本では一般的には大勢に影響がないのでここでは無視する）を設備投資額で割った「内部資金比率」が1に達すると企業は設備投資資金をすべて自己調達でまかなうことができ，1を超えると内部に余剰資金が発生することになる。『法人企業統計年報』に基づいて，内部資金比率の推移を見ると（図 2-17），全産業では1977年に瞬間的に1を超えたが，コンスタントに1を超えるようになるのは1990年代後半から（1998年は赤字決算のための異常値）である。しかしながら，これを業種別に見ると，製造業では

図 2-17　内部資金比率推移

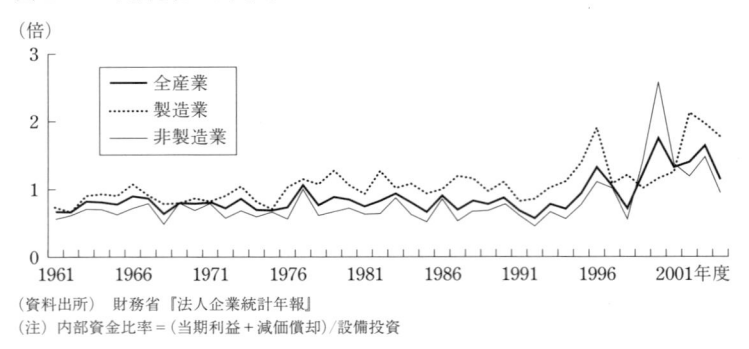

(資料出所)　財務省『法人企業統計年報』
(注)　内部資金比率＝(当期利益＋減価償却)/設備投資

　高度成長期の終わり頃から1を越え始め，低成長期にはコンスタントに1を上回り，1990年代には設備投資の落ち込みもあり，資金余剰幅はさらに拡大している。

　これをさらに製造業3業種，非製造業6業種に分けて，どの業種で，どの程度の資金余剰が発生しているかを見るために，業種ごとに毎年の自己資金(キャッシュフロー：当期利益＋減価償却)から設備投資額(土地を含む)を差し引いたいわゆる「フリー・キャッシュフロー」[44]の推移を示したものが表2-4である。これによると製造業のなかでも設備負担の軽い軽装備の加工組立産業が中心の電機・機械はすでに1960年代の後半からフリー・キャッシュフローのプラス基調が定着しており，特に1990年代以降プラス幅はいちだんと拡大した。ここでは，20世紀末バブルの形成と崩壊に密接に関係している20世紀後半のうち最後の四半世紀，具体的には1981年から2004年の24年間につき前半・後半の二つに分けてもう少し詳しく検討したい(後出の表2-5 主要業種別資金移動表のフリー C. F. 欄を参照)。この時期区分に従い電機・機械以外の業種のフリー・キャッシュフローの動向を観察すると，鉄鋼・化学は生産設備の性格上1970年代半ばまでは設備投資先行で赤字が続いたが，1970年代後半から黒字

---

[44]　産業別の資金余剰規模が明らかになるように，『法人企業統計』の絶対額で示した。またバブル形成・崩壊の時期設定とは少しずれるが，分析の便宜上1981〜2004年の24年間を等分して，前半1981〜92年，後半1993〜2004年とした。ただし対象会社は年により異動がある点は時系列比較の際考慮する必要がある。

基調に転じ，1980年代以降は前半，後半とも電機・機械に匹敵する黒字額を計上した。その他製造業は遅れて，前半までは赤字基調を脱却することはできなかったが，後半にはほかの2業種並みの黒字幅を実現した。これに対して設備投資が大きいわりに収益性が低い非製造業は基本的に前半，後半を通じて赤字基調で，比較的軽装備の建設業と設備投資がペースダウンした電力が後半に若干ながらプラスに転じた程度である。卸小売業では2004年度の黒字が巨額であるが，大半は資本金2000万円以上5000万円未満層の固定資産の減少によるもので，データ不連続の影響と見られる。特に赤字幅の大きい業種は前半では不動産業，運輸通信（これは期中に民営化したNTT，JRグループが新規に調査対象として加わっているためと見られ，すべてが新たな資金需要に基づくものではない），卸小売業，電力，リース・情報・娯楽・ホテル等広範なサービス業を含むその他非製造業，後半には不動産業，運輸通信，その他非製造業等があげられる。しかしながら後半には赤字業種のマイナス幅も減少したため，全産業ベースで前半には165兆円のマイナスとなっていたフリー・キャッシュフローは32兆円のプラスとなった。

(2) その運用

では発生したフリー・キャッシュフローはどのように運用されたのだろうか，あるいは不足するフリー・キャッシュフローはどのように調達されたのだろうか。同じ9業種について1981～92年と1993～2004年の間の要約資金移動表を作成したのが表2-5である。なお，ここではフリー・キャッシュフローとの関係を明確にするため，固定資産と資本金の増減項目をフリー・キャッシュフローと資本金の増減項目に組み替えてある[45]。

まず1981年から1992年までの前半には，全産業で見ると旺盛な設備投資を反映してフリー・キャッシュフローは大幅な赤字で資本金の増加だけでは到底まかなえず，社債で39兆円，長短借入金で345兆円調達してフリー・キャッシュフローのマイナスを穴埋めし，さらに投（融）資に充当されたが，借入金の3割108兆円は預金・有価証券の手元流動性として残った。これを業種別に見れば，フリー・キャッシュフローがプラスであった鉄鋼・化学，電機・機械では投（融）資の増加等は資本市場からの調達が大勢と思われる資本，社債の増加でまかなわれ，借入調達分は結果としてほとんどが手元流動性として残った。

表 2-4　フリー・キャッシュフロー推移

年度	製造業計				建設	卸小売	不動産
	鉄鋼・化学	電機・機械	その他製造業				
1961	-260	-74	-123	-457	17	-25	-147
1962	-321	-28	-352	-701	-38	44	-134
1963	-116	26	-115	-205	-9	-11	-182
1964	-100	281	-339	-158	11	-136	-31
1965	-157	40	-90	-207	11	-66	-471
1966	65	113	-29	149	-63	-181	96
1967	-185	43	-174	-316	-31	-41	-220
1968	-422	65	-793	-1,150	-165	-411	-1,063
1969	-489	4	-646	-1,131	90	-321	291
1970	-572	-28	-234	-834	-6	-264	-294
1971	-657	270	-690	-1,077	22	-1	-173
1972	20	321	-914	-573	-16	-760	-998
1973	174	57	165	396	-169	471	-929
1974	-560	-257	-949	-1,766	-28	-597	-1,064
1975	-1,200	62	-1,303	-2,441	254	-311	-264
1976	-411	291	437	317	-290	-706	-2,429
1977	-137	596	355	814	429	802	527
1978	464	336	-320	480	-521	-822	-353
1979	1,236	884	160	2,280	81	-652	-2,200
1980	281	13	205	499	-611	455	487
1981	-391	227	-717	-881	178	-247	-3,908
1982	581	658	1,080	2,319	474	-4,029	-666
1983	-270	508	-129	109	86	4,290	-1,441
1984	1,094	-34	-146	914	-147	-4,347	-1,859
1985	156	-84	-1,400	-1,328	-771	2,338	-2,453
1986	258	223	-711	-230	789	-2,767	342
1987	610	1,530	148	2,288	-1,022	-813	-14,444
1988	1,450	566	338	2,354	-395	-4,032	2,135
1989	754	332	-2,421	-1,335	1,279	2,379	-8,448
1990	-306	1,016	911	1,621	-2,129	-3,141	653
1991	282	-2,421	-2,698	-4,837	1,330	321	-9,381
1992	-1,032	-27	-2,475	-3,534	-3,321	-6,207	-9,766
1993	399	1,386	-1,571	214	1,121	-3,812	-8,416
1994	947	464	-93	1,318	-1,231	-9,490	-7,296
1995	1,782	1,311	2,096	5,189	1,665	8,609	-1,046
1996	60	4,568	4,408	9,036	1,175	-1,970	2,451
1997	1,535	88	-610	1,013	1,124	5,483	-5,638
1998	-232	44	2,633	2,445	-250	-3,729	-13,773
1999	2,007	648	-2,895	-240	-2,360	-4,436	13,633
2000	510	-247	2,179	2,442	334	5,458	252
2001	916	749	950	2,615	888	276	-374
2002	1,239	4,136	2,847	8,222	-148	285	4,179
2003	2,746	1,341	5,063	9,150	3,565	-3,475	1,176
2004	3,570	2,488	3,079	9,137	1,524	17,529	-1,118

（資料出所）　財務省『法人企業統計年報』

第 2 章　資本蓄積：20世紀末バブルの原因（1）　　67

(単位：十億円)

運輸通信	電力	その他非製造業	非製造業計	全産業
－134	－214	－136	－639	－1,096
－126	－205	－127	－586	－1,287
－122	－133	－22	－479	－683
－153	－92	－262	－663	－822
－139	－92	－98	－855	－1,063
－111	－122	－276	－657	－508
－163	－58	－111	－624	－940
－479	－138	－704	－2,960	－4,110
－345	－233	－438	－956	－2,087
－474	－326	－551	－1,915	－2,749
－523	－495	－18	－1,188	－2,265
－558	－539	－1,044	－3,915	－4,488
－640	－1,120	－941	－3,328	－2,932
－485	－1,066	－1,328	－4,568	－6,334
－199	－853	－1,735	－3,108	－5,548
－29	－1,153	－1,177	－5,784	－5,467
－226	－1,286	－323	－77	737
－1,005	－2,063	－1,705	－6,469	－5,988
－314	－2,016	－234	－5,335	－3,055
－951	－1,514	－3,077	－5,211	－4,712
－1,291	－1,576	－373	－7,217	－8,098
－402	－1,452	－1,704	－7,779	－5,460
175	－1,241	－3,822	－1,953	－1,844
－1,411	－782	－836	－9,382	－8,468
－9,195	－426	－5,598	－16,105	－17,433
－2,028	－649	377	－3,936	－4,166
－1,757	－373	－3,474	－21,883	－19,595
－4,805	－598	－4,786	－12,481	－10,127
－710	－731	－8,996	－15,227	－16,562
－773	－945	－3,330	－9,665	－8,044
－10,912	－1,088	－1,511	－21,241	－26,078
－1,839	－1,484	－13,407	－36,024	－39,558
975	－1,620	－3,348	－15,100	－14,886
－1,776	－1,108	－1,775	－22,676	－21,358
－2,112	－1,385	－14,908	－9,177	－3,988
－2,287	－495	3,638	2,512	11,548
1,723	41	－2,997	－264	749
－3,270	404	－415	－21,033	－18,588
2,757	345	－2,195	7,744	7,504
－1,364	293	13,927	18,900	21,342
800	2,202	3,236	7,028	9,643
2	1,629	－1,624	4,323	12,545
3,454	1,800	5,367	11,887	21,037
－6,822	484	－14,359	－2,762	6,375

表 2-5　主要業種資金移動表（1981～1992年度，1993～2004年度）

鉄鋼・化学

	1981～1992	1993～2004		1981～1992	1993～2004
預金・有価証券	4,361	-3,066	借入金	2,580	-4,541
投資	4,867	7,433	社債	5,084	-3,659
その他資産・負債	3,092	1,137			
			資本金・引当金	1,470	-1,775
			フリーC.F.	3,186	15,479
			〔うち土地〕	〔-2,693〕	〔-744〕
計	12,320	5,504	計	12,320	5,504

電機・機械

	1981～1992	1993～2004		1981～1992	1993～2004
預金・有価証券	15,758	-5,649	借入金	18,520	-2,686
投資	16,091	22,578	社債	9,688	-3,071
その他資産・負債	5,726	22			
			資本金・引当金	6,873	5,732
			フリーC.F.	2,494	16,976
			〔うち土地〕	〔-5,601〕	〔-4,168〕
計	37,575	16,951	計	37,575	16,951

その他製造業

	1981～1992	1993～2004		1981～1992	1993～2004
預金・有価証券	12,665	-8,787	借入金	25,679	-12,372
投資	11,826	9,683	社債	135	3,492
その他資産・負債	-3,764	6,614			
			資本金・引当金	3,133	-1,696
			フリーC.F.	-8,220	18,086
			〔うち土地〕	〔-11,011〕	〔-4,292〕
計	20,727	7,510	計	20,727	7,510

建設

	1981～1992	1993～2004		1981～1992	1993～2004
預金・有価証券	19,524	-6,902	借入金	32,501	-17,976
投資	8,221	701	社債	2,938	-2,033
その他資産・負債	5,189	-4,034			
			資本金・引当金	1,144	2,367
			フリーC.F.	-3,649	7,407
			〔うち土地〕	〔-8,719〕	〔199〕
計	32,934	-10,235	計	32,934	-10,235

卸小売

	1981～1992	1993～2004		1981～1992	1993～2004
預金・有価証券	26,838	-15,781	借入金	73,864	-29,379
投資	26,650	8,017	社債	4,895	-452
その他資産・負債	12,261	-4,385			
			資本金・引当金	3,225	6,954
			フリーC.F.	-16,235	10,728
			〔うち土地〕	〔-20,670〕	〔-4,638〕
計	65,749	-12,149	計	65,749	-12,149

（資料出所）　財務省『法人企業統計年報』

(単位:十億円)

不動産

	1981〜1992	1993〜2004		1981〜1992	1993〜2004
預金・有価証券	9,515	−3,649	借入金	85,257	−39,244
投資	11,505	723	社債	2,319	−710
その他資産・負債	20,366	−28,910			
			資本金・引当金	3,046	24,088
			フリーC.F.	−49,236	−15,970
			〔うち土地〕	〔−26,167〕	〔−1,913〕
計	41,386	−31,836	計	41,386	−31,836

運輸通信

	1981〜1992	1993〜2004		1981〜1992	1993〜2004
預金・有価証券	4,561	5,239	借入金	17,514	12,526
投資	6,226	22,046	社債	6,158	2,995
その他資産・負債	−15,717	4,448			
			資本金・引当金	6,346	24,132
			フリーC.F.	−34,948	−7,920
			〔うち土地〕	〔−11,143〕	〔−7,209〕
計	−4,930	31,733	計	−4,930	31,733

電力

	1981〜1992	1993〜2004		1981〜1992	1993〜2004
預金・有価証券	−149	−201	借入金	5,643	−3,565
投資	989	2,395	社債	5,697	1,662
その他資産・負債	−2,913	−3,516			
			資本金・引当金	−2,068	−2,009
			フリーC.F.	−11,345	2,590
			〔うち土地〕	〔−831〕	〔−901〕
計	−2,073	−1,322	計	−2,073	−1,322

その他非製造業

	1981〜1992	1993〜2004		1981〜1992	1993〜2004
預金・有価証券	15,335	5,167	借入金	83,918	7,002
投資	15,230	20,008	社債	1,847	2,727
その他資産・負債	11,199	−23,109			
			資本金・引当金	3,458	7,790
			フリーC.F.	−47,459	−15,453
			〔うち土地〕	〔−15,955〕	〔−6,779〕
計	41,764	2,066	計	41,764	2,066

全産業

	1981〜1992	1993〜2004		1981〜1992	1993〜2004
預金・有価証券	108,408	−33,629	借入金	345,476	−90,235
投資	101,605	93,584	社債	38,761	951
その他資産・負債	35,439	−51,733			
			資本金・引当金	26,648	65,583
			フリーC.F.	−165,433	31,923
			〔うち土地〕	〔−102,790〕	〔−30,445〕
計	245,452	8,222	計	245,452	8,222

同様にフリー・キャッシュフローの赤字幅が比較的小さいその他製造業，建設業などでも借入金の相当部分が手元流動性として歩留まった形になっている。これに対して運輸通信，電力など大企業の多い業種ではフリー・キャッシュフローが赤字であるにもかかわらず社債による調達も大きく借入への依存度はさして高くないが，不動産業やその他非製造業ではフリー・キャッシュフローの赤字と投（融）資をもっぱら銀行からの巨額借入に依存することとなった。

1993年から2004年の後半に入ると，フリー・キャッシュフローがプラスとなった業種は投（融）資の増加を吸収した上で，手元流動性も動員して借入の圧縮を行ったが，不動産業では手元流動性圧縮の余地が乏しくその他資産負債（大半は棚卸不動産）の圧縮で，電力もその他負債の増加でわずかながら吸収して，借入返済を実行，運輸通信，その他非製造業は投（融）資の増加が大きいため借入は減っていないが，これらの業種では2004年からの業種組み換えによるデータの不連続も影響しているものと思われる。このように，高度成長期には売上げの伸び，収益力ともに高い反面，設備投資も旺盛でフリー・キャッ

---

45) 資金移動表の作成に当たっては，企業が自ら稼いだネットの自己資金としてのフリー・キャッシュフロー（当期のキャッシュフローから設備投資を差し引いたもの）と増資など外部から投入された資本金の増減を区別するために，以下の処理を施した。
　まず定義として，
　　当期のフリー・キャッシュフロー＝当期利益＋当期減価償却－当期設備投資
　　当期の設備投資＝当期末固定資産－前期末固定資産＋当期減価償却
としているため，
　　当期のフリー・キャッシュフロー＝当期利益－（当期末固定資産－前期末固定資産）
となる。資金移動では借方（資産）の固定資産の期中増減額を貸方（負債・資本）に移して，
　　（当期末資本－前期末資本）－（当期末固定資産－前期末固定資産）
とし，（当期末固定資産－前期末固定資産）を前式から（当期利益－当期キャッシュフロー）で置き換えると，
　　（当期末資本－当期利益－前期末資本）＋当期キャッシュフロー
となる。得られた各期の計数を該当期間にわたって合算すれば，
　　資本金（＝期末資本－期初直前期末資本－期中利益累計，すなわち増資など当期利益を除いた資本の増減）
と期中フリー・キャッシュフロー累計に組み替えることができる。これに引当金の増減も加味して表 2-5 の資金調達を示す貸方（右辺）の「資本金・引当金」「フリー C. F.」として表示した。

シュフローは赤字の場合が多く,借入への依存度も高かったが,低成長期に入ると売上高の伸びの鈍化と同時に収益力も低下したものの,設備投資が鈍るため相対的に自己資金による調達力が向上して余剰資金が潤沢となり,同時に借入依存度も低下している。その意味で,企業サイドでも高度成長が低成長に転化する過程こそが過剰蓄積を顕在化させたとの指摘もできる。ただしこれを業種的に見ると,実現のスピード,度合いにばらつきが大きい。電機・機械は低成長期にも息長く成長を持続していたにもかかわらずフリー・キャッシュフローの黒字化は早く,鉄鋼・化学,その他製造業,非製造業でも軽装備の建設業,卸小売業や低成長に転じた電力などでは遅れて黒字化が実現している。さらに,実力以上の業容拡大に走った不動産業では借入圧縮のために資産処分を余儀なくされ,いまだ拡張期にある運輸通信やその他非製造業では外部資金供給に依存する体質から脱却することはできなかった。

　一方,20世紀末バブル形成期の土地・株式投資の異常な高まりとその反落について見てみよう。土地は固定資産の一部としてフリー・キャッシュフローの控除項目に含まれているが,これを抽出してみると,特に1981〜92年で土地勘定の増加規模が大きいのは不動産業,卸小売業,その他非製造業で,これだけで全産業の6割強を占める。とくに不動産業,その他非製造業においては土地を除く固定資産の増加も大きい結果,フリー・キャッシュフローの赤字が巨額に上ることを見れば,自己資本に比して過剰投資が顕著であり,総じて業種による偏りが極端であったといえる。運輸通信についてはこの間のNTT,JR民営化の影響が土地についても影響していると思われる。

　株式投資については原則として有価証券勘定に計上されるが,長期保有の投資(有価証券)勘定にも一部含まれている可能性も否定できない。いずれにせよ1981〜92年の手元流動性の増加はフリー・キャッシュフローに余裕のあった鉄鋼・化学,電機・機械等においても結果的には借入金の増加に見合っており,金融資産の増加は自己資金の運用というだけではなく借入調達の容易さとが重なってもたらされたものといえる。このことは1993〜2004年では逆に手元の取り崩しと自己資金による借入圧縮が広がったことからも明らかである。

（3）調達

　借入金の増加は,土地取得と同様,不動産業,卸小売業,その他非製造業の

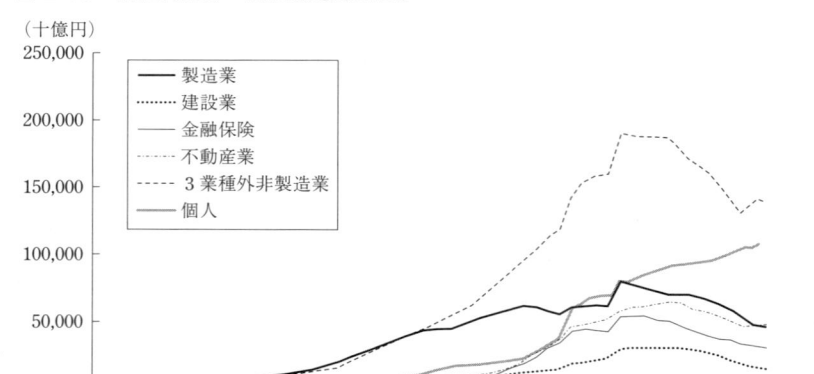

図 2-18　業種別銀行・信託勘定貸出推移

（十億円）

凡例：
― 製造業
‥‥ 建設業
― 金融保険
―・― 不動産業
―― 3業種外非製造業
― 個人

（資料出所）　日本銀行『経済統計年報』『金融経済統計月報』
（注）　2004年以降銀行勘定のみ。

3業種で前半期には全体の70％，現預金の増加を差し引いた実質純増額では80％を占めている。この動きは，同じ業種区分ではないが銀行・信託勘定貸出推移（図 2-18）からも観察される。製造業の借入は1980年代後半には停滞した後，1993年に再度ピークを記録した。一方，不動産業は1997年，金融保険業と建設業は1995年にピークを迎え，これら不動産関係3業種を除いた非製造業は製造業と同じく1993年にピークを記録している。また，金融自由化にともないいろいろな制約が緩和されたことと株価の上昇から有利な調達手段となった社債発行残高，海外起債，有償増資等の資本市場からの調達状況を見たのが図2-19である。社債では1982年にピークをつけた後いったん減少したが，1987年2月，1988年11月と相次いで適債基準が緩和されてから発行残高が拡大している。一方転換社債，ワラント債等の株式がらみの社債は，株式市場が活況を呈する1988年から急増し，ワラント債は1991年，高水準で横ばいを続けた転換社債は1995年にピークをつけたが，その後は株式市場の低迷を反映して縮小気味である。いずれにせよ発行残高は2002年の最近のピークで67兆円と銀行貸出残高431兆円に比べればその16％程度で，その3分の1は電力，運輸通信の常連会社で占められている。海外市場での金融債，事業債の起債については，同じく1980年代に急激に増加し1989年に米ドル建て，スイス・フラン建てとも

第 2 章　資本蓄積：20世紀末バブルの原因（1）　73

図 2-19　資本市場からの資金調達状況推移
（1）社債残高推移

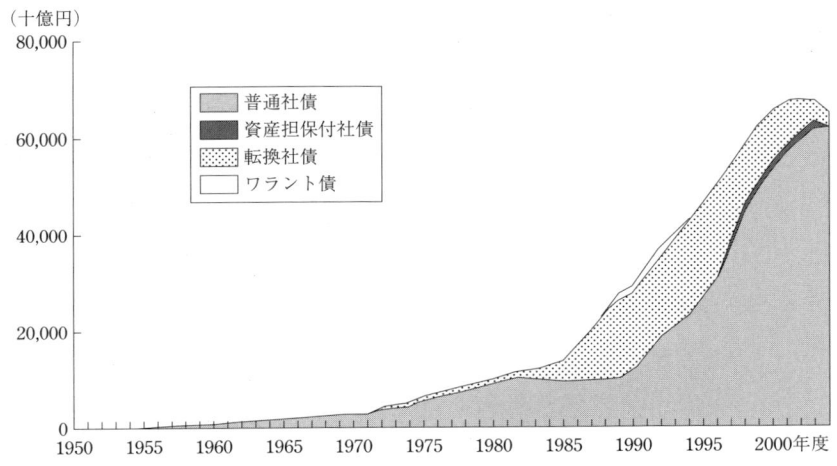

（十億円）

凡例：
- 普通社債
- 資産担保付社債
- 転換社債
- ワラント債

（資料出所）　日本銀行調査統計局『経済統計年報』『金融経済統計月報』
（注）　1995年以降はデータが連続していない。2004年の資産担保付社債データはN.A.。

（2）海外起債状況

凡例：
- 米貨建（百万＄）
- ユーロ建（百万E）
- スイス貨建（百万F）
- 円建（十億円）

（資料出所）　日本銀行，同上。

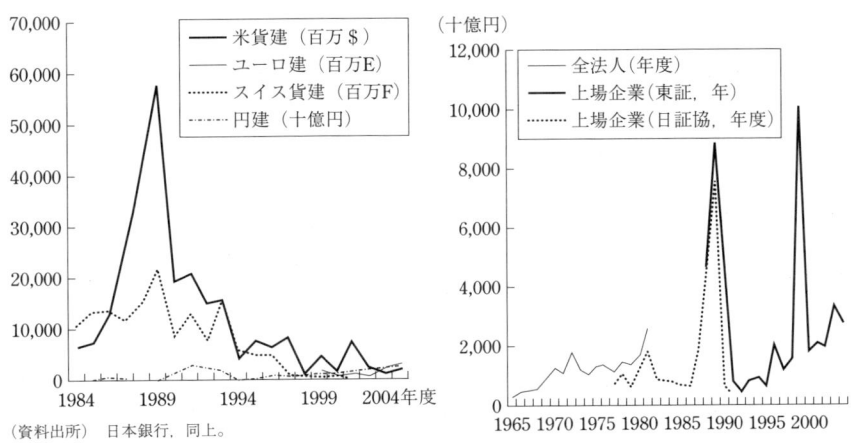

（3）有償増資推移

（十億円）

凡例：
- 全法人（年度）
- 上場企業（東証，年）
- 上場企業（日証協，年度）

（資料出所）　大蔵省『全法人の株式発行状況』1965～81年，日本証券業協会『有償増資状況（全国上場会社）』1977～91年，東京証券取引所『全国上場会社資金調達』1988～2004年。

図 2-20　貯蓄性向の推移

(%)

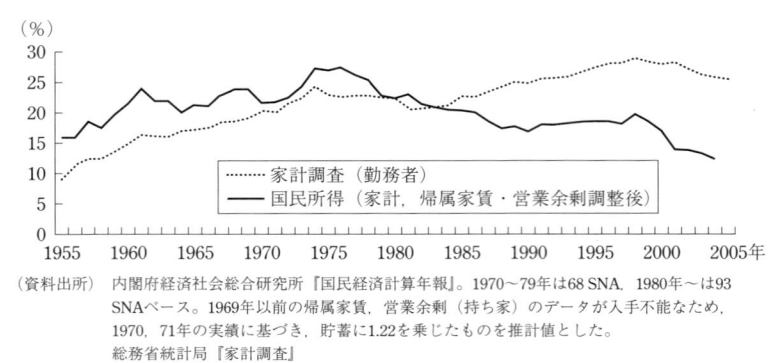

········ 家計調査（勤務者）
──── 国民所得（家計，帰属家賃・営業余剰調整後）

（資料出所）内閣府経済社会総合研究所『国民経済計算年報』。1970〜79年は68 SNA，1980年〜は93 SNAベース。1969年以前の帰属家賃，営業余剰（持ち家）のデータが入手不能なため，1970，71年の実績に基づき，貯蓄に1.22を乗じたものを推計値とした。
総務省統計局『家計調査』

ピークをつけたが，その後は低迷が続いている。また有償増資など株式発行による資金調達も1989年のピークの後は低調である。しかし1986年から90年までの5年間をとってみると，銀行借入の増加額が163兆円であるのに対して，社債残高の増加18兆円，海外起債が米ドル建て，スイス・フラン建て，円建て合算で概算19兆円程度，有償増資も20兆円に達しており，20世紀末バブル形成期の資金供給源として限界的に大きく寄与したといえる。

3　家計収支と貯蓄

（1）家計収支

　個人貯蓄の原資となる個人の所得は経済成長の結果増加したが，最終的には成長の源となる投資と貯蓄は一致する（I＝S）。問題は貯蓄がどのような形で形成され，それが媒介者を通じてどこに投じられるかである。前に見たように，銀行融資の資金源の大半を占めたのは家計の貯蓄であった。そこで個人貯蓄が具体的にどのような形で蓄積されていったのかが問題となるが，まず家計の貯蓄性向（貯蓄／可処分所得）の推移を見ると図 2-20 のごとくである。ここでは，国民所得の家計部門について算出したもの（《貯蓄＋帰属家賃−営業余剰《持ち家》》／可処分所得）と家計調査ベースとを示した。両者は調査対象のほかにいくつかの違いがある。とくに，国民所得ベースでは SNA 計算の特質[46]とし

---

46)　とりあえず中村洋一『SNA 統計入門』日本経済新聞社，1999年，64-71頁を参照。

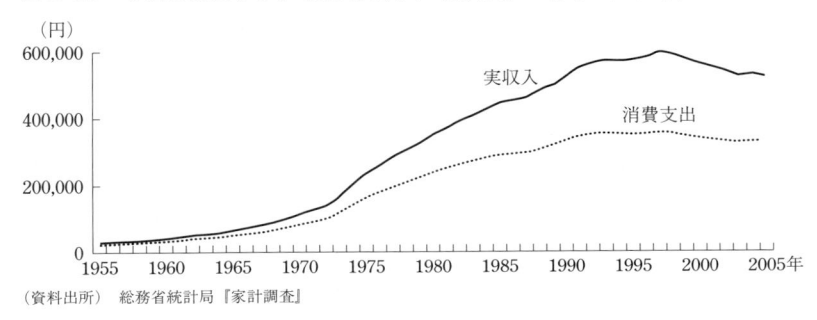

図 2-21　1世帯あたり年平均月間実収入と消費支出の推移（全世帯）

(資料出所)　総務省統計局『家計調査』

て自家保有家計で想定される家賃支出を計算したもの（帰属家賃）が個人消費支出に，その受取り分が持ち家の営業余剰に含まれており，その割合が無視できない。したがってこれらを実質貯蓄とみて加算・減算したものを用い，家計調査ベースでは統計が存在する勤労者家計のデータを使用した。これによると，国民所得ベースでは15％から急速に上昇し1970年代中頃には30％近くまで達している。その後は1980年代中頃に水準が切り下がったもののその前後はほぼ横ばいで推移し，2000年に入って再度急落した。これに対し家計調査では1974年をピークに若干低下した後，1983年に底入れしてからは1998年まで一貫して上昇している。この間，1983年には国民所得ベースを上回り，以後その格差は拡大している。さすがに1998年には30％を目前にピークアウトしたが，その後もピークからは3％ポイントほどの低下にとどまり，2000年以降格差はさらに拡大した。この食い違いについては諸説あるが，大きな要因としては無職者の動向があげられる。このことについては第7章で検討する。

　家計調査による過去50年間の全世帯平均の実収入と消費支出をグラフに示してみると（図 2-21），実収入は1970年頃から上昇のピッチを上げ，1990年代に入ると減速し1997年をピークとして低下に転じている。これを対前年比の伸び率で観察してみると，1960年代におおむね10％前後で推移していた伸び率は，1960年代末から水準を切り上げ1973～74年のオイル・ショック時に突出した伸びを記録した後，伸び率は低下傾向に転じ，1988～90年のバブル爛熟期にはわずかながら盛り返したが，1998年からマイナスとなった。これに対し消費性向は漸次低下傾向にあったため，収支差は着実に拡大してきた。なお，オイル・

図 2-22　1世帯平均年間収入・貯蓄・負債残高の推移（全国，全世帯）

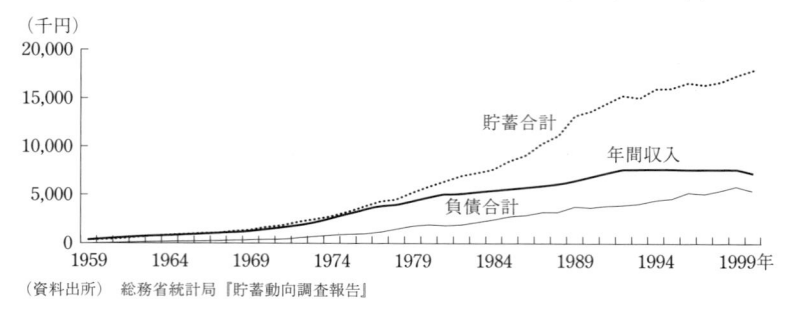

(資料出所)　総務省統計局『貯蓄動向調査報告』

図 2-23　1世帯平均貯蓄の推移（全国，全世帯）

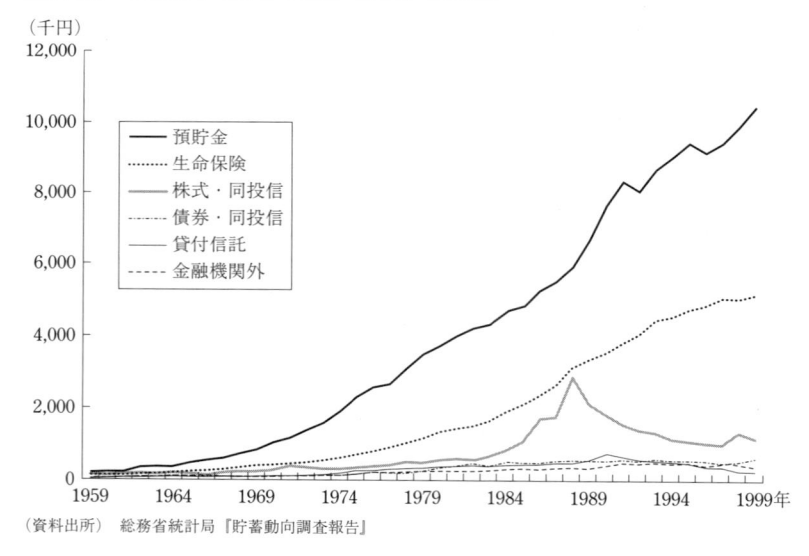

(資料出所)　総務省統計局『貯蓄動向調査報告』

ショック時には，1973年はともかく，実収入の伸びが1974年の24.1％，1975年14.8％，1976年9.4％であったのに対して，消費者物価は前年比でそれぞれ24.4％，11.8％，9.5％の上昇を見ており，この間の実質的な収入増はほとんどなかったことになる。また，1998年以降のマイナス成長で2003年までの6年間で実収入は約12％下落したことになるが，同時期の消費者物価は2.3％の下落にとどまっており，1割程度は実質的な減収になっている。同時に貯蓄性向も1999年から低下に転じ，収入の減少をカバーしている。このことについては第

表 2-6　1世帯あたり種類別貯蓄増加額（全国・全世帯）　　　　　（単位：千円）

年	現預金	生命保険	株式・同投信	債券・同投信	貸付信託	金融機関外	他とも貯蓄計
1961〜65	189	101	47	23	30	22	405
1966〜70	471	195	58	29	50	37	839
1971〜75	1,055	259	66	49	75	61	1,565
1976〜80	1,590	520	196	144	120	57	2,626
1981〜85	1,195	788	324	242	119	66	2,734
1986〜90	2,027	1,437	1,299	35	149	56	5,002
1991〜95	2,278	1,164	−985	0	−66	96	2,505
1996〜2000	1,435	580	17	51	−273	−18	1,777
2000／1960	63	87	13	∞	26	20	50

(注)　最下段は各年末残高の倍率。
(資料出所)　総務省統計局『貯蓄動向調査報告』

7章でさらに詳しく検討する。

　（2）貯蓄

　同一分類でのデータの入手が可能な過去40年間の収入，貯蓄・負債残高の推移を貯蓄動向調査により見ると（図2-22），当初は年間収入を下回っていた貯蓄残高は1966年に年間収入を上回った後，1970年代から増加のペースを上げ，いまや年収の2.5倍の残高となっている。調査対象世帯の年収は家計調査よりも2年早く1995年にピークに達し，以後低下傾向にある。負債は1980年代以降年収と同程度の伸びで推移してきたが，年収の伸びの鈍化とともにその差が縮小して，これも1999年をピークに減少に転じた。貯蓄残高との差は拡大傾向にあり，差し引きの純貯蓄も拡大している。このように，貯蓄が収入に比べて高い伸びを保ちえたのは，1960〜70年代の実収入の高い伸びを反映して貯蓄性向が上昇し，オイル・ショック時の物価高騰期にも大きくは低下しなかったこと，加えて後述するような貯蓄の自己増殖性も寄与したものと思われる。

　同じく『貯蓄動向調査報告』で，貯蓄種類別の残高推移（図2-23）と5年ごとの増加実額（表2-6）を見ると，現在も残高の58％を占める預貯金が増加の絶対額，伸び率ともに高く，依然として貯蓄の圧倒的主流を占めている。これは消費者の安全志向が高いことに加えて，1985年のMMCの発売以来銀行サイドでも高金利商品を提供して，預金者を引き止めてきたことも寄与している。同時に預貯金固有の自己増殖性の影響もあるのではないかと思われる。1960年から1990年にかけては預貯金の金利水準が高く，たとえば郵便定額貯金

のベスト・レートで見れば（1962年以前は銀行定期預金金利で代用）1960年代の平均は5.1％，1970年代平均5.9％，1980年代平均5.2％で推移した。通常，貯蓄性預貯金の利息は預金口座に付け替えられてそのまま放置されたり，元利継続の形で累積されるケースが多い。仮に毎年の利息が10年間は手をつけずに累積されると仮定すれば，1961年から1970年の貯蓄性預金残高増加5.7倍のうち，新規預入の寄与分が3.6倍，累積利息分が1.6倍で，この時期については増加の圧倒的部分は収入からの新規預入と考えられるが，1971年から1980年には貯蓄性預金の増加4.9倍に対して新規預入分2.9倍，利息分1.7倍，1981年から1990年では貯蓄性預金の増加2.0倍のうち新規預入分は1.3倍に対して，利息分1.6倍とかなりの部分を利息分が占めることになる。もとより，家計調査でも利息収入は「財産収入」として「実収入」に含めて計上することになっているが，この計上額は過去最も多い1992年で家賃収入その他を合算しても1世帯あたり年間3万円で，当時の1世帯あたり平均定期性預金残高が734万3000円，定額貯金金利4.1％から判断すれば，預金利息収入のほとんどは収入から脱落していることになる[47]と見たほうがよいのではないかと考えられる。

　次に金額が大きく，伸びも高いのは生命保険で，通期で安定した伸びを示している。元本保全のイメージが強く，自己増殖型である点は預貯金と類似する。1986〜90年には預金に迫る増加額を示している。この時期には高利回りで元本保証がない変額保険が高利運用商品として急速に伸びたが，バブル崩壊後にはこれらをめぐる紛争，一部の生命保険会社の信用不安等が表面化して上昇の鈍化が見られる。

　株式・株式投信も1986〜90年には大きく伸び，1989年に突出したピークを形成したが，これは時価での評価となっているためで，翌期には大きく減少した。1980〜89年間の伸び5.4倍は同期間の日経平均株価の上昇5.0倍を勘案すれば，実質的な個人の新規参入はそれほどでもなかったと言ってよく，図2-15の国民経済計算ベースの推計と整合的である。

　そのほか債券・債券投信，貸付信託，社内預金等の金融機関外預け金はいずれも増加額での寄与は小さく，1990年代に入るとそれぞれの事情でジリ貧とな

---

47) 調査対象が異なることが考えられるが，それが原因かどうかは確認できない。

り，金融自由化で運用商品の多様化が期待されたこととは裏腹に，低金利時代に入ると商品の選択肢は縮小している。

　このように見てくると，勤労者家計では所得の伸び率を上回る形で貯蓄が進み，1980年代までは主として銀行預金を経由する形で，企業部門の過剰投資によるフリー・キャッシュフローの赤字の穴埋め，金融資産運用に大きな役割を果たしてきたことが窺われる。家計部門からの株式投資については，投資信託も含め増加はしたが，これは主として価格上昇によるものと思われ，このことを勘案すれば直接的な参入度合いは低かったと思われる。しかし生命保険を経由した投融資や，銀行の業容拡大による銀行自体の株価上昇・自己資本充実を背景とした株式保有の拡大などに，間接的なインパクトを与えたことは間違いない。しかしながら，さすがに1990年代末に実収入の伸びがマイナスになると，消費水準維持のため貯蓄性向は低下したが，第7章で述べるように2000年以降貯蓄超過幅の縮小ペースはさらに大きくなっている。

第4節　過剰蓄積論の説明力

1　20世紀末バブル

　過剰蓄積論は20世紀末バブル発生の原因として妥当するのであろうか。これまで観察してきたデータをこれに即して総括すれば，次のようなプロセスが想定できよう。①1950～60年代の旺盛な設備投資の結果，過剰蓄積が発生した。このことは利潤率の低下に現れている。②同時に固定資本ストックのGDP産出力を低下させ，成長率や生産の停滞をもたらした。このことは，1970年代以降の企業の収益力低下，新規投資の抑制に現れている。この結果，もともと設備投資負担の軽い電機・機械では1960年代から自己金融力は増大し，やがては投資その他資産の増加資金需要も吸収し借入も返済して，財務構成のスリム化が実現すると同時に，金余りの状況を現出した。これは鉄鋼・化学といった重装備産業やその他製造業，一部の非製造業にも波及して，この流れが産業全体で見ても一定の割合に達した。また同時並行的に家計サイドの個人貯蓄の累積が，銀行経由での積極的な貸出攻勢となった1980年代後半に，過剰蓄積によるバブル発生の金融的な条件を準備したということになる。バブル現実化のため

にはその動機が必要で,さきに述べたような実需から派生した資産投資が徐々に過熱していくことになる。この際の条件としては,上記に加えて③グローバリゼーションの進展,国際資本移動の自由化など国際環境の変化,④内生的貯蓄の投資資金への転化や外生的資金供給をもたらすような金融政策動向,⑤金融自由化などの制度的枠組みの変更等があげられよう。もとより,この場合,蓄積した金融資産の保有者とバブル資産への投資主体とは同一ではない。その意味で資本過剰に基づく投資の抑制から金余り現象の浸透までに十分な時間が経過することは当然で,むしろ資本蓄積の伸び率の長期低下傾向が続いた後にバブルは発生するといってもよい。したがって,その間には中期の設備投資循環によるサブ・ピークが形成されるわけで,1971年をピークとする低下トレンドのなかで1991年をサブ・ピークとする設備循環の山とバブルの発生とが重なったことはなんら矛盾するものではない。このように考えれば高度成長期の過剰蓄積が20世紀末バブルの遠因となったことは説明可能である。しかし,このことが将来にわたっても普遍性を持ちうるか否かについては,事情は業種ごとに異なる。また業種の盛衰が著しいなかで,特に製造業の比率が急速に低下するもとでの発現態様は異なる点には留意しなければならない。投資成長率の傾向的低下が続いた後,過剰蓄積は解消するのか。解消した後にはどうなるのか。このことについては長期波動の問題として次章で検討したい。

2 米国大恐慌

　米国においてバブルは存在したのか,具体的にどの時期をバブルと言うのか,については,バブルの定義とも関連する問題であり定説はない。第1章で述べたように,シラーは20世紀の米国では四つのバブルを経験したとする。このうち株価だけでなくその後の米国経済に与えた影響の大きさで見れば,1929年の大恐慌に勝るものはない。「アメリカの経済は,史上いくたびかの金融恐慌に苦しめられたが,1929年の恐慌ほどの(負の)遺産はなかった。私の関心は30年代の回復の経済的失敗を検証することにある……」[48]というバーンスタイン

---

48) Bernstein, Michael A., *The Great Depression Delayed Recovery and Economic Change in America, 1929–1939*, Cambridge Univ. Press, 1987, p. 21. 益戸欣也・鵜飼信一訳『アメリカ大不況 歴史的経験と今日的意味』サイマル出版会,1991年。ただし,引用文は筆者の訳。

図2-24　資本粗ストック対前年比増加率（5年移動平均）
米国

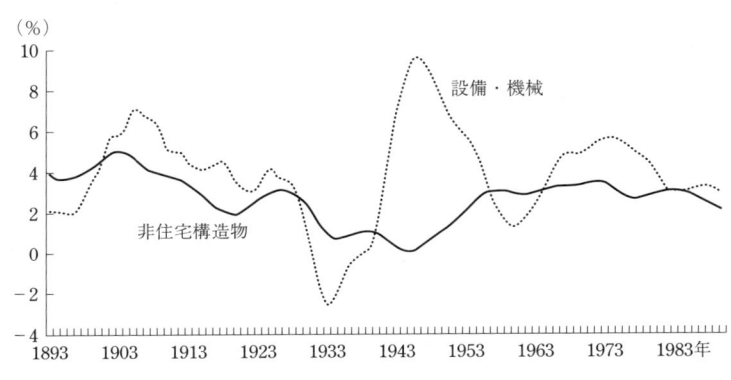

参考：日本（5年移動平均）

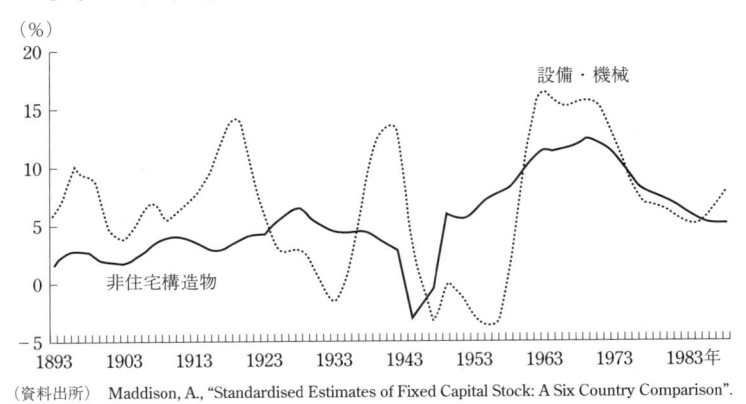

（資料出所）　Maddison, A., "Standardised Estimates of Fixed Capital Stock: A Six Country Comparison".

の言は至当である。

　しかし，過剰蓄積という視点からこの問題を取り上げようとする場合，もう少し長期的な検討が必要と思われる。この場合，マディソン[49]の国際比較資本ストックデータが利用可能である。ここでは各国の非住宅構造物，設備・機械への投資額（1990年価格，公式データがない部分についてはその他のデータから推計）を，非住宅構造物は39年，設備・機械は13年を稼働年数と見て公有資産を含む累積残高を計算したものであるが，これにより米国の非住宅構造物の粗ストック，設備・機械の粗ストックの対前年比伸び率（5年移動平均）を示

したものが図 2-24 である。ここでは設備・機械の変動が激しいが，金額的に見ると設備・機械は非住宅構造物の18％（1880年）〜55％（1992年）で近年ウェイトを高めてはいるものの，とくに20世紀前半は20％台で，大勢は非住宅構造物と見てよい。非住宅構造物は1903年にピークをつけた後，1933年の谷まで傾向的に低下し，その後1972年のピークに向けて上昇していることが確認される。これ以前の谷について，渡辺健一[50]はほかのデータと合わせて1864年であるとしている。

19世紀後半の米国は鉄道建設の時代であり，1890年までに鉄道網が完成することによって大きな資本蓄積は一段落した。しかしながら19世紀後半から技術開発が進んでいた工場動力の電動機化，住宅の電化，自動車の普及などは第一次世界大戦中の内部蓄積，技術開発の成果も手伝って1920年代に着々と進行していったが，長期的なトレンドから見ると下降局面にあったわけで，経済的にも，文化的にも，「アメリカ自立の時代」といわれた精神的な高揚感や消費ブームとは裏腹に，好況がもうひとつ盛り上がりに欠けるものであったことも，この文脈のなかで把握すべきであろう。たしかに1920年代後半，自動車，耐久消費財，住宅関連およびそのインフラとしての道路，電力等の資本蓄積が盛り上がり，それが折からの金余り，株式ブームによって加速されたことはこのグラフにも反映されているが，所詮は19世紀後半の過剰蓄積の反動としての大きな下降トレンドのもとでのサブ・ピークにすぎなかったといえる[51]。

参考までに，同じデータに基づく日本の資本粗ストック成長率の推移を示したが，日本では第二次世界大戦による資本の毀損が大きいため，実質的には戦

---

49) Maddison, Angus "Standardized Estimates of Fixed Capital Stock: A Six Country Comparison," in his *Explaining the Economic Performance of Nations: Essay in Time and Space*, Edward Elger Publishing CO., 1995. ここでは，非住宅構造物，機械設備，輸送手段が含まれ，天然資源，無形資産，貴金属，国際支払準備，外国の資産，棚卸資産，耐久消費財，文化財，軍事施設等は除かれる（*ibid.*, p. 139)。

Maddison, Angus, *Monitoring the World Economy 1820-1992*, OECD, 1995. 政治経済研究所訳『世界経済の成長史 1820〜1992年』東洋経済新報社，2000年。なおこれを用いた米国の長期波動の区分決定に関しては，渡辺健一「米国経済の長期（コンドラチェフ波）の時期区分―付論：日本経済の長波」『成蹊大学経済学部論集』第31巻1号，2000年，を参照。

50) 渡辺，同上論文，151頁。

後からのスタートとなる。非住宅構造物では1968年（設備・機械は1962年，1969年）をピークとする山が描かれ，20世紀末バブルは下降トレンドのなかでの若干の戻しとして現れている点は，1920年代の米国との類似性を窺わせる。その意味で，20世紀末バブルの原因として過剰蓄積論には一定の説明力が認められるのではなかろうか。

---

51)「そして1920年代の繁栄は，われわれの基本パターンによれば長期的な下降趨勢のうえにみられる最後の山として位置づけられるが，1940年代以降の耐久消費財時代の成果と帰結を社会が吸収し始めた時期であった。」公文俊平・竹内靖雄「長期趨勢——趨勢のパターンと波動」玉野井芳郎編著『大恐慌の研究 1920年代アメリカ経済の繁栄と崩壊』東京大学出版会，1964年，480頁。

第3章　長期波動：20世紀末バブルの原因（2）

　20世紀末バブルとその崩壊を景気循環として捉えようとする見方は根強くある。そのなかでも，20世紀末の日本でのバブル経済はそれまで経験してきた短期（在庫）循環，中期（設備投資）循環とは異なる様相を呈していることから，これらに加えて長期（コンドラチェフ）波動の存在に注目する見方がある。このことは前章で検討した過剰蓄積が解消するのか，その循環はあるのかといった問題とも関連してくる。

第1節　長期（コンドラチェフ）波動とその系譜[1]

1　コンドラチェフの指摘

　コンドラチェフは，それまで存在していた長期波動論に比べて，より具体的で整理された形で長期波動の存在を提示したとされる。彼の著作は多いが，長期波動について述べている「景気変動の長波」[2]の大略は次のようなものである。

---

[1]　本節，とりわけ 2, 3 の構想は長島誠一・古野高根「景気循環の未決問題――加藤雅教授の遺したものは何か」『東京経大学会誌』第249号，2006年3月，と基本的に同じである。また同論文は副題にもあるとおり元東京経済大学教授故加藤雅が長年研究してきた長期波動論を検討したもので，氏の一連の発表論文にも多大の啓発を受けている。
　　あわせて景気循環理論全般について次の諸著作も参照した。長島誠一，前掲『景気循環論』，景気循環学会＋金森久雄編『景気循環入門』東洋経済新報社，2002年，松沼勇『景気循環の一般理論　景気変動概論』白桃書房，2004年，篠原三代平『世界経済の長期ダイナミックス　長期波動と大国の興亡』TBS ブリタニカ，1991年，同『戦後50年の景気循環　日本経済のダイナミズムを探る』日本経済新聞社，1994年。

[2]　1925年のロシア語原文の入手は長らく困難であったが，ソ連邦の崩壊と相前後して名誉回復がなされ，本論文も1993年にモスクワで出版された『コンドラチェフ著作選集』に収録されている（岡田光正『コンドラチェフ経済動学の世界　長期景気波動論と確立統計哲学』世界書院，2006年，18頁）。これまではドイツ語訳からの邦訳が「景気変動の長波」として中村丈夫編『コンドラチェフ景気波動論』亜紀書房，1978年，111-157頁に収められている。同じく，Kondratieff, N. and D. I. Oparin, *The Long Wave Cycle*, Translated by G. Daniels, Richardson and Snyder, 1928/1984 も参照。

(1) 長波の存在を確認するために主要国のすべての統計数値を1人当たりに換算した後，9年の移動平均値で中期波動を除去した数値から一般的傾向を表現する理論系列を求め，それからの偏差の系列に長波を認めるか否かの検証をした。

(2) その結果，物価の平均水準（英，米，仏の物価指数，このデータのみ調整その他の加工を施していない）で見ると，長期第1波の上昇が1789～1814年までで下降が1849年まで，続く第2波の上昇が1873年までで下降が1896年まで，第3波の上昇が1920年までと2循環半の長期波動が観察される[3]とする。以下，資本利子や賃金，いくつかの商品の生産高についてもほぼ同じ時期に同じサイクルで長期波動が見られた。

(3) このことから次の仮説[4]を提示する。①この長波は比較的重要な要素のすべてにわたってほぼ同一の周期を持って現れる，②明確な上昇または下降の傾向を示さない要素（たとえば物価）の大循環は水準の波状の上下動を示し，示す要素はその成長速度を増減させる，③長期波動はほぼ同時に生起する，④したがってこの大循環の次の発生時期をほぼ誤りなく示すことができる，⑤この大循環が他のすべての要素を支配するということはまだ証明できていない，⑥この長期波動は国際的で，ヨーロッパ資本主義諸国では符合，米国についても妥当する。

(4) このことから経験則として[5]，①長波の上昇期には好況の年数が，下降期には不況の年数が規則的に優位を占める，②長波の下降期には，特に農業が急速かつ長く停滞する不況を経験する，③これらの諸要素の長波の下降期には，特に多くの生産・交通技術上の発見・発明がなされるが，それらは新しい長波が開始されてから広範に実用化される，④長波の開始にあたっては，金産出高が増大し，処女地特に植民地の組み入れ強化によって世界市場が拡大される，⑤長波の上昇期には通例戦争および国内の社会的動揺が最も多発し激化する，をあげる。

(5) 長波外因説に対しては，このように通常外生要因として指摘される技術

---

3) 中村丈夫編，前掲書，120頁。
4) 同上書，132頁。
5) 同上書，136頁。

変化は経済発展そのものに由来するとする。戦争と革命も経済情勢を基盤として発生するし，植民地の拡大も経済発展の結果に基づく原料確保のためであり，金産出量の増加も原因ではなく結果であるとして，それらはいずれも内生的要因であるとしている[6]。

(6)中間的な結論として，「この循環性の公算はきわめて大きいと言明するには，手持ちのデータで十分であると考えるものである」[7]と長波の存在そのものは主張するが，原因については言及を避けている。

このようにコンドラチェフ自身の長期波動説の特色は，まずあくまでデータに基づく実証研究にある。検討されたデータも物価水準をはじめ金利，賃金，商品の生産高と貨幣表示額だけでなく実物データまで多岐にわたっている。さらにそのデータについて短期・中期の循環変動を排除するために傾向近似曲線を用いて処理している。第2に，米・英・仏など欧米諸国における長期波動の国際的な同調性を指摘する。第3に，長期波動に随伴して現れる技術開発，新市場の開拓，戦争・内乱等はすべて長期波動に内生するものであるとして外生要因を否定するが，長期波動がなぜ発生するかについては言及していない。構想としては社会資本等も含む資本ストックの変動を考えていたようであるが[8]，理論として展開されたものはない。

景気循環諸理論の説明可能性については次項で検討するが，長期波動の発生原因について，歴史研究の成果を長期波動と関連づけて，資本主義時代に入ってからの欧米ではほぼ100年ごとに世界的に見た覇権の交代があったとするいわゆる大国ヘゲモニー論がある。代表的なものは政治（軍事）的な覇権の消長にウェイトをおくモデルスキのリーダーシップサイクル論[9]，ウォーラーステインを中心とする中核と周辺の関係において覇権を考える世界システム論[10]である。特に経済的なアプローチも重視するのは後者で，19世紀のイギリス，20

---

6) 同上書, 137頁。
7) 同上書, 146頁。
8) 中村丈夫「〈コンドラチェフ波〉の政治経済学的意義」同上書, 42頁。
9) Modelski, George, *Long Cycles in World Politics*, Macmillan, 1987. 浦野起央・信夫隆訳『世界システムの動態 世界政治の長期サイクル』晃洋書房, 1991年。なお Goldstein, Joshua, *Long Cycles: Prosperity and War in the Modern Age*, Yale Univ. Press, 1988. 岡田光正訳『世界システムと長期波動論争』世界書院, 1991年, も参照されたい。

世紀のアメリカのヘゲモニー確立の時期がコンドラチェフの指摘した長期波動の2循環分と一致することを指摘している。

2 景気循環理論と長期波動

このようにコンドラチェフ自身は長期波動の要因については明言しなかったが，長期波動の存在を主張するほかの人々の間でもさまざまの要因があげられている。景気循環理論のなかでも，外生的ショックと市場均衡理論，タイムラグと乗数—加速度原理等で説明するもの，グッドウィンの成長循環理論などは長期波動を説明する理論としては適合性を欠く。ここでは長期波動に比較的適合的な景気循環理論について，その説明力を検討する。

（1）マルクス学派

マルクス経済学の景気循環に関する考え方は前章で説明したが，マルクス学派はもともと1930年代のような大きな景気変動により関心を持ち，景気変動の分析には長い歴史を持っている。ただしそこには景気変動は資本主義経済が本質的に持つ矛盾の発現であり，この結果，資本主義は最終的には崩壊するというマルクス自身の主張がその後も基調として受け継がれてきた。したがってマルクス的な分析視角を堅持するとしても，長期波動，特にその停滞局面を資本主義崩壊の一つの過程と見るか，矛盾をはらみつつも循環を繰り返すと見るかにより見解は分かれてくる。前者の立場を代表する一人であるマンデルは長期波動のプロセスを次のように描いた[11]。

　　過少投資・貨幣資本の過剰，発明のための研究の加速，階級闘争の資本に有利な展開，利潤率の上昇，ヘゲモニー大国の出現
　　↓
　　利潤率と資本蓄積の上昇，プロレタリアートの抵抗，利潤の高水準での水平化，労働者の立場の強化，信用爆発
　　↓

---

10) Wallerstein, Immanuel, ed., *Long Waves*, Fernand Braudel Center & The Research Foundation of the State Univ. of New York. 宇仁宏幸・岡久啓一・遠山弘徳・山田鋭夫訳『長期波動』藤原書店，1992年。

11) Mandel, Ernst, *Long Waves of Capitalist Development*, Cambridge Univ. Press, 1980. 岡田光正訳『資本主義発展の長期波動』柘植書房，1990年。

階級闘争の激化，過剰蓄積，利潤率の長期低落，階級闘争の先鋭化，合理化投資
↓
通貨不安の増大，投資率と蓄積率の低落，社会的政治的危機

　マンデルはこのようなプロセスをたどりつつ，資本主義は1789年以来5回の上昇と下降（この著作のもととなったケンブリッジ大学での特別講義が行われた1978年現在，1968年をピークとする5循環目の下降過程）を繰り返してきたが，1940年（北米）ないし1948年（西欧，日本）を底にスタートした5循環目の長期波動は，資本主義体制の衰退と解体の現象をいっそうともなった「後期資本主義」であり，次の6循環目の上昇過程において1948～68年のような加速的な回復を実現することは資本と労働の対立をさらに激化させ，国際的緊張のもとでの社会的人間的対価を莫大なものにしかねない，として資本主義の将来性についてはきわめて悲観的である。このような趨勢的な帰結についての評価にはさらにしばらくの時間を要するが，過剰蓄積とその結果としての利潤率の低下と蓄積率の低落を長期的に繰り返すというプロセスは，長期波動についてかなりの説得力を持っているといってよいのではないか。

　このことは前章で検討したように長期波動を資本ストックの過剰蓄積とその調整として捉える考え方と通底するもので，コーリン・クラーク[12]は，マンデルのような解釈をしてはいないが，各国の資本ストックの増加と国民所得の比率の長期データに基づいて，ほぼ25年ごとに「資本不足期と資本飽和期」が交互に現れ，それに呼応して経済活動を示す諸指標も変動するという仮説を主張している。

　同じくマルクス派経済学の分析視角から長期波動を検討したゴードン[13]は，資本主義を「蓄積の社会的構造（SSA：Social Structures of Accumulation）」という観点から捉える必要性を提唱する。この観点から長期波動のプロセスを見ると，①拡張期は好ましい蓄積の社会的構造と安定のもとで確立，②投資のブームと経済活動の急速化，③投資は限界まで促進され労働市場は対応不可能に陥る，

---

12) Clark, Colin, *The Economics of 1960*, Macmillan, 1944. その後データを補充して再検討したものに，Clark, Colin "Is there a Long Cycle?," *Banca Nazionale del Lavoro Quarterly Review*, No. 150, Sept. 1984.

④蓄積の原則,制度変更には抵抗がある,⑤結果として経済停滞,現在の蓄積の社会構造の解体,⑥回復は新しい制度的構造の構築に依存,⑦制度的構造は先立つ経済危機の際の経済闘争によってのみ形成されるわけではない,⑧資本主義の新しい段階への移行,⑨資本主義の各段階は長期の拡張と続く長期の不況を持つ[14]。これらの段階分析は資本主義の運動に共通するものではあるが,同時に各国の蓄積の社会的構造や矛盾に焦点を当てて多面的に行うべきで,長波も量的にではなく質的な制度分析の上に構築されるべきであるとする。同時に前後の段階は重なり合っているため明確な段階論的な区分設定は避け,前の時期と次の時期との間には違った発展的特徴が存在する点に注意を払うべきであるとする。このように長期波動において新しい蓄積の社会的構造が確立してくれば,再度利潤率の上昇が確保されるとする点ではむしろコンドラチェフの考え方に近く,資本主義崩壊論とは一線を画している。後に紹介する加藤雅もゴードンの意見は長期波動論とも親和性が高い点を評価している[15]。

(2) transformational growth 理論

長期波動,特に1930年の米国大不況について,マルクス学派経済学から離れて構造変化の観点からこれを捉えようとする試みがある。バーンスタインは,米国大不況の最大のなぞは1930年代を通じて投資活動が完全な景気回復をもたらすことがなかった点にあるとし,その理由を「成長のための潜在力が経済全体ではさしたる地歩を占めていない部門にシフトしたためである」[16]とする。

---

13) Gordon, D. M., "Long Swings and Stages of Capitalism," in D. M. Kotz, T. McDonough and M. Reich eds., *Social Structures of Accumulation: The Political Economy of Growth and Crisis*, Cambridge Univ. Press, 1994. 同時に, Edwards, Richard and Michael Reich との共著 *Segmented Work, Divided Workers: The Historical Transformation of Labour in the United States*, Cambridge Univ. Press, 1982. 河村哲二・伊藤誠訳『アメリカ資本主義と労働 蓄積の社会的構造』東洋経済新報社,1990年,第2章,を参照。また,"Inside and Outside the Long Swing: The Endogeneity/Exogeneity Debate and the Social Structures of Accumulation Approach," *Review*, Vol. XIV, Number 2, Spring 1991, Fernand Braudel Center for the Study of Economies, Historical Systems and Civilizations も参照。

14) *Ibid.*, p. 20.

15) 加藤雅「景気変動の原因について (Ⅲ)」『東京経大学会誌』第211号,1999年,93頁。

16) Bernstein, M. A., *The Great Depression: Delayed Recovery and Economic Change in America 1929-1939*, Cambridge Univ. Press, 1987, p.27. 益戸欽也・鵜飼信一訳『アメリカ大不況 歴史的経験と今日的意味』サイマル出版会,1991年。

すなわち，雇用ではなお重要性を持つ衰退産業（織物，一次金属，輸送機器），失業者を吸収しきれない成長産業（食品，タバコ，化学，石油），力不足の新産業（ラジオ，家庭用機器，航空機）などの存在が雇用市場拡大の障害となったこと，すなわち供給サイドで1920年代までに到達した高水準の消費や投資需要構造に対応できなかったために長期化した，と主張する。結果として企業の信認が低下して「加速度因子メカニズムの減衰」[17]が発生した。イノベーション活動は1930年代の経済回復の必要条件ではあったが十分条件とはならず，結局，経済をスランプから脱出させたのは戦争だったとする。彼は詳細なデータを用いて議論を展開している。これだけで長期波動のすべてを説明することはできないとしても，その分析視点は示唆に富んでいる。

(3) シュンペーター

シュンペーターはコンドラチェフの長期波動説を広く紹介し，彼自身の景気循環論ではコンドラチェフ循環，ジュグラー循環，キチン循環の3種類の長さの異なる循環が存在し，キチン循環の一定数がジュグラー循環を，ジュグラー循環の一定数がコンドラチェフ循環を構成するとした[18]。景気変動の谷から回復期にかけて集中する「投資が投資を呼ぶ」現象が景気変動の基本要因であるとし，革新技術が普及して経済が停滞に陥るとまた新技術による「創造的破壊」が繰り返される。その意味で不況期にも積極的な意義を求めている。しかしながらコンドラチェフは新しい発明や技術の開発の萌芽は不況の過程で生まれるが，それが商品化，実用化されるのは景気が上昇過程に入ってからであるとして景気循環過程で内生的に発生するものとし，コンドラチェフ自身シュンペーターの『経済発展の理論』について，「彼の誤りは，さらに，彼が動態的視点の適用領域をあまりにも狭く設定している点にある」[19]と批判している。またコンドラチェフ波と，ジュグラー波をはっきり区別しているにもかかわら

---

17) *Ibid.*, p.112.
18) Schumpeter, J., *Business Cycles: A Theoretical Analysis of the Capitalist Process*, McGraw-Hill Book Co., 1939, ChapterIV, D, v.1, pp.161-174. 金融経済研究所訳『景気変動論Ｉ』有斐閣，1958年。
19) コンドラチェフ，中村丈夫・藤本和貴夫訳「経済的静態・動態および景気変動の概念の問題に寄せて」中村丈夫編，前掲書，174頁。

ず，中期的な循環についても技術革新と関連づけて説明しようとしており，ジュグラー波とコンドラチェフ波の本質的な違いをどこまで意識していたのか疑問にさえ思われる。このことからも革新技術実用化の群生は長波の原因とは言いがたく，景気上昇過程の加速要因として位置づけるべきものといえよう。

3　加藤雅の長期波動論

　加藤雅は，官庁エコノミストとしての長年の経験と哲学，物理学，歴史学等幅広い学識に裏づけられた独自の長期波動論を展開した。加藤長期波動論[20]の特徴とその持つ意味については，注1)の論文で詳細に検討したが，長期波動を論ずるうえで裨益するところが大きいと思われるので，あらためて2点だけ繰り返しておきたい。

（1）異種サイクルの合成説

　加藤長期波動論のひとつの特徴は長波が基本で，長波の波長は変化せず，他の波の倍数波となっているとする点にある。したがって，現実の経済変動もいくつもの循環（短期循環・中期循環・長期循環）の合成結果だとする「異種サイクルの合成」説をとる。同時に，成長と景気変動は同じ原理で説明されなければならないということは景気変動論ではコンセンサスとなりつつあり，これまでの一般的な「乗数―加速度」原理のモデルでは現実の成長を含んだ高調波を説明することはできず，適当とはいえないとする。どのような波動でも基本波（正弦波）の合成されたものと考えて複数の基本波に分解できることを応用すれば解決できるわけで，正しい景気波動の理論はつねに複数の波動を考え，これら全体が発生するメカニズムを考えなければならない，と加藤は強く主張する[21]。

（2）コンドラチェフの評価

　加藤は，長期波動説のうちで最も共感を表明するコンドラチェフを一応はマルクス経済学派に分類しているが，その枠組みを大きく逸脱してしまった学者

---

20)　加藤の長期波動に関する一連の論文は注1)において検討した諸論文のほか，遺著となった，加藤雅『景気変動と時間　循環・成長・長期波動』岩波書店，2006年，がある。
21)　加藤雅「コンドラチェフ波の現在の位相について」景気循環学会『景気とサイクル』20号，1995年。

第3章　長期波動：20世紀末バブルの原因（2）　　93

と位置づける。コンドラチェフは長期波動の存在は主張したものの，その原因についてはあまりはっきりしたことを言ってはいない。しかし，長期波動に関する五つの法則はいまだに反証されておらず，長期波動の理論やクロノロジーを考える場合これらすべてを満足させることが重要であると強調する[22]。加藤はさらに，16世紀以降，資本主義経済のもとでは100年ごとにヘゲモニーの交代があり，長期波動も実物的経済活動が活発な前期と金融的活動が盛んになる後期から構成される100年周期のヘゲモニー波仮説に加えて，世界の歴史は500年ごとに大きな出来事が発生し価値観の転換を経験したとする「500年周期」仮説まで提唱する[23]。コンドラチェフ波の検出についてはなんらかの一般的に受け入れられる成長経路を確立し，それからのずれを景気変動とすべきだろうとするが[24]，成長もまた長期循環の一局面であるとすれば成長経路検出の方法自体が問題となる。一方，経済史の立場からも，なぜある国の経済が他国に先行して発展しやがて追いつかれ追い越されるのか，繰り返し起こる現象がなぜ起こるのか，いろいろな歴史（科学，技術，経済，政治，文化）を統一的に説明する枠組みについて答える必要性があると指摘する。

　これらを通じて加藤長波論の特色は，まず長年のエコノミストとしての経験から，現実を直視し，その結果得られたもので仮説を立て，それを検証するという基本姿勢を貫いていることである。したがって現実から遊離した理論は，それが如何に精緻なものであっても厳しく排除する。その際「経済現象はすべて波動」であり，トレンドといえども波動の一局面として認識することを要求する。そのことは首肯できるが，トレンドを求める具体的なアイデアは示されておらず，どのような曲線を想定すべきか難題を突きつけられたことになる。次に波動のスパンもコンドラチェフ波よりもさらに長い時間を見据えて，経済活動を超えるヘゲモニーの交代も排除せず，政治，歴史，哲学等広範な学識を動員することを要求する。第3に，この結果として経済変動においても金融，

22）　加藤雅「景気変動の原因について（Ⅲ）」『東京経大学会誌』第211号，1999年1月，98頁。
23）　加藤雅『歴史の波動』読売新聞社，1996年，78頁。
24）　加藤雅「景気変動の原因について（Ⅴ）」『東京経大学会誌』第219号，2000年7月，86頁。

政策の効果はさして重要視されていない。第4に，波動の合成説はシュンペーターや篠原三代平の流れを汲むものであるが，すべての高調波は基本波に分解することができるとまで断言する。しかしながら経済学的に見て意味を持つものはやはり長波，（クズネッツ波），中波，短波ではないだろうかと思われるが，このことの実証は今後の課題である。第5に，長期波動のクロノロジーの判定基準はコンドラチェフの基準に従うべきことを強調する。加藤はDIの山谷にコンドラチェフの第1法則を適用して，世界的に見て1932/33年の谷，1969年の山（ただし本来はもう少し早く来たはずだとして1957年を主張），1982年の谷を主張している[25]。そしてバブルは長期波動の上昇初期に発生しやすいとする。その後加藤は，日本については，「戦前と戦後を継続して考えるのは無理がある」として，1945年を谷，1970年を山，1995年を谷とするクロノロジーを示した[26]。加藤の日本についてのクロノロジー変更の意図は不詳だが，従来長期波動が種々の視点から論じられ，次節で述べるように，それに応じて長期波動のクロノロジーも多数提示されている。少なくとも経済現象に限っては統一した論点で議論することが無用の混乱を避けることになると思われる。ともあれ，加藤の問題提起はひとつの提案としてさらに検討することが必要であろう。

第2節　20世紀末バブルと長期波動

1　長波のクロノロジーと20世紀末バブル

　長波のクロノロジーについて代表的なものを表3-1に掲出した。長波の国際的同時性については共通の認識が存在するが，ウェイトづけに多少の濃淡があるうえ，欧米の学者の場合は欧米中心のクロノロジーとなっている。これに対し日本の場合は個人差があり，特に第二次世界大戦後のクロノロジーについては，日本経済にウェイトをおいたものとなっている印象はぬぐえない。またこの場合，いかなる指標を重視するかにより異なる。これをあえて大胆に分類すると次のようになる。

---

25)　前掲注21)参照。
26)　加藤雅「社会的な景気変動論」景気循環学会『景気とサイクル』39号，2005年4月。

第3章　長期波動：20世紀末バブルの原因（2）　95

物価　コンドラチェフは物価だけでなく，貿易額や生産など実物的活動も含めて総合的に判断しているが，物価が中心に据えられているといってよい。ロストウは指標としては物価に限定しており，安宅川佳之も長期金利を基準としている点でこれに近い。

生産・資本蓄積　これに対して実物的な側面，すなわち成長率や生産，設備ストックの蓄積を転換点として重視するのは，生産活動・成長率を重視するファン・デューイン，DIや総合的な判断を重視する加藤，特に資本ストックの成長率＝蓄積を重視するのはマルクス派経済学のマンデル，統計的実証の立場からコーリン・クラーク，渡辺健一もあげられる。

技術革新　革新技術の群生を長波の転換点と見るのはシュンペーターが代表的である。

社会的な現象　経済活動だけでなく，政治・軍事・社会・文化的な要素も織り込んで総合的に判断されるため意味合いが少し違うが，ウォーラーステインの世界システム論は100年周期でのヘゲモニーへの躍進・獲得と成熟・下落の2局面をベースにして区分した50年をさらに上昇・下降に分けて4段階としている点に特色がある。ほかに60年周期の長期波動に制度・社会・文化の改革・発展・模索・混乱の繰り返しとしての意味を持たせた公文俊平がある。モデルスキもこの範疇に入るが，政治・軍事的覇権の色合いが濃いのでここでは除いた。さらに分析視角は異なるが，蓄積の社会的構造の変化を重視するゴードンのほか，篠原三代平も資源制約説ではあるが，戦争等により引き起こされた過剰流動性をともなうピークではインフレ的過熱・バブルが発生，その反動として長期不況がもたらされるとしている点ではこの範疇に入る。

その他　毛馬内勇士はコンドラチェフに倣った物価変動と覇権交替説の組み合わせ，田原昭四は先行諸説の要約でいわば折衷説といえる。

次にそれぞれのクロノロジーを比較してみると，コンドラチェフが指摘した第1循環については，スタートとなる谷が1790年前後，山が1815年前後でほぼ一致する。例外は谷について，ウォーラーステインが英国のヘゲモニー躍進のスタートを1798年としている点で，スタートが若干遅くなっている。

第2循環は，大勢では谷が1845〜50年，山が1872〜73年となっている。谷は大半がこれに収まっているものの，山についてコーリン・クラークはデータに

表 3-1　長期波動のクロノロジー

	I		II		III	
	谷	山	谷	山	谷	山
価格重視						
コンドラチェフ（1926）	1790	1810/17	1844/51	1870/75	1890/96	1914/20
ロストウ（1978）	1790	1815	1848	1873	1896	1920
安宅川佳之（2000）	1791	1815	1845	1870	1898	1918
生産・資本蓄積重視						
C.クラーク（1984）				1880	1896	1904/10
マンデル（1980）	1789	1815/25	1848	1873	1893	1914
ファン・デューイン（1983）			1845	1872	1892	1929
加藤雅（2005）				1857	1882	1907
渡辺健一（2000）			1814	1855	1864//83	1919
技術革新重視						
シュンペーター（1939）	1787	1813/14	1842/43	1869/70	1897/98	1924/25
社会的現象重視						
ウォーラーステイン（1979）	1798	1815	1850	1873	1897	1913/20
ゴードン（1982）			1848	1873	1895	1913
公文俊平（1998）				1855	1885	1915
篠原三代平（1998）				1861/71		1914/18
その他						
毛馬内勇士（2003）	1789	1814	1849	1873	1896	1920
田原昭四（1998）	1790	1810/17	1844/51	1870/75	1890/96	1914/20

(注)　/ はクロノロジーの幅．// は，加藤，渡辺いずれもクロノロジーの対象が米国から日本に代わったため不連続
(資料出所)　コンドラチェフ「景気変動の長波」　前掲書，120頁．
Rostow, Wait W., *The World Economy: History and Prospect*, Univ. of Texas Press ,1978, p. 110.
安宅川佳之『コンドラチェフ波動のメカニズム』ミネルヴァ書房，2000年，11頁．
Clark, Colin "Is There a Long Cycle ?," *op. cit.*, p. 316.
Mandel, Ernst, *op. cit.*, p. 105.
Van Duijn, J. J., *et al.*, *The Long Wave in Economic Life*, George Allen & Unwin ,1983 p.163.
加藤雅「社会的な景気変動論」景気循環学会『景気とサイクル』39号，2005年，82頁．
渡辺健一「米国経済の長波（コンドラチェフ波）の時期区分——付論：日本経済の長波」『成蹊大学経済学部
Schumpeter, J., *Business Cycles, op. cit.*, Chapter VI, VII, XIV.
Wallerstein, I., et al., "Cyclical Rhythums and Secular Trends of the Capitalist World-Economy: Some *Review*, II, 4, Spr. 1979, p. 499.
Godon, D. M., *Segmented Work, Divided Workers-The Historical Transformation of Labour in the United States*,
公文俊平「現代日本の長期波動」公文俊平編『2005年日本浮上』NTT出版，1998年，18頁．
篠原三代平〈長期不況〉の歴史的考察——大型バブル・デフレの長期的交代」『日本経済研究センター
毛馬内勇士『長期波動の経済政策』文眞堂，2003年，104頁．
田原昭四『日本と世界の景気循環　現代景気変動論』東洋経済新報社，1998年，53頁．

第3章　長期波動：20世紀末バブルの原因（2）　97

IV		V
谷	山	谷
1935	1951	1972
1947	1974/81	2003/10
1936/50	1970/72	
1940	1968	
1948	1973	
1932//45	1970	1995
1945	1970	2005
1945	1967	
1940	1971	
1945	1970	2005
	1973/86	
1945	1973	
1945/50	1970/75	2000/25

となっていることを示す。

『論集』第31巻第1号，2000年，155, 182頁。
Premises, Hypothesis and Questions,"
op. cit., p. 43.
会報』1998年12月，35頁。

基づいて算出した英国，スエーデンの資本蓄積のピークを1878～80年としている。反対に日本の学者では第3循環の谷の到来も含めて早いものがいくつかある。このうち加藤[27]は工業生産指数をもとに検討して，山を1845年と1900年代半ばに設定しても正当化できるとするファン・デューインの第2仮説を支持して，米国では1850年代と主張しているが，これは渡辺が米国について資本蓄積のピークは1850年代半ばで南北戦争以後は低下するとしたのと同様，米国を中心としたクロノロジーによるものである。これに対し日本について60年周期説をとる公文は，日本の長波は文化・文政時代までは遡れるとしつつも，1855年にピークをつけた後，幕末から明治の半ばにかけての30年間は日本社会の近代化のリズムのなかで一種の長期的な混迷・下降局面にあったと見る。

　第3循環は，谷の中心が1896年，山が1913年となるが，谷では前の山の設定が17, 8年早かった加藤，渡辺，公文は12年前後早く設定する。山は第一次世界大戦の前か後かで1920年頃まで延ばすケースもあるが，1920年代の「産業革命」[28]すなわち米国を中心とする新技術の開花を評価するシュンペーターは1924/25年，ファン・デューインは1929年と極端に遅い。これは生産の伸び率の上昇が1914年から1919年までの第一次世界大戦の期間を除いて，戦後も特に欧

---

27)　加藤雅「A. Spiethoff 再考──19世紀のコンドラチェフ波のクロノロジー」景気循環学会『景気とサイクル』37号，2004年。
28)　Schumpeter, J., *op. cit.*, Chapter XIV, E, p. 753.

州では高水準が続いたとすることによるもので，他のクロノロジーと同じように扱うことはできない。前回の谷と山の設定が遅かった加藤と公文はここでは他の論者に近くなっている。

　第4循環は，谷が1945年前後，山が1970年前後となろうが，谷については前倒しで設定する向きも多い。なかでもロストウは谷が1935年，したがって山も1951年と早い。これはロストウが価格だけを基準にクロノロジーを設定している結果で，生産活動指標からは乖離した結果となっている。加藤も米国での谷は本来1932年とすべきだが，日本経済に関しては終戦の1945年を谷としてスタートしたと見るほうが自然であるとして，断絶が生じている。篠原にはもともとはっきりしたクロノロジーの提示はないが，1777年恐慌以来5回にわたりほぼ50年ごとに戦争にともなう過剰流動性によりインフレ的過熱と恐慌が発生した[29]としており，第4循環の山については過去4回とは異なり石油・一次産品価格の高騰と米国の財政赤字が続いた1973/86年と幅広く設定している。もう一方では，日本のバブルは「50年周期の長波現象というよりむしろ中期循環が10年周期から20年周期に延長するという結果をもたらしたと見るべきである」[30]と説明しているが，これは説得力に欠けるといわざるをえない。

　第5循環については，山の時期は予測の域を出ないため措くとしても，谷についても研究例は少ない。日本については20世紀末バブル崩壊後の長期不況がいつ底入れするかという点に関心が強く，いくつかの仮説がみられる。谷の到来が最も早いものが加藤の1995年で，ほかは2000/2005年となっており，長期波動の局面から見ると近年，底を脱しつつあるといえよう。

　では，どのクロノロジーを採用するのが妥当であろうか。結論から言えば資料が整備された20世紀前半の山については，シュンペーターとファン・デューインが1920年後半と遅いが1910年前後，谷はロストウ，加藤が1930年代と早い（ただし加藤は後に日本については1945年とした）が1940年代，後半の山についてはロストウが1951年と早く，篠原，安宅川が若干遅いが1970年前後と，若干の例外を除けば大差はない。したがって長波の説明要因としてどの説を重視

29）　篠原三代平「〈長期不況〉の歴史的考察——大型バブル・デフレの長期的交代」『日経センター会報』1998年12月15日・1999年1月1日合併号。
30）　篠原三代平「〈平成長期不況〉は最終局面」『日本経済新聞』2006年8月15日。

するかということになるが,価格説は工業化の進展と寡占化にともない近年その持つ意味が低下しており,技術革新説も技術革新自体がつねに長期波動をリードしうるか否かについては疑問が残る。その意味では社会現象説も同様である。資本主義社会の経済現象として長期波動を検討する場合には,長期的なスパンで見た資本蓄積の変動という視点が不可欠であろうと思われる。

2　長期波動説の説明力

これまで長期波動は,その存在が確認されているという前提で議論してきたが,そのことに根底から疑問を投げかける説も存在する。

ソロム[31]は,ジュグラー循環を確定したうえで,そのピーク間のGDP成長率について,コンドラチェフ波では上昇期の平均成長率は下降期を上回り,20年周期の準長波(クズネッツ波)が存在していれば成長率は交互に上下するはずであるとして,1850年から1973年までの英・独・仏・米の各国と世界統計について検討した結果,①1850年以後の経済成長を見るかぎりコンドラチェフ波の局面区分は棄却される,②とくにコンドラチェフ波存在の有効な説明根拠であった価格波説も妥当せず,生産量と価格のデータは補完的なものと考えられる,③クズネッツ波はいままで認識されてきた以上に普遍的であるが,成長循環というよりは1回生起的な出来事と考えるのが適切で,むしろ第一次大戦後は趨勢的加速への傾向が強く,それらの現出は特定の時代,特定の国に限定される,④その意味では本来の循環は存在しないが,だからといって経済成長は恒常的というわけではなく,世界経済は1956～1973年の期間を通じて顕著な長期変動を経験してきた,⑤これは世界の成長経路には,各国経済の構造変化,欧米以外の周辺国の成長,各国のランダムな変動などが含まれていることからくるもので,ソロムはこれを先進国の技術をバネに後進国での成長が実現するという意味で「ショックを受けたガーシェンクロンの追いつき波(G波)」と表現する,⑥第二次大戦後は,好都合な成長要因が1950年に勢揃いしたことによって,近代経済史にとって最も急速で最も高い高成長局面が実現したが,

---

31) Solomou, Solomos, *Phases of Economic Growth 1850-1973: Kondratieff Waves and Kuznets Swings*, Cambridge Univ. Press, 1987. 笹倉和幸訳『長期波動の経済分析　コンドラチェフ波からクズネッツ波へ』東洋経済新報社,1998年。

1973年以後は，1929年と同様のショックから世界の成長経路は不況に陥った，とする。

ここではジュグラー循環を尺度として，準長波（クズネッツ波），コンドラチェフ波を定量的に定義した後，長期統計データに基づいてそれぞれの有無が検証されている。しかしその意味では統計データそのものの有意性，ジュグラー循環のクロノロジー自体についても納得性をさらに高める必要があろうし，なによりもコンドラチェフ波を全面否定し，部分的にはクズネッツ波が散見されるがこれも1回生起的で趨勢的加速傾向も見られるとされ，長期波動そのものが否定されている。本来，長期波動は多少の矛盾点を包含しつつも大勢としての本質的な運行経路を観察するという基本姿勢から見れば，この手法には違和感を覚えざるをえない。

ベリー[32]は，上述の成果を受け継ぎつつ米国に限定してではあるが，①物価循環としてのコンドラチェフ波動の循環軌道は，20年にわたる物価上昇の相次ぐ加速とインフレスパイラル（ピーク，1814～15年，1864～65年，1919～20年，1980～81年）→物価上昇率の急速な崩落→二次回復，物価再上昇→物価減速，コンドラチェフ波の谷（1844年，1893年，1954年），のプロセスで長期循環を繰り返す，②これに対し1人当たりの実質年成長率で見ると，周期25～30年のクズネッツ波が一つのコンドラチェフ波のなかに二つ存在して，コンドラチェフ波の価格の谷と成長の谷が合致するときに主要な不況が発生し，価格のピークと成長の谷が重なるスタグフレーション危機とは25～30年間隔で交互に交代し，金融恐慌もまたクズネッツ・サイクルの成長ピークの転換点で生じる，③したがってインフレーション下での成長循環とデフレーション下での成長循環

---

32) Berry, Brian J., *Long-Wave Rythms in Economic Development and Political Behavior*, The John Hopkins Univ. Press, 1991. 小川智弘・小林英一郎・中村亜紀訳『景気の長波と政治行動』亜紀書房，1995年。

33) Abramovitz, Moses, "The Passing of the Kuzunets Cycle," *Economica*, 34, 1968, pp. 359-367. 本論は第二次世界大戦後の米国においてクズネッツ波動が実現するための統計環境が大きく変化したことを論じたもので，その後のデータの推移を含め再検証が必要である。
　このほかコンドラチェフ波，クズネッツ波の存在については，Kleinknecht, Alfred, "Long-Wave Research: New Results, New Departures—An Introduction," Alfred Kleinknecht, Ernst Mandel and Immanuel Wallerstein eds., *New Findings in Long-Wave Research*, St. Martin's Press, 1992 も参照。

が存在し，コンドラチェフ波のピーク時点では成長循環は谷となる，とする。ここではコンドラチェフ波とクズネッツ波の共存関係というより，むしろ両者の局面による組み合わせで経済現象の違いが発生することを説いているが，これはあくまで米国に限定した話であり，米国についてもクズネッツ波が顕著に現れる時期は限定されているという意見[33]もある。

　ここでは，コンドラチェフ波は物価変動として，成長率変動はクズネッツ波として捉えられているが，必ずしも対称的に捉える必要はないと思われる。前章で検討した日米の資本ストックの対前年比の増加率を，あらためて移動平均を施さないままで，非住宅構造物，設備・機械，および両者の合算したものについて示したのが図3-1である。まず米国については，非住宅構造物は1903年が山，1934年が谷，1972～73年が山で，次の谷は予測できないが，ほぼ60年程度の周期で変動しているように思われる。これに対して設備・機械は山が1907年，1947～48年，1974年，谷は1933年，1959年と20～25年周期で，両者を合算したものが二つの小循環を抱える長期循環を形成し，山は1903年，1974年，谷は1933年とベリーの指摘する成長循環の山，谷よりも15年前後早いものとなっている。これは米国における鉄道網が1900年頃までには事実上完成したことによると思われ，経済成長促進のインフラ整備の役割を果たしたものと見られる。バブルとの関係で言えば，ベリーはクズネッツ・サイクルの成長ピークの転換点近傍での金融恐慌の可能性を指摘する。具体的には，第1サイクル（コンドラチェフ波上昇期）の1857年，1907年，1973年，第2サイクル（同下降期）の1837年，1929年であるが，金融恐慌はそれに先立つ投機過熱（バブル）の反動であり，バブルの発生に関していえば，第1サイクルの1857年は英国を中心とする穀物・鉄道投機，1907年は仏・伊の銀行破綻と米国のコーヒー・鉄道投機，1973年は一次産品投機とオイル・ショックであるのに対して，第2サイクルの1837年の英国で発生し米国に波及した綿花・土地投機，1929年の土地・株式投機のほうが米国がより深くかかわったバブルといってよいのではないか。コンドラチェフ波下降末期，すなわちクズネッツ波の下降と重なる時期には超金融緩和が実現し，状況によっては投機過熱とその反動としての金融恐慌が発生しやすくなるといえる。

　これに対して日本ではどうか。米国と似たような周期で，非住宅構造物は

図 3-1 資本ストック（非住宅構造物＋設備・機械）の対前年比増加率

米国

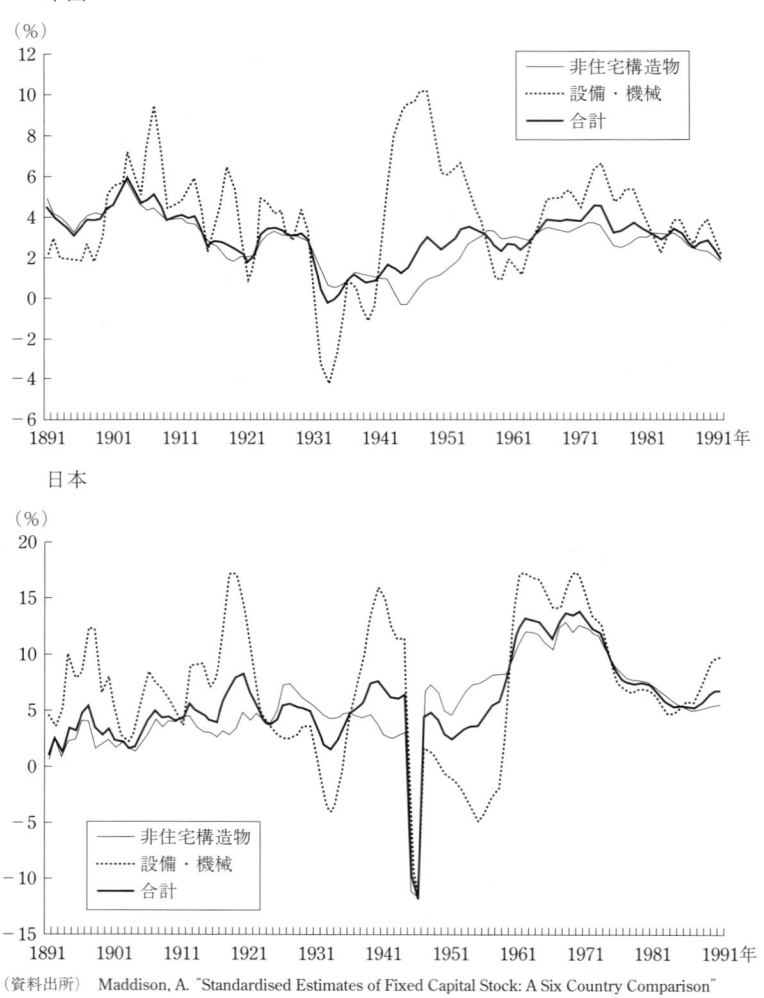

日本

（資料出所） Maddison, A. "Standardised Estimates of Fixed Capital Stock: A Six Country Comparison"

1920年と1968年が山，1946年が谷，設備・機械は1897年，1919年，1940年，1969年が山，1933年，1946年，1955年，1984年が谷となっている。しかしながら，1940年の山と1946年の谷は第二次世界大戦時の軍需設備急増と戦災による

第3章　長期波動：20世紀末バブルの原因（2）　103

滅失で，いずれも異常要因である。その意味では合計額でみた1920年と1969年の山，1940年代と想定される谷が常識的な判断で，20世紀初頭の山の到来は米国よりも少し遅いがその後はほぼ近いものとなっている。これによると20世紀末バブルはまさにコンドラチェフ波動の下降期に該当しており，1930年代初期もこの時期に相当するが，この時期にそれほど大きな投機過熱が発生しなかったのは直前の山がそれほど大きくなかったことと，その後間もなく戦時経済下に入ったためと考えられる。加藤はDIの山，谷をコンドラチェフの第1法則を適用すれば，世界的に見て1932～33年の谷，1969年の山（ただし加藤は，本来もう少し早くきたはずであるとして1957年を主張），1982年を谷とし，長波の上昇期には過剰貯蓄が発生してバブルになるとしていたが，その後日本については第二次大戦後の1945年を谷とすべきであるとして，表3-1に掲げたとおり，谷の到来を1995年まで延期した。このほうが20世紀末バブルの発生とその崩壊による金融恐慌を説明するのには無理がないといえる。また篠原も，バブルとその後の恐慌を戦争によるインフレ的加熱とその反動として説明してきたが，わが国の20世紀末バブルについては明確さを欠く説明となり，クロノロジーも大きな幅を持つものとなっている。むしろバブルは経済全般の過熱というよりは長期波動の下降局面の投資機会が不足した時期に発生する投機であると理解したほうがすっきりするのではないか。

　しかし，これで20世紀末バブルの原因として長期波動が十分な説明力を持ちえたといえるだろうか。まず長波の存在を実証的に説明するキーワードのうち，「物価波」は不適切であろう。「技術革新波」や「社会変動波」についても，経済活動が上向く際の市場拡大，生産性向上，さらには心理的昂進に役割を十分に果たしているといえようが，直接的な起動要因にはなりがたい。その意味ではやはり「成長・資本蓄積波」で，そのうち「生産・成長波」は稼働率や資本効率を通じて資本ストックと間接的にはかかわっており，ベリーのクズネッツ波も間接的には資本ストックの動きを反映していると理解できるが，直接的には「蓄積波」であろう。たしかにデータによる実証が可能なかぎりの期間については，資本ストックの蓄積率が長期波動を形成し，その下降過程で過剰流動性を生ずることは推測できる。しかし，実証できた期間は長波の山から山の1循環にすぎず，次の谷もいまだに推測の域を出ていない。とくに米国について

は今回の下降過程ではどの時期をもってバブルの発生と崩壊と見なすべきかについて共通の認識は確立していない。長波が今後どのような形で繰り返すかについても予測不可能で，現時点では長期波動要因の有無および今後の反復性についての判断は留保せざるをえない。

第4章　心理要因：20世紀末バブルの原因（3）

バブルについて比較的早くから言及してきたキンドルバーガー[1]は過熱投機の状態を「マニア（熱狂）」と名づけ，ガルブレイス[2]も金融的な「ユーフォリア（陶酔）」であるとするなど，バブルには心理要因が大きく介在することを示唆している。20世紀末バブルについても，同様に心理要因がその膨張に大きく作用したことは想像に難くない。しかしそれが限界に近づくまで渦中にある者には自覚が希薄である。本章では，放送大学院における修士論文「平成バブル形成過程における心理要因」を拡充して，ファンダメンタルズ説とバブル（心理要因）説についての米国における株価形成や日本の20世紀末バブルについての先行研究，バブル進行中に行われた議論を通じての心理状態の高まりを検証するとともに，心理要因計量化の試みについてはさらに拡張した形で検討する。あわせて経済理論において心理要因を重視した先学の系譜をレビューする。また，具体的な流れを鳥瞰できるように，1983年から1990年までの20世紀末バブル形成期における経済動向とバブル認識に関する識者（経済学者，エコノミスト等）の論文，新聞記事を年表にして，巻末に付録として収録しておいた。

第1節　市場価格か？　バブルか？

1　米国における株価形成論争

米国では株価の形成要因について，1970年頃から相対する二つの大きな流れの間で論争が続いてきた。すなわち，効率的市場仮説を奉じ市場機能による株

---

1) Kindleberger, C. P., *Manias, Panics and Crashes: A History of Financial Crises*, 4th ed., John Wiley & Sons, 2000（初版は1978）．吉野俊彦・八木甫訳『熱狂，恐慌，崩壊　金融恐慌の歴史』日本経済新聞社，2004年。
2) Galbraith, J. Kenneth, *A Short Story of Financial Euphoria*, Whittle Direct Books, 1990. 鈴木哲太郎訳『バブルの物語』ダイヤモンド社，1991年。

価形成を主張する立場と心理的要因の重要性を指摘し非合理的バブル（アノマリー）の存在を示唆する立場である[3]。

　効率的市場仮説の立場は，株価は利用可能なすべての情報を織り込んでファンダメンタルズに従って形成されているとする主張で，サミュエルソン[4]，ファーマ[5]等によって提唱された。かれらによれば，①効率的で合理的な株式市場では短期的な株価は予想不可能な動き（ランダムウォーク）に従うため予測できない，②長期的には市場価格はすべての情報を反映して，ありうる最も合理的な価格（すべての株価の株価収益率〈収益／株価〉が一定となる水準）に収斂するから，長期的なリターンではどのような投資戦略も市場を上回る成果は得られない，③したがって市場は決算発表のような重要なニュースには敏感に反応する，などが主張された。なかには1630年代のオランダで発生したチューリップ・バブルを当時の資料に溯って調査し，改良品種の価格が希少性から高騰しその後の増産によって下落したと結論づけて，安易に大衆心理により引き起こされたバブルと決め付けることを戒める説[6]まで出た。

　これに対しシラー[7]は，歴史的データを検証したうえで，株価はファンダメンタルズで決まるとすればキャッシュフローの動きが反映されるためその変動

---

3)　この問題の包括的なレビューとしては，Thaler, Richard H., *The Winner's Curse*, The Free Press, 1992. 篠原勝訳『市場と感情の経済学 「勝者の呪い」はなぜ起こるのか』ダイヤモンド社，1998年。Hasset, Kevin, *Bubbleology*, The Crown Publishing Group, 2002. 望月衛訳『バブル学』日本経済新聞社，2003年。Shleifer, Andrei, *Inefficient Markets: An Introduction to Behavioral Finance*, Oxford Univ. Press, 2000. 兼弘崇明訳『金融バブルの経済学 行動ファイナンス入門』東洋経済新報社，2001年，があり，これらに負うところが大きい。

4)　Samuelson, P. A., "Proof that Properly Anticipated Price Fluctuate Randomly," *Industrial Management Review*, Vol. 6, 1965, pp. 41-49.

5)　Fama, Eugune F., "Efficient Capital Market: A Review of Theory and Empirical Work," *The Journal of Finance*, Vol. 31, No. 1, 1970, pp. 383-417. Fama, Eugune F., "Efficient Capital Market: II," *The Journal of Finance*, December 1991. 兼弘崇明訳「効率的資本市場：Ⅱ」『証券アナリストジャーナル』1992年7月。

6)　Garber, Peter M., *Famous First Bubbles*, The MIT Press, 2000.

7)　Shiller, Robert J., "Do Stock Prices Move too much to be Justified by Subsequent Movements in Dividends?," *The American Economic Review*, 76(3), 1981, pp. 421-436. Shiller, Robert J., *Irrational Exuberance*, Princeton Univ. Press, 2000. 沢崎冬日訳『根拠なき熱狂』ダイヤモンド社，2001年。

は実際のキャッシュフローより変動が滑らかなはずであるが，実態は正反対であるとして，効率的市場仮説によるファンダメンタルズ説に反論したが，マートンとマーシュ[8]により株価のファンダメンタルズが予想と大きく違っていれば投資家は合理的な予想を変更するので，株価が大きく動くのは合理的だと再反論された。

しかし，デボンドとセイラー[9]は1933年のデータにまで溯り，直前3年間のリターンが著しく劣る株式によるポートフォリオが，リターンが非常に大きい株式によるポートフォリオを劇的に凌駕するという事実を示し，投資家は収入の動きに過剰反応するという行動理論的な見解を提唱した。劇的な株価の下落がそれに続く上昇を招くという心理的な行き過ぎについては，ファンダメンタルズ説の枠内では説明できないことだった。また，シュレイファー[10]はほぼ10％のプレミアムでスタートしたクローズドエンド・ファンドが120日以内に平均10％を越えるディスカウントとなる動きを，新規発行ファンドには過大な期待を抱きがちな投資家の心理要因によるものだと説明した。シラーはさらに，ブラック・マンデー直前に，下落をもたらすようなニュースは何もなかったこと[11]，株価は世界的な大事件のうちのわずかにしか反応していないと指摘するなど，心理的要因の存在を示唆する議論は多い。

論争は，未だどちらも相手を全面的に論破しえたとは言えない状態が続いているが，効率的市場仮説を前提としたファンダメンタルズによる株価形成というシナリオでは十分に説明しきれない現象が数多く存在する。特にバブルといわれるような熱狂的な資産価格上昇時には心理要因を無視することはできない。

---

8) Marsh, Terry A. and Robert C. Merton, "Dividend Variability and Variance Bounds Tests for the Rationality of Stock Market Prices," *The American Economic Review*, Vol. 76, 1986, pp. 483–498.
9) Debondt, Werner and Richard Thaler, "Further Evidence on Investor Overreaction and Stock Market Seasonality," *The Journal of Finance*, Vol. 3, 1987, pp. 557–581.
10) Shleifer, *op. cit.*, pp. 53–88.
11) Shiller, *Irrational Exuberance, op. cit.*, pp. 88–95.

2 20世紀末バブルをめぐって
（1）株価

　日本の株価については，米国におけるような株価形成理論をめぐる論争というより，20世紀末バブルの形成期における株価水準の判断をめぐって交わされた論争といってよい。しかも，経済学の立場からの論争が展開されるのは20世紀末バブルも崩壊直前になってからである。ここではバブル形成途中の論調を紹介しながら検討する。

　植田和男[12]は，①日本の上場企業のトービンのq（企業価値すなわち株価/投資財の市場価格）が1983年に1を越え1986年には2.03になったこと，②日米のPER（株価・収益比率）の違いは日本の株式持ち合い，金利水準，利益成長率でほとんど説明できるが，1983年からのPERの急上昇はこの点を勘案しても説明不可能であることから，収益増加期待の急上昇による株価の過大評価，すなわちバブル存在の可能性を示唆した。同様に吉川洋[13]も1980～86年間の地価，特に株価の上昇は異常で資本市場に一種のバブルが発生している可能性があることを指摘した。

　これに対し紺谷典子[14]は，株式持ち合い効果を勘案しても諸外国の2倍と説明できない日本のPERの高さについて，逆にqレシオ（株価/企業純資産）が公示地価で評価しても1を大きく割っており，資産価値は将来の収益力の反映である以上，リストラの結果企業の潜在的収益力が高まっていることを株式市場は評価している，と不動産の含み益を反映している高株価を正当化した[15]。

　一方，三輪芳朗[16]は，株価は投資家が権利の価値の正確な値を求めて努力した結果として形成されるもので，これがファンダメンタルズの前提であるが，

---

12)　植田和男「わが国の株価水準について」『日本経済研究』第12巻第1号，1989年。
13)　吉川洋「資産価格変動のマクロ経済学的分析」『日本経済研究』第12巻第1号，1989年。
14)　紺谷典子「日本の株価を考える」『日本の株価水準研究グループ報告書』日本証券研究所，1988年。qレシオとは株式投資の尺度として用いられるもので，分母の企業純資産には時価で評価した土地も含まれているのに対して，トービンのqは前掲植田論文では国民経済計算上の概念で，投資財には土地（再生産不可能な有形固定資産）は含まれていない。
15)　ファンダメンタルズ説については，ほかにもStone, Douglas and T. William Ziemba, "Land and Stock Prices in Japan," *Journal of Economic Perspective*, Vol. 7, No. 3, Summer 1993. pp. 149-165，などがある。

日本では株主の発言力が弱く,経営者も株主より被雇用者の利益を相対的に重視しがちで,機関投資家間の競争も激しくないため,投資家はむしろ他の投資家の動向に反応しがちで,ファンダメンタル価格成立の余地が少ない,と制度的な問題を提起している。

さらに,この時期の米国と比較した日本の株価について広範な問題提起が K. R. フレンチと J. M. ポーテルバ[17]によって行われている。

NRI 350 インデックス（日本）と S&P Industrial Index（米国）による,PER を日米で比較してみると,日本は1974～84年の間米国の2倍で推移し,1986年には米国の3.1倍,1988年には4.2倍となった。この日米の格差とその急拡大について種々検討を加えてみると,

(1) 日本の PER の高さは高い負債比率によるという人がいる。しかし負債比率（この場合,自己資本は時価）を日米で比較してみると,この説明は矛盾しており,日本の負債比率は期間中低下して,1980年代後半には米国より低くなった。主要資産の内容を比較すると,土地が日本では全体の半分以上,米国では12％にすぎず,日本の土地保有は1984～87年の間に倍増し,価格はその後さらに上昇している。なぜこれが日本の1980年代に発生したかについては,説明がつかない。

(2) 日本の PER は,1970年から1980年はほぼコンスタントで,1984～87年の3年で急上昇した。この間1株あたり収益にはほぼ変化はなく,株価が急上昇した結果である。最近の日米 PER の乖離については説明できないとしても,歴史的な食い違いの理由としては,株式持ち合いの影響,引当金勘定の違い,減価償却方法の違い,があげられる。まず,株式持ち合いの影響を排除するため,株式時価総額から法人保有の株式価値を,収益からは法人相互の配当をそれぞれ除外し,日本の税法で認められる引当金は推計により純収入の4％と見

---

16) 三輪芳朗「株価"モデル"と日本の株価」西村清彦・三輪芳朗編『日本の株価・地価』東京大学出版会,1990年。

17) French, K. R. and J. M. Poterba, "Are Japanese Stock Prices Too High?," NBER Working Paper Series, No. 3290, 1990. なおこの論文に関しては,吉冨勝『日本経済の真実 通説を超えて』東洋経済新報社,1998年,第2章,貞廣彰『戦後日本のマクロ経済分析』東洋経済新報社,2005年,第3章でも言及されている。

て実効税率を織り込んだ調整をする，日本では定率法減価償却が一般的で定額法の米国より利益が圧縮されるので理論値により調整，等を行うと，日本のPERは6掛け程度の水準に低下し，1975～86年は日本が米国の1.5～2倍程度で推移するが，1987年には日本29.8に対し米国12.9，1988年には32.1対11.7と格差が急拡大する。

(3) さらに，会計上の利益と経済的な利益のズレとして基本的なものでは日米の物価上昇率の違いがあるが，この場合上昇率が高いと，①減価償却は過小に計上される，②名目借入コストは過大計上となる，③在庫などの見せかけの利益が発生する，などの影響が考えられ，1967～83年の高いインフレの時期の収益を修正すると，E/Pレシオ（株価収益率）は，日本が0.065から0.092に，米国が0.094から0.085にと，日本の収益は過少に評価され，米国は過大に評価されていたとになる，との試算もある。ただし，これは歴史的な格差の説明にはなるが，1985年以降の変化の説明としては無理がある。

(4) 日本の企業に対する期待成長率の変化，日米の企業への出資に際して期待する収益水準の違いについて検討すると，まず，DRI社の1980年代の長期成長予測で見ると，日本の5年後予測は年により少しぶれるが，10年後予測は驚くほど安定しており，この間の成長加速への期待の高まりが日本の株価を押し上げたとは考えにくい。また，日米両国の10年もの長期国債の実質金利は，1985～88年で，日本で120ベイシス・ポイント（1/100％），米国で280ベイシス・ポイントと米国のほうが下げ幅が大きく，これも日本のPER急増の理由にはなりえない。

このように，日米で報告されたPERの違いはさほどなぞの多いものではない。食い違いの半分は両国の会計制度の違いによる。もし日本企業が米国の会計制度に倣えば，東京市場のPERは1988年末で公表の54.3から32.1に低下する。会計制度は現存の日米のPERの食い違いの大半を説明するが，1986年に日本のPERが29.4から58.6に倍増したことは説明できないとする。PERはファンダメンタルズで説明できる株価の水準を示すものであり，この動きと水準を日米で比較する場合に障害となりうる要因を取り除いて比較したもので，実証的な議論としては傑出しているが，これをもってしてもファンダメンタルズで説明できない要因の存在が指摘されている。

このように見ると，効率的市場仮説に基づくファンダメンタルズ説の立場から繰り返し反論がなされているにもかかわらず，心理的な要因を重視する非合理的バブルの存在は否定できない。翻って，日本の20世紀末バブル期の認識についての論争を見るかぎり，ファンダメンタルズを使っての議論自体が少ないばかりでなく，バブルであると主張する人たちの間でも心理要因にまで踏み込んで議論したものは極めて少ない。

（2）地価

欧米の場合，過去全国規模での地価暴騰の例はほとんどなく，1920年代後半に米国各地で発生した土地投機も地域的なもので，短命に終わっている。これに対し日本では，平地が国土に占める割合が低く，そこでは古くから集約的な生産性の高い農業が展開されていた。したがって工業化，都市化は勢いこれら農業用地からの転換コストを織り込む形で地価の上昇を招き，戦後の高度成長期を通じて土地神話が形成されることになる。それが地価に濃縮された形で発生したのが20世紀末バブルで，このため，土地投機に関してのまとまった論議も日本の20世紀末バブルに関するものが中心となる。

原田泰[18]は，東京の地価上昇は東京経済の高まりという経済的合理的要因で生じたもので，今後の成長率を東京4％，地方3％として今後40年間の収入の現在価値として算出した所得格差と比べると100平方メートルの住宅地価格の格差のほうが小さく，これが東京の人口吸収効果となっていると指摘した。

同様の説明は，少し遅れるが，日本の地価高騰について，D. ストーンとW. T. ジェンバ[19]は，1985年の土地価額とGNPの比率の日米比較は2.88：1であったものが，1985～87年の間に4.3：1に拡大した。これは1987年には日本の成長率が，今後米国を2％ずつ上回り続けるとの見通しに立ったと見ればよく，合理的・経済的説明の枠内にあるとした。

宮尾尊弘[20]も東京の地価高騰は国際金融情報の中心地としての東京の特殊性というよりは，1980年代初めの低金利，株高，土地高に加えて経済のソフト化による都市集中という全世界的現象であるとしたうえで，世界的に金利先高感

---

18) 原田泰「東京の高地価対策」『日本経済新聞』1988年11月15日。
19) Stone and Ziemba, *op. cit.*, p. 152.

が出てきたので，今後は調整過程に入るとした。その後上げ止まらない地価に対しては，日本の地価（P）は資産価格を決定する

$$P = E/(r-g)$$

のうち，E（土地収益ないし家賃）は一定として，r（金利）の低下，g（期待成長率）の上昇によるもので，過去からの低い趨勢線から見てバブルと見るのは間違いであるとしている。

　これら三つの議論はファンダメンタルズ説の形をとってはいるが，成長率や金利などそれを決める要因に大きな期待値を織り込んでおり，むしろ心理要因が強いといってもよいかもしれない。

　これらとほぼ同時に，この地価上昇はファンダメンタルズだけでは説明できないバブルであるとする説が主張された。長谷川徳之輔[21]は，オフィスは慢性的に過剰気味で現在の供給で十分であり，現在の地価高騰は，①正確な情報の不足，②金余りによる投機，③金融機関の無節操，④財テク，土地テクを助長する税制の歪み，などがもたらしたものであることを指摘して，心理要因の存在を主張した。需給関係の認識は首肯することができないし，具体的な論証も欠けているが，問題意識は的確である。

　野口悠紀雄[22]も，早くからバブルの存在を指摘した一人で，市街地価格は消費者物価と同一トレンドに収斂するが，現在はキャッシュフローの割引現在価値と比較すると都内で2倍，地方で3倍以上となっており，そのうち半分はキャピタル・ゲイン狙いの投機的バブルであるとした。同様の指摘は『経済白書』[23]でもなされた。

　西村清彦[24]は実質地価上昇は1986年頃までは実質国内生産伸び率，実質貸出金利と斉合的な動きをしていたが，1986～88年はこれらに大きな動きがないに

20）　宮尾尊弘「地価の新局面を迎えて何をなすべきか」『東洋経済』1987年11月26日。宮尾尊弘「『地価バブル論』の是非を論ずる」『東洋経済』1991年5月18日。
21）　長谷川徳之輔「主役を演じる銀行の過剰融資」『エコノミスト』1987年8月4日。同「地価は長期低迷に入った」『エコノミスト』1988年3月22日。
22）　野口悠紀雄「バブルで膨らんだ地価」『東洋経済』1987年11月26日。
23）　経済企画庁『平成2年度年次経済報告』（『エコノミスト』1990年8月20日），277頁。
24）　西村清彦「地価高騰を生み出すメカニズム」『ESP』1987年10月号。同「日本の地価決定メカニズム」西村・三輪編，前掲『日本の株価・地価』所収。

もかかわらず，実質地価は上昇している。これは，①長期的均衡価格以外の地価の経路を予想したときに発生したバブルであり，②期待の無限連鎖が発生しており，③投資家の不十分な情報，貨幣錯覚も加わっているが，これらはいずれも長続きしない，と指摘した。

このように，地価高騰については国内の論争しか収集しえないが，株価同様ファンダメンタルズによる説明には無理が多い。結果的にはバブル現象を指摘しつつも地価高騰は一時的現象で，いずれ反落するという拱手傍観的態度が横行したが，この間の異常かつ広範囲な暴騰と激しい反落を放置したことは，単に循環的な高騰・下落ではすまされない爪痕を後に残した。この問題の総括的な性格づけがなされるのは，第2章第1節で述べた宮崎義一の『複合不況』論（1992年）や第3章で述べた篠原三代平の『戦後50年の景気循環』（1994年）等90年代以降になってからである。

第2節　20世紀末バブル形成期における心理要因

1　バブル現象と心理要因
（1）心理要因の拡大

バブル期における心理の高まり，「なだれ現象」はウィルスが人に感染し，感染者が累増するのと同様で，伝染病蔓延のプロセスにたとえることもできる。これは社会心理学で広く受け入れられている「認知的不協和理論」[25]でも説明することができる。この理論は本人の現在の状態ないし認識（たとえば財テクをやっていない，やるべきでない）と周辺の状態（みんな財テクをやっている）が合致しない（不協和の状態）ときは，本人は認知の不協和を解消すべく行動するというもので，ある意味では「みんなで渡れば……」式の集団行動を示唆したものといえる。

通常，伝染病の蔓延のプロセスは 0（感染者なし）から 1（全員感染）に向かう S 字型の（シグモイド）曲線で表現される。シグモイド曲線は時系列 t に対して感染率 X_t は一般的に，

$X_t = e^{at}/(1+e^{at})$　　e：自然対数, a：定数

で表現されるが，その時系列微分値は中心部が盛り上がった正規分布曲線に近

い形状を呈する。

　これを情報の普及という観点から見て，その時系列の推移を調査したものにE. M. ロジャースの「イノベーション普及学」[26]がある。ロジャースは米国における農業技術イノベーションの普及過程を観察して，新規採用者の時系列分布が正規分布をとることを指摘し，限界普及率がピークに達するまでに採用した人たちを標準偏差の間隔で区切った三つの期間に分けて，それぞれ革新的採用者，初期少数採用者，前期多数採用者と名づけたが，これも情報の浸透，意識の確立過程について同様のプロセスを想定しているといえる。

　そこで，社会的な心理要因の動きのひとつのバロメーターとして，新聞におけるバブル関連のキーワードの出現頻度を用いてみた。たとえば，「財テク」

---

25) 「認知的不協和理論」は1957年，L.フェスティンガーが提唱し，その後の社会心理学の実験でも広く支持されている説で，「本人の行動と周囲の認識ないし行動が一致しない（不協和）状態にあるとき，本人はそれを一致させるような行動をとる」というもの。代表的な実験例で示せば，喫煙の習慣がある本人が「自分は喫煙する」という認知と「喫煙は健康に有害」という不協和関係にある認知に遭遇した場合，本人は無意識的に「喫煙は健康に有害ではない」という情報に積極的にアプローチして不協和関係を解消しようとするというものである。これはたとえば自分だけ「財テクは危険だからやらない」と決めていても，周囲が手を染め成果を上げていることを知れば，「財テクはやるべきでない」との意見（この時点では少数派）を集めるか，自らも参加するかして不協和を解消するような行動をとるであろう。なお，認知的不協和理論を応用した経済モデル構築の試みについては，Akerlof, George A. and W. T. Dickens, "The Economic Consequences of Cognitive Dissonance," *The American Economic Review* Vol. 72, No. 3, June 1982, pp. 307-319 を参照されたい。

26) Rogers, Everett M., *Diffusion of Innovations*, The Free Press, 1983. 青池慎一・宇野善康訳『イノベーション普及学』産能大学出版部，1990年。ロジャースは農業における技術革新の普及過程を観察し，新規採用者数の時系列推移が正規分布をとることを指摘した。ロジャースのイノベーション普及論と呼ばれるものである。これについては下図のとおりピークにいたる3段階，ピーク後の2段階に該当する人たちを5種類に分類している。

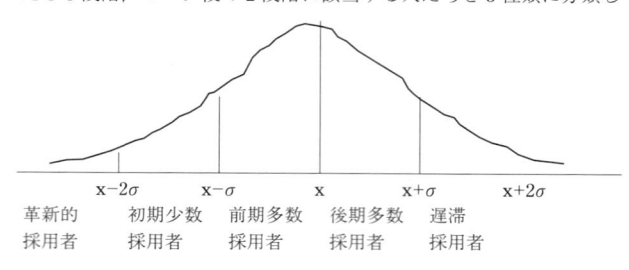

$x-2\sigma$	$x-\sigma$	x	$x+\sigma$	$x+2\sigma$
革新的採用者	初期少数採用者	前期多数採用者	後期多数採用者	遅滞採用者

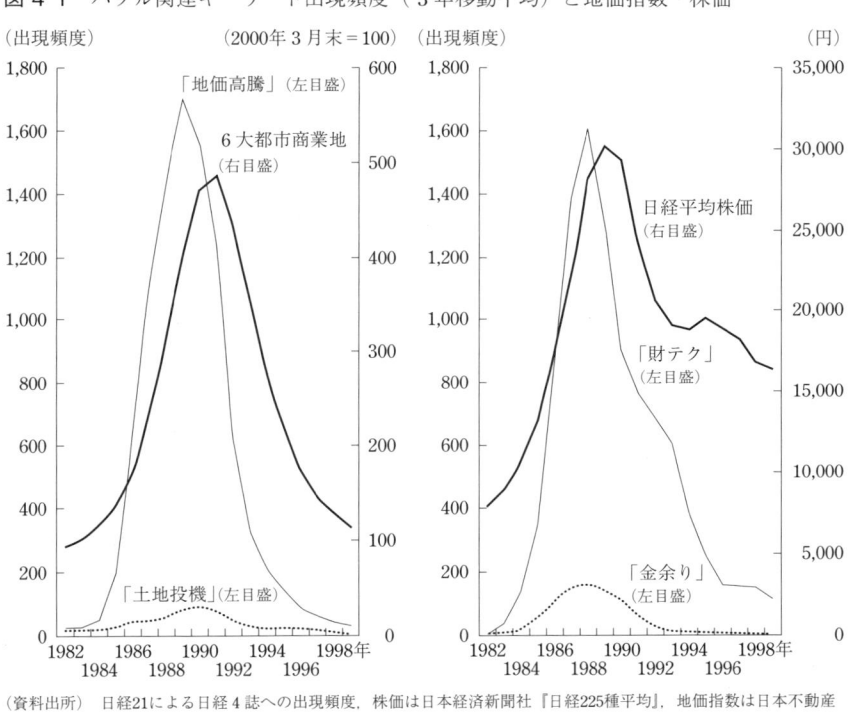

第4章 心理要因：20世紀末バブルの原因（3） 115

図 4-1 バブル関連キーワード出現頻度（3年移動平均）と地価指数・株価

（資料出所）日経21による日経4誌への出現頻度，株価は日本経済新聞社『日経225種平均』，地価指数は日本不動産研究所『六大都市市街地価格指数』（商業地，各年3月末）

というキーワードの『日本経済新聞』および関連各紙における出現頻度（総数9922回），さらに「金余り」（同889回），「地価高騰」（同9600回），「土地投機」（同718回）等のキーワードについても年ごとに集計して，これを3ヵ年移動平均で描いてみると図 4-1 のとおりで，これは『朝日新聞』，雑誌記事を用いても多少のタイミングのずれはあるものの類似の曲線を描く。

まず，土地関連2語と6大都市商業地地価推移を見ると，出現頻度では「地価高騰」が圧倒的に多いが，ピークは「地価高騰」が1年先行しているものの，移動平均前のピークは「土地投機」と同じく1990年で，地価のピークは1年遅れて1991年になっている。財テク関連キーワード2語と日経平均株価では，下降局面で「財テク」の傾斜が緩やかになっている（損失補填など財テク後処理関係の報道が続いたため）ほかはどちらもほぼ正規分布に近い形状を呈してい

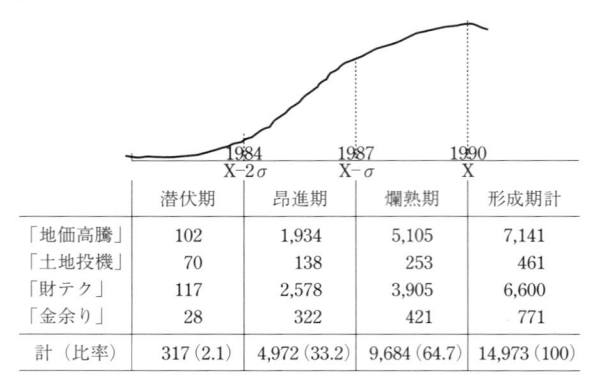

図 4-2　バブル形成過程の時期区分とキーワード発生状況

	潜伏期	昂進期	爛熟期	形成期計
「地価高騰」	102	1,934	5,105	7,141
「土地投機」	70	138	253	461
「財テク」	117	2,578	3,905	6,600
「金余り」	28	322	421	771
計（比率）	317 (2.1)	4,972 (33.2)	9,684 (64.7)	14,973 (100)

（資料出所）　図 4-1 に同じ。

る。出現頻度では「財テク」が多いが，ピークは両者とも1988年（ただし「金余り」は移動平均前では1989年がピーク）で，株価に若干先行した形になっている。

　新聞におけるバブル関連キーワードの出現頻度の推移をバブル進行の結果と見るか，国民の心理状態の反映で積極的な投資活動を引き出した理由と見るかは意見の分かれるところであるが，株価，地価の動きとの比較で見ると，少なくとも同時進行，項目によってはむしろ出現数の変化のほうが先行気味となっている。またキーワードの新聞紙上への出現は，記事として取り上げられる以上，事実の報道であると同時に国民の問題意識の反映でもあり，加えて報道の結果が反射して国民意識を再生産することを考えれば，出現頻度の推移は国民の心理状態，関心の推移を示していると判断しても差し支えなかろう。

　そこで，ロジャースの説に倣い，代表的なバブル関連のキーワードの時系列による分布を正規分布と想定して，上昇過程についてピークをほぼ平均値（X）に当たる1990年と見なし，そこからの距離をキーワードにより多少のばらつきはあるが，標準偏差（σ）を目処として，（$X-2\sigma$）より古い時期（具体的には1984年以前），（$X-2\sigma$）と（$X-\sigma$）の間の時期（同1985〜87年），（$X-\sigma$）からピーク（X）まで（同1988〜90年）の3区間に分け，それぞれバブルの潜伏期，昂進期，爛熟期とした。ちなみにそれぞれの区間における出現状

況を示したのが図 4-2 で，4 キーワードの合計値で見ると潜伏期が2.1%，昂進期が33.2%，爛熟期が64.7%とほぼ正規分布に近い比率で分布している。

これと同時に，1983年から1990年までの主要各紙（『日本経済』，『朝日』，『毎日』，『読売』）の社説・時評・主要記事，主要経済雑誌の記事・掲載論文，学術論文等を調査し，バブルに関する報道，判断，見解（署名入りを含む），論評の類約800本を収集して巻末に，「付録1　20世紀末バブル形成期における経済動向と論文・新聞報道」として掲載したが，これらを中心に各期の特徴，心理状態の推移を推測してみたい（以下引用の誌・紙名は簡記，西暦の頭2桁は省略した）。

（2）潜伏期（〜1984年）

潜伏期はロジャースの普及論でいう革新的採用者の段階に相当する。革新的採用者はその先見性と進取の気風を持って，いまだ評価の定まらない新技術を果敢に採用し，成功すれば巨額の先行者利潤を手にすることができるが，失敗して先行投資が無駄になることも多い「冒険的な人々」である。すなわち，この潜伏期をバブルについての心理的な状態という観点から見ると，将来のバブル諸現象の濫觴ともいうべき現象は事後的には検出されるものの，その後の熱狂的な猖獗振りはまったく予測できない段階と言える。しかしながら補論で述べるように経済活動の活発化は心理的に楽観的なバイアスが生み出されることによっても進行することは，W. ミッチェルも指摘したところである。

まず，伏線となる1981〜82年の経済環境についてみると，1979年に起こった第二次オイル・ショック後の世界同時不況下にあり，経済企画庁の景気変動基準日付によれば，1980年2月をピークとし1983年2月を底とする戦後最長の景気下降期にあたっている。円相場は1981年1月には2年ぶりの190円台を記録したものの経済不振を反映して，1982年10月には270円にまで下落し，輸出は伸びたが内需不振から実質成長率は両年にわたり3％台程度に落ち込み，加えて自動車の対米輸出自主規制やコンピューター・スパイ事件など対米貿易摩擦を象徴するような出来事が相次いだ。株価（日経平均）はオイル・マネーなどの外人買いを中心に1981年中頃に8000円近くまで上昇したが，翌年には逆に外人売りで急落，年末になって漸く8000円台に乗った。地価はオイル・ショックの余熱が続き宅地価格は年率10％近い上昇で，東京をはじめ大都市ではスプ

ロール化，都心の空洞化が進行していった。

　1983年2月，いわゆる構造不況対策の総仕上げというべき特定産業構造改善臨時措置法の要綱が決定したのと前後して景気も底入れ感が出始め，4月の経済対策は不十分との声（『日経』・『読売』社説83.4.6，『毎日』社説83.4.8）が強かったが，7月に経済企画庁は景気底入れ宣言を出した。景気対策に目処がついたところで10月には黒字減らしのための総合経済対策が打ち出され，同時に公定歩合も5％に引き下げられた。これを受けて1984年初頭から円レートは1年2ヵ月ぶりに220円台に戻った。この間，企業業績の好転が確認され，課題とされてきた設備投資も回復を見せるに及び，景気は1985年6月にいたる上昇過程に入ることになる。しかし，依然として経常収支黒字は拡大の一途で，個人消費の低迷，生活関連投資の貧弱さを補うべく減税，公共投資などのさらなる内需拡大策を主張する向き（『毎日』社説84.11.4，12.11）もあったが，大勢は必要ないとの意見（『読売』社説84.9.21，『日経』社説84.11.13）だった。結果として対外不均衡は解決の目処を見出せぬまま残された。

　株価は景気回復期に共通の金融相場，景気先取り相場を呈して順調に上昇し，1984年中頃からは業績相場への新展開を見せた。1984年年頭に日経平均1万円をつけると外人は売り越しに転じたが「国内余剰資金」に支えられる形で上げは止まらず，さらに新高値を記録していった。

　土地については特に関心の高い住宅地地価上昇の鈍化傾向が定着して，国土庁もこの傾向は当分続くとの見通しを出したため，マスコミでは「土地神話は崩壊した」（『東洋経済』83.1.29，『エコノミスト』83.6.7），「この間に長期的土地対策を構ずるべき」との論調（『朝日』・『毎日』・『読売』社説84.4.3）が見れたが，それ以上の具体論の展開はなく，さしたる施策も実現はしなかった。むしろ1984年に入ると投資用ワンルーム・マンションの増加につれて近隣とのトラブルが増えたり，4月には品川の国鉄跡地が時価の2倍で落札され，9月には都内商業地地価が前年比＋7.6％となるなど，都内繁華街商業地の地価上昇が問題化，東京一極集中への対処が議論（『日経』社説84.11.17）された。しかし，地価についても全体の流れでは伸び率鈍化が続いており，過去の景気回復期にも見られた散発的な回復先行現象といった程度の認識しかなかったと言える。

　これらの個別の現象とは別に潜伏期を通じた底流として国民の間に漠然とし

第4章　心理要因：20世紀末バブルの原因（3）　119

図 4-3　アンケートに見る心理状態の推移

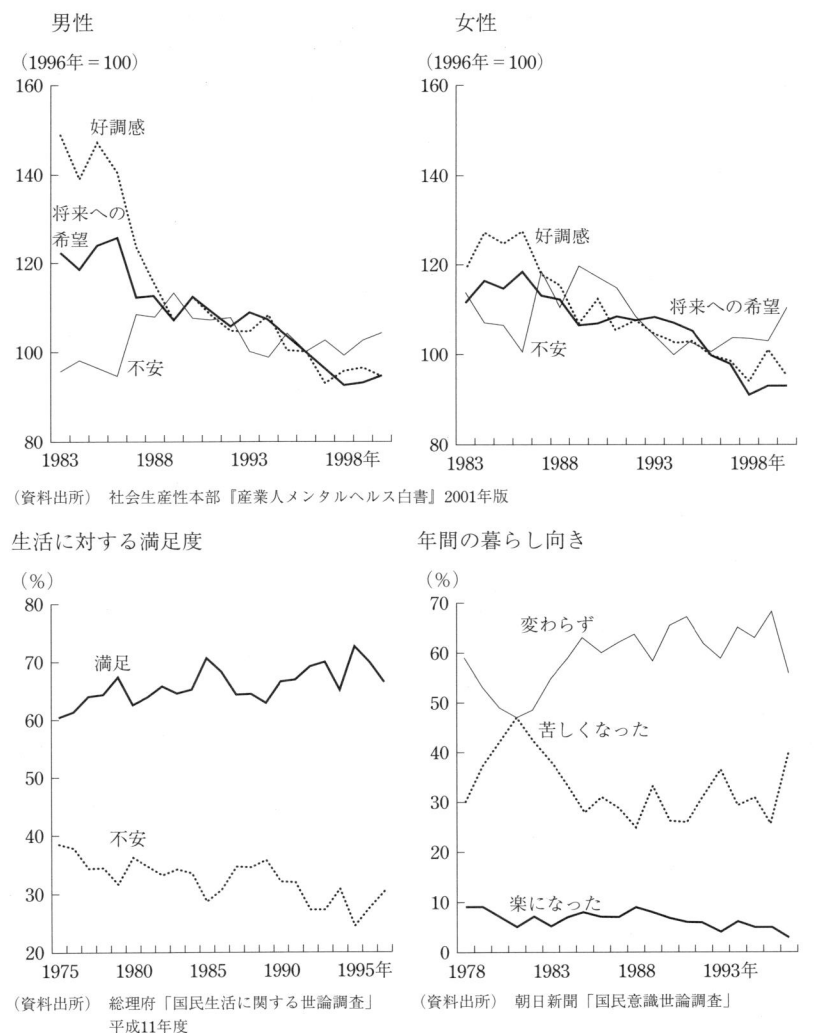

産業人の心理状態

男性　　　　　　　　　　　　　　　　　女性

（1996年＝100）　　　　　　　　　　　　（1996年＝100）

（資料出所）　社会生産性本部『産業人メンタルヘルス白書』2001年版

生活に対する満足度　　　　　　　　　年間の暮らし向き

（％）　　　　　　　　　　　　　　　（％）

（資料出所）　総理府「国民生活に関する世論調査」　　　（資料出所）　朝日新聞「国民意識世論調査」
　　　　　　平成11年度

た期待感，精神的な昂揚があったことは間違いない。これが長期にわたる不況からの脱出によるものか，個人・企業の貯蓄増加による余裕からくるものか，また国際社会での地位向上にともなう自信の表れかは判然としないが，各種の

調査（図 4-3）から精神的な昂揚があったことは窺うことができる。

　社会生産性本部が毎年行っている「産業人メンタルヘルス調査」の結果で，精神的昂揚・沈滞を表すと思われるいくつかの項目について時系列で見ると，「将来への希望」は男女とも1986年まで上昇，「好調感」も多少波はあるが男女とも水準は高く1986～87年から下降に転じている。一方「不安感」のほうは円高・バブルの進行にともなって1986年から景気回復とは反対に上昇に転じ1990年頃まで続いている。

　同様に総理府による「国民生活に関する世論調査」を見ても，「生活に対する満足度」は1980年代前半をとおしてわずかながらではあるが上昇を続け後半には下降に転じており，朝日新聞の「国民意識世論調査」の毎年調査項目である「１年間の暮らし向き」を見ても，「楽になった」の割合にはさほど変化が見られないものの，「苦しくなった」は1980年代前半を通じて減少，平均すれば経済的重圧感は軽減されている。このように，1980年代前半は景気の低迷とは裏腹に国民心理の面では浮揚感が強くなってきていたことは間違いない。

（３）昂進期（1985～87年）

　ロジャースによれば初期少数採用者の段階に相当する。ロジャースはこれらの人たちを「尊敬される人々」と呼んだが，これらの人々は初期の「冒険者」たちとは違い，新技術をそれなりに理解し，自信を持って採用に踏み切り，また積極的に周囲への啓蒙活動を買って出るオピニオン・リーダーでもある。すなわちバブルの現象に関して言えば，この時期にかかわる人たちは世間の流れに敏感で進歩的な人たちであり，思い入れも他の人々よりも強い。したがって，昂進期はこれらの人たちの積極的な参加と対外的なアピールによって心理的な要因が急速に拡大し，その上昇の加速度が最も高まった時期と言える。前出のバブル関連キーワード４語について，心理状態の拡がりを示すシグモイド曲線をキーワードの累積出現関数（x）として考えた場合，その前期比増加分（x'）が反転する年の直前年（これは図 4-1 におけるピークに相当する），すなわち転換点を求めてみると，「財テク」「金余り」は1988年，「地価高騰」は1989年，「土地投機」は1990年となっているのに対し，x'関数の上昇局面における加速度（x''）を見てみると，これがプラスからマイナスに転ずる年の直前年，すなわち上昇の加速度の変換点は，「金余り」は1986年，「土地投機」は

1986年と89年（後者については後述），「財テク」「地価高騰」は1987年となっており，心理要因の拡がりの絶対水準としては爛熟期より低いものの，この期間中の上昇の勢いが最も強いことを示している。

この期は前期からの流れが徐々に強まってきた前半と，それが急速に加速した後半に分けることができる。

前半についてみると，世界同時不況からの脱出を図ったレーガノミックスは米国に好景気をもたらしたが，反面，財政収支の赤字，高金利とドル高，貿易収支の赤字を生むことになった。これに均霑した我が国では輸出の好調に加えて設備投資も増加し，1984，85年と2年連続して4～5％の成長率を達成したが，米国内では保護主義が台頭，日本に対しても市場開放，内需拡大を迫る動きが強まった。これに対し財政再建中のわが国では，依然として財政拡大への慎重論が根強く，内需拡大の貿易収支黒字圧縮効果には異論もあり，具体策を示すことができぬまま推移した。

1985年9月のプラザ合意で各国協調してのドル高是正が打ち出されたのを受けて，円レートも年初の1ドル260円台から11月には200円を割る水準にまで急騰，デフレ効果を懸念する意見（『日経』社説85.11.9）もあったが，円高定着を優先すべき（『読売』社説85.11.12，『毎日』社説85.11.27）との意見が強かった。同様にドル相場への配慮から引下げを控えていた公定歩合も，翌年初には各国の景気後退にともなう金利引下げに協調する形で引き下げられた。1986年4月にはいわゆる「前川レポート」が出され，内需主導型経済への転換による黒字解消を提言して円高への積極的対応を促したが，マインドの慎重化・減速傾向（いずれも『日銀月報』86.1）など国内景気について少しずつ慎重な見方に変わっていくと同時に，5月に1ドルが150円をつけたのを機に中小企業対策・財政出動（『朝日』社説86.5.14，5.17，6.26）が声高に叫ばれるようになった。これに対し民活・財政再建の堅持（『読売』社説86.8.29）の声も強く対立が続いたが，9月の株価反落の前後から円高不況論が目立つようになり，財政再建棚上げ論（『毎日』社説86.9.20）も出て，9月には総合経済対策（3.6兆円），11月には公定歩合引下げ等が矢継ぎ早に打ち出された。年末にかけてマスコミの間では国際資本移動の激変から，世界規模の恐慌となった1929年大恐慌の再来論が話題となるようにさえなった。

この間，財テクについては容認論が折に触れて取り上げられてきたが，1985年後半に入ると株式市場では政策転換を先取りした内需株相場が続き，債券相場も金利低下を予想して上昇した後，金利の高め誘導継続により損失をこうむるなど，マネーゲームは過熱状態となった。また，財テクは個人だけでなく企業にも広く浸透し，1986年年頭から『朝日新聞』紙上にシリーズで掲載された「金満症にっぽん」では地方自治体の財テク進出が報じられるなど，財テクの広範な拡大ぶりが印象づけられた。しかしながら『日銀月報』(86.9)はマネーサプライの伸びが高いことは認識しつつも，株価・地価上昇が物価全般には波及しないとして懸念を表明するにとどまり，株式相場も1986年秋口には円高不況警戒からいったん落ち着いた。

　一方，土地については，1985年，全国各種平均公示地価の上昇率が5年連続で前年を下回り，鈍化傾向が続くなかで3大都市圏商業地の上昇率は増加，一部には土地転がしの動きも伝えられたが，住宅地には波及していなかったため冷静な受け止め方が大勢で，むしろ一極集中回避策などの長期的な対策が話題となった。8月に司法研究所跡の国有地が公示価の2.8倍の高値で落札されたことが話題となり，10月の国土庁の地価動向調査では全国平均の伸びも鈍化から上昇に転じ，1986年に入ると地価の高騰は東京圏の住宅地にまで波及してきたことが伝えられた。4月には，効果が薄かった1985年7月の「不動産融資への自粛要請」に続いて，大蔵省が銀行に対して不動産・建設業融資の実行報告を義務づけ，事実上の融資規制がスタートしたが，これも有効に機能しなかった。この間，土地規制・税制等多面にわたり土地対策についての政策提案がなされ，12月のミニ国土法，2度目の融資自粛通達で一応の決着を見た。株価同様マネーゲームの正常化，現状のままの地価の沈静化を期待する向きもあった（『日経』86.11.11，『経済セミナー』野村信宏 86.12）。

　しかしながら1986年末〜87年初からの後半期に入ると，一転して異なった様相を呈してくる。景気変動の基準日付によると景気の底は1986年11月となっているが，1987年に入っても景気に関して悲観論と楽観論とが交錯するような状況が続いた。4月頃から底固め，内需への転換済み（いずれも『日銀月報』87.4）などの意見が出始めたが，これを後押しするように2月には公定歩合再引下げにより過去最低の2.5％となり，結果的には1989年5月まで継続されるととも

にマネーサプライ（CD＋M2）も3月から2年間にわたり10％を越える水準で供給され，5月には2度目の緊急経済対策（6兆円）も講じられた。たしかに1986年10月時点での主要100社アンケートを見ても，大企業経営者の間では「デフレが進行中」「景気は下降している」等の回答が多かった（『朝日』86.10.11）が，政策効果発現までのタイムラグを考えれば，結果的にこれらが景気上昇を加速させ，バブルの培養器の役割を果たしたと言える。

株価は1986年10月には新規公開のNTT株が異常人気となり，翌年1月に日経平均は2万円をつけ，NTT株の第二次公募も重なり株式ブームにさらに火をつけた。同時に仕手，買占めなどの便乗的な反社会行為が表面化したほか，投資用マンション，絵画等にも投資ブームが拡大，ゴルフ会員権で1億円を超えるいわゆる「億カン」が8コースも誕生したことが報じられた。これらを受けて1987年春頃から金融緩和の副作用を懸念する声（『エコノミスト』福井俊彦87.8.4）はあったが，夏場からは資産価格を中心に価格上昇を指摘しインフレ対策を主張する発言（『エコノミスト』吉野俊彦87.8.11）も出てきた。一方，株式も土地もそろそろ峠を越えた（『朝日』社説87.8.5，『日経』社説87.11.13）とか，永遠に上がることはない（『エコノミスト』奥村宏87.7.7）とかの自律的反落の可能性も論じられ始めた。秋になるとタテホ化学の財テク失敗が表面化して警戒感を強めていたところに，10月，米国でのブラック・マンデーの株価暴落を機に日本でも大幅に値を下げ，ひとまず水をかけられることになった。

土地については，1987年初めから課題であるとの認識は強かった。しかし，全国ベースの公示価は前年の＋2.6％から＋7.7％に急上昇し，不動産業上場各社の業績好調が伝えられるに及んで政策的に後手に回ったとの認識が強く，さらなる政策に対する要望が強くなり，4月に今度は日銀からの土地融資抑制指導が行われた。この効果もあって年央には都心の地価は沈静化，周辺に値上がりの中心が移りつつあることが報じられ，ピークアウトしたかに見えた。東京のオフィス不足は情報の欠落による投資とそれに融資した銀行の無節操による幻想であり，地価は下落に向かって動きつつあるとの意見（長谷川徳之輔，前掲注21, 87.8）も出された。

しかし，秋に入っても沈静化しない地価を見てマスコミでは地価高騰の犯人探しがエスカレートし，土地臨調の設置を求めるなど，もっぱら政治問題化し

ていった。この間，一部の経済学者の間では需給問題としての地価についての論議が戦わされた（西村清彦，注24，87.10，宮尾尊弘，注20，87.11，野口悠紀雄，注22，87.11）が，一般的には盛り上がらず，むしろ年末には円高不況を克服し，ブラック・マンデーの株価下落も無難に切り抜けた日本経済については，「戦後，オイルショック後の急回復に次ぐ第3の奇蹟」（『日経』87.12.24）といった自画自賛が横行した。

（4）爛熟期（1988～90年）

ロジャースは前期多数採用者に属する人たちを「慎重な人々」と呼んだ。彼らは前期採用者の大多数を占めるが，内容的にはようやく納得して採用に踏み切った人々から半信半疑ながらも大勢の判断に従った人々まで濃淡はまちまちである。同様に爛熟期では，バブル現象にかかわる人々の反応も確信派だけでなく，疑心暗鬼派，付和雷同派，はては反対派まで多岐にわたっており，数の上ではピークを形成するものの，上昇のエネルギーは急速に衰えてくる。増加する出現記事のうち批判的なものも巻き込む形での増加となる。

1988年に入っても，マネーサプライは引き続き実体経済を上回る伸びを続けており，特に企業の不活動流動性の累積は思惑的な在庫投資に容易に転化する可能性があるとの懸念が示された（『日銀月報』88.1）。このため「ブレーキとアクセルを」，「財政支出抑制を」（『朝日』社説 88.3.19, 8.1）とか，都市型中小企業の経営難緩和に寄与した資産効果を過大に評価すべきではない（『朝日』社説 88.4.1）などの警戒論が出された。しかし，実体経済は年初来腰の強い自律拡大過程を続け，望ましい展開を遂げているとの見方が強く，金融財政政策の効果，円高のプラス要因に加えて循環的回復要因も指摘された。このため株価は日本の経済力を評価したものであるとされ，諸外国に比しての PER の異常な高さも株式持ち合いや低金利で説明された（『エコノミスト』今井澂 88.3.22）。土地も前年来の都心の値下がりが評価され（『日経』社説 88.4.1），東京の土地取引量はオフィス需要に比べて過大で，この仮需要が剥げ落ちればいずれ過剰融資した金融機関に付け払いがくるとの警告も出た（長谷川徳之輔，注21, 88.3）。

年央になると成長率が鈍化，マネーサプライにも落ち着きが見られたものの，秋に入ると消費，設備投資とも順調に伸びて拡大に転じ，土地政策では公有地払下げ再開，地価高騰の地方への波及は地方自治体の不作為の作為によるもの

(『朝日』・『読売』社説 88.10.2,『毎日』社説 88.10.4) 等の行政批判が出た反面, 東京の地価は経済的, 合理的に説明できるとする意見 (『日経』原田泰, 注18, 88.11.15) も出された。証券市場では金融肥大化への警鐘 (『経済』米田貢 88.9) が鳴らされてはいたが, 12月に日経平均株価は3万円の大台に乗せ, 世界最大の証券市場になったことが報じられた。

いずれにしろ1988年は国際金融情勢も一応の安定を迎え, 循環的にも回復軌道に乗ったことが確認されたため, 安堵感と自信が芽生え, この間, 株価は上昇, 地価も都心は高値安定, 地方への波及が進行していたにもかかわらず, 資産効果がポジティヴに評価されたり, パックス・ジャポニカ論や国際貢献投資の必要性が説かれたり (『東洋経済』叶芳和 88.5.20), 日本経済の状況についての問題意識は希薄なままに推移した。

これが1989年に入ると, バブル, 景気動向に関する論議がにわかに活発化してくる。まず年初早々から景気の先行きに対して, 内需堅調で拡大は当分続くという肯定論 (『日銀月報』89.1,『世界経済評論』植松忠博 89.2), 過去の例から見て短期循環の山に近づいたか, あるいは過熱傾向が高まっているとする循環論 (『経済セミナー』田原昭四 89.2,『経企庁月報』和田哲郎 89.2), 米国の金融引締め, 日本の国債累増に見られる借金経済の限界から調整の時機が到来したとする限界論 (『東洋経済』水谷研治 89.4.22), などに意見が分かれた。

その後の動きも, マネーサプライの高水準が続き商品需給も締まり気味で, 4月の消費者物価が前月比＋1.4％となったことが注目を浴び, 夏頃には景気はピークに達した (『経済セミナー』高橋乗宣・嶋中雄二 89.7), 適正成長率を上回っている (『エコノミスト』森口親司 89.8.22) など警戒論が高まった。一方, 株価水準についても「作られた」と言う意見 (『朝日』社説 89.1.5) や, 実物経済との関係やトービンのqの解釈をめぐってなど, 水準の妥当性に関しての議論 (植田和男, 注12, 89.3,『エコノミスト』紺谷典子 89.10.3,『エコノミスト』黒田晁生・上田信行 89.10.3) が盛んになった。地価も落ち着き傾向にあるが再騰必至 (『不動産研究』福本寿男 89.1) と警告され, 現に都心の高止まり, 周辺への連鎖反応, さらには海外投資が着々と進行し, 背景には野放図な土地融資の拡大が問題視されていたにもかかわらず, 世論の大勢は犯人探しに終始し, 対策はもっぱら政治に委ねられた形となった。

これと並行して，5月から3度にわたって公定歩合が引き上げられ，マネーサプライも5月から1ケタ台の伸びに押し込まれたが腰の入れ方は不十分で，日銀でさえ年末になっても物価が安定すれば景気の持続は可能との見解（『日銀月報』89.12）で，株価も年末には3万9915円の最高値を記録した。『日経』（90.1.3）恒例の主要経営者への1990年株価アンケートでも回答者20名中高値を4万円以下と予想した者はなく，安値も3万4千円台どまりで，その時期も1～3月中としており，全員が仮に調整が行われるとしても短期間で回復するとの見方であった。総需要対策としての金融引締めのなかにはバブル潰しの狙いも含まれていたが，効果発現のタイムラグを考えれば遅くかつ不十分だったと言わざるをえない。この年も，マネー大国（『日経』社説89.1.1），社会間接資本充実，内外価格差解消，環境維持の施策を（『エコノミスト』鶴田俊正89.12.18）等，経済大国論が幅を利かせた。

　1990年冒頭から3ヵ月で日経平均は1万円以上暴落したが，春先には，高金利と上げ過ぎの修正相場として下落後の水準を正当化する論調（『東洋経済』90.4.7）が一般的だった。むしろ景気については，減速しつつ拡大を続けており，望ましい方向（『日銀月報』90.1）としており，引締めの副作用を心配する意見（『東洋経済』加藤雅90.3.10）や機動的財政金融政策を主張する意見（『朝日』社説90.5.28）を抑えていた。人手不足の深刻化や地価上昇についての日銀の見解（『日銀月報』90.1），地価高騰の地方へのいちだんの波及などが引締め続行を正当化する論拠になっていたと言える。一方では，東京の土地に対する過大需要論（『東洋経済』長谷川徳之輔・伊豆宏90.4.21），逆に地価再騰を懸念する向きなど錯綜した議論が続いた。秋口に入っても利回りから見ても地価は暴落必至（『ダイヤモンド』フェルドスタイン90.9.1），経済力の反映であり心配ない（『東洋経済』金森久雄90.9.15）など，地価論争は年末の土地保有税是非論（『東洋経済』野口悠紀雄90.12.8）まで続いた。この間，秋口から不動産の売り物が増加してきたことが報じられた。

　景気に関しては，人手不足による物価騰貴の懸念（『読売』社説90.7.24）が示されたが，景気減速によりホームメイド・インフレの懸念はない（『東洋経済』鈴木淑夫90.9.29），逆に円・株・債券のトリプル安による景気後退の懸念もなく（『日銀月報』90.10），景気は内需を中心に堅調に推移していることが確認された。

年末には土地融資総量規制が実施され，ノンバンクに対する融資についても調査が開始されたが，「遅すぎる」（『朝日』社説90.12.14）との声が多かった。

株価は年初来暴落し，地価についても地方への波及は依然続いているものの，地方での需要の底は浅く土地需給についても頂上感が強まってきた。資産価格のピークアウト感に対し，実体経済のほうは堅調に推移しているとの見方が強く（結果的に循環日付による景気の山は1991年2月），このズレが逆にバブルを延命させ，危機意識の芽生えを遅らせることになったと言える。また，爛熟期においてはバブル現象についてのネガティヴな論評が尻上がりに増加しており，国民の関心の高まりも内容的にはこれを積極的に捉えようとするものと否定的なものとが徐々に混在するようになってきたことが窺える。

2　心理要因計量化の試み

20世紀末バブルの形成期における心理要因の動きは新聞におけるキーワードの出現頻度で表現できるとしても，はたしてこれでバブルの発生をどこまで説明したことになるであろうか。それを検討する前に，ここではまず心理要因がバブル現象にどのように作用するかを見ておこう。

（1）バブル発生のメカニズム

心理要因はこれまで説明したように，潜在期には露出度は低いのであるが，ある程度を過ぎると急速に拡大し，その余勢を駆って一気に蔓延する。では20世紀末バブルにおいて心理要因が経済活動にどのように作用したのだろうか。前項の説明のために収集した新聞記事のなかからバブルについての心理要因を具体的に整理してみると，表4-1のようになる。

まず個人面で見ると，金融自由化，高金利商品開発による高利回り志向，リスク商品の価格上昇期待，所得増加・資産値上がりを受けて節税・相続対策などが関心の的となり，レジャー，海外旅行など一段上の豊かさを求めることが流行現象となった。

一方，企業サイドで経営者層に影響を与えていたと思われるキーワードとしては，日本的経営への自信，資産の含み益・資産の有効活用経営，多角化，財テク，エクイティファイナンス・株式持ち合い，等があげられる[27]。

これらが渾然一体となって，社会全体としては20世紀末バブル初期に存在し

表 4-1 20世紀末バブルにおける心理要因

個人的要因	企業内要因	社会的要因
金利自由化―高利回り 株価・地価上昇期待 節税対策・リースマンション 相続対策 夢・リッチな生活（海外旅行，レジャー，会員権，奢侈品）	日本的経営 含み経営・資産の有効活用 多角化・M&A 財テク エクイティファイナンス・株式持合い 人手不足・厚生施設の充実	漠然とした期待感 総中流意識，小金持ち みんなやっている，儲かる 乗遅れの恐怖・心理的不協和の解消 リスク観念の欠落

ていた漠然とした期待に加え，総中流意識がベースになって，みんなうまくやっている，乗遅れの恐怖から市場に参加する，といった個体の欲求が集合し相互作用を及ぼしつつバブル的な心理が膨張していくことになる。

　これらを経済行為としてみれば，個人・企業サイドがミクロ，社会的側面がマクロ的現象に対応しており，時間的観点から見れば，短期的要因としてはNTT株，マネーゲーム，土地転がしといった一時的流行，長期的要因としては，株神話，土地神話など長期にわたって国民の潜在意識として定着してきたものといった区分けも考えられるが，バブル発生のベースとしては長期的要因の作用が大きいといえる。

　これらの作用するプロセスは図4-4に示したとおり，初動要因は需給関係に発するもので，個人については，貯蓄は当初大半が元本保証型ながら高利回りの自由金利預金や生命保険に向かっていたが，さらに高利回りを求めてリスクの高い投資信託，一部は直接株式にもシフトした。一方，土地についても地上げの結果手に入った土地売却代わり金で代替地を手当てするところまでは実需に近いとしても，所有土地の値上がりによる相続税対策としての，さらには節税目的の不動産投資，一部には値上がり狙いの投機と心理的な期待の拡大に依存する部分が増大していった。

　法人についても，企業で発生した余裕資金の運用については個人と同様のプロセスをたどるが，ハイリスク商品へのシフトは相対的に早く，また東京のオフィスビル需給逼迫に端を発して新規参入も含めた不動産業では積極的な不動

27）　銀行における心理要因については第5章で検討する。

図 4-4　バブル発生のメカニズム

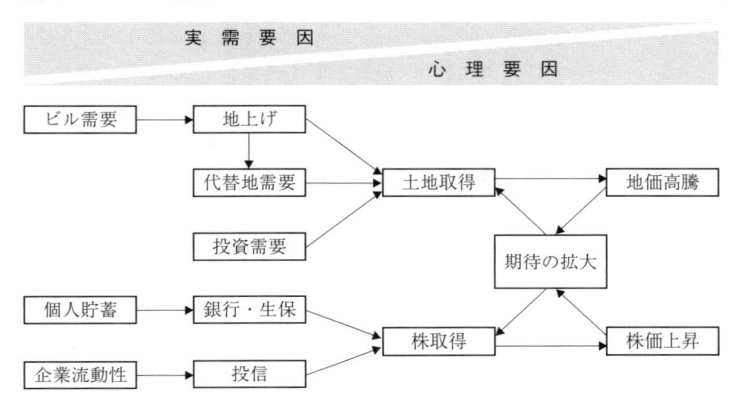

```
     実 需 要 因
                          心 理 要 因

 ビル需要 ──→ 地上げ
             ↓
          代替地需要 ──→ 土地取得 ──→ 地価高騰
             ↑          ↑
          投資需要      期待の拡大
                        ↓
 個人貯蓄 ──→ 銀行・生保
             ↓
             株取得 ──→ 株価上昇
             ↑
 企業流動性 ──→ 投信
```

産投資が展開され，さらにはリゾート・レジャー関連投資にまで及び，徐々に投機色を強めていった。

これを前節におけるバブル進行の3段階に当てはめると，明確な対応関係があるわけではないが，潜伏期は需給関係から実需にいたる段階の色合いが濃く，爛熟期は上昇からさらに期待が拡大して投機にいたる段階で，昂進期がその中間ということになろう。

これらの過程を通じて心理要因が媒介，触媒の作用を果たしており，プロセスの進行とともに生物触媒のように量は自己増殖してフィードバック・ループに近い無限拡大循環の状況，ガルブレイスの言う「陶酔的熱病」の状態を現出していったといえる。

もうひとつ心理的要因との関係で，資産価格の上昇が心理的な効果を通じて消費や投資に与える影響がある。

消費に対するバブルの影響について，小川一夫・北坂真一は，「株式価格の変動が流動資産の変化を通じて，その水準に影響を及ぼしている。住宅支出については，株価のみならず地価の変動も影響を及ぼす重要な変数である」[28]という。しかしながら『経済白書』[29]では，金融資産の家計消費最終支出に対す

---

28)　小川一夫・北坂真一『資産市場と景気変動　現代日本経済の実証分析』日本経済新聞社，1998年，249頁。

る弾性値は近時上昇する傾向にあり，実質資産残高，特に実質正味金融資産の説明力が高いことも示すが，必ずしも説明変数に株式を加えたケースのほうが高いというわけでもなく，さらに「ライフサイクル仮説では資産は収益還元価格で評価されると考えており，ファンダメンタルズを反映する以上に，上昇した〈バブル〉的な部分は富効果を持たないかもしれない」と厳密にバブル部分を規定したうえでの影響の観測には消極的である。

設備投資に対する資産効果については，岡部光明[30]のような肯定論もあるが，小川・北坂は計量分析の結果，「1980年代後半の株価上昇において，ファンダメンタルズから乖離した部分が投資の増加を通じて景気にプラスの影響を与えることはなく，むしろそれは景気に悪影響を与えた。他方，地価の上昇は担保としての土地の資産価値を高め，投資増加を通じて景気にプラスの影響をもたらした。しかし，地価の影響はむしろ不況期に強く，1990年代に入ってからの不況期には逆に地価の下落が土地の担保価値の低下を通じて不況をいっそう深刻化させたと考えられる」[31]としている。『経済白書』[32]でも，1980年代後半に特に顕著となった株価の上昇が設備投資を刺激する「トービン効果」は考えられるとしつつも，全体として設備投資過剰にはつながらず，それによる調達のかなりの部分が流動性の積み増しに充てられた，とバブル的な株価・地価上昇の設備投資に対する影響については否定的である。

(2) 心理要因計量化の試み

そこで心理要因が具体的のどのような形でバブル現象に反映されているか検討しておきたい。

まず土地に関してはバブル現象が反映される代表的なものは地価である。6大都市商業地の平均地価指数（2000年3月末＝100）を被説明変数（y_{1t}），この

---

[29] 内閣府『平成元年度年次経済報告』（『エコノミスト』1989年8月21日），316頁。同『平成2年度年次経済報告』（『エコノミスト』1990年8月20日），135頁。同『平成3年度年次経済報告』（『エコノミスト』1991年8月26日），219頁。同『平成4年度年次経済報告』（『エコノミスト』1992年8月31日），217頁。

[30] 岡部光明『環境変化と日本の金融』日本経済評論社，1999年，148頁。

[31] 小川・北坂，前掲書，189頁。

[32] 内閣府『平成元年度年次経済報告』（前掲），319頁。同『平成3年度年次経済報告』（前掲），221-223頁。

ファンダメンタルな説明変数（x_{1t}）として全国の事務室実質賃料（差し入れ保証金の金利負担を勘案したもの）を用いてバブル形成期である1981〜91年についての回帰式を求めると，

$$y_{1t} = -382.55 + 0.116034 x_{1t} + e_t$$
　　　　$(-7.647797)\ (12.82997)$

　　　$R^2 = 0.942399,\ s = 39.74913,\ d = 1.096276,\ 計測期間：1981〜91$

となり，これを図示したものが図4-5である。バブルの爛熟期には回帰直線から若干の上ブレが見られるが，この変数だけでもかなり説明力は高い。これに，キーワードのうち出現頻度の高い「地価高騰」を説明変数（z_{1t}）として加えると，

$$y_{1t} = -296.503 + 0.092681 x_{1t} + 0.052511 z_{1t} + e_t$$
　　　　$(-5.68311)\ (7.935279)\ \ (2.528891)$

　　　$R^2 = 0.963988,\ S = 31.42958,\ d = 0.826855,\ 計測期間：1981〜91$

となり説明変数が増えたこともあるが，心理要因を説明ファクターに加えたことによりバブル期の上方乖離をある程度説明できるといえよう。

　では株価についてはどうか。日経平均株価を被説明変数（y_{2t}）にとり，ファンダメンタル要因として1株当たり利益（x_{2t}）を説明変数とした回帰式を求めると，

$$y_{2t} = -13122.1 + 1464.7 x_{2t} + e_t$$
　　　　$(-1.709648)\ (4.208941)$

　　　$R^2 = 0.625681,\ s = 5902.91,\ d = 0.817411,\ 計測期間：1981〜91$

と説明力は若干低い。これは図4-5に明らかなように，バブル期4年間の株価の上方乖離が大きかったことによるものである。これは，現実の株価形成には複雑な要因が絡み合っており，変化のスピードも早いという本質的な問題があるが，特に心理要因によるところも大きいと思われる。ちなみにキーワードで出現頻度が高い「財テク」を説明変数（z_{2t}）として加えると，

$$y_{2t} = -9275.55 + 1033.54 x_{2t} + 8.15622 z_{2t} + e_t$$
　　　　$(-2.571759)\ (5.842710)\ (5.844849)$

　　　$R^2 = 0.920098,\ s = 2727.254,\ d = 2.102023,\ 計測期間：1981〜91$

と説明力は大幅に改善される。この時期の異常な株価形成については心理要因

図 4-5 地価・株価(y)と説明変数(x)の分布・回帰式

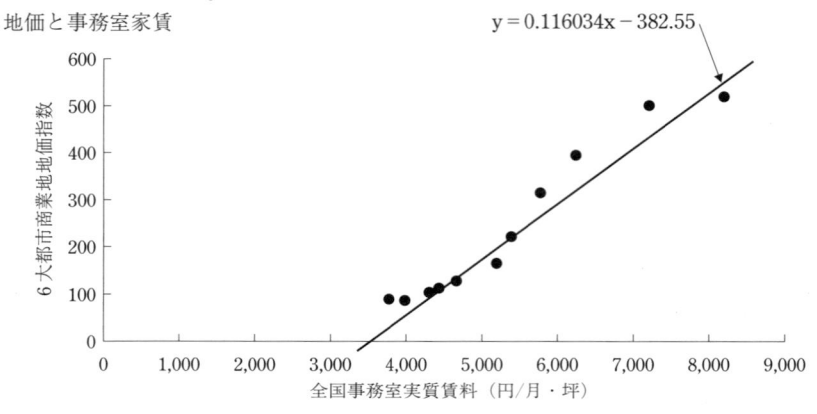

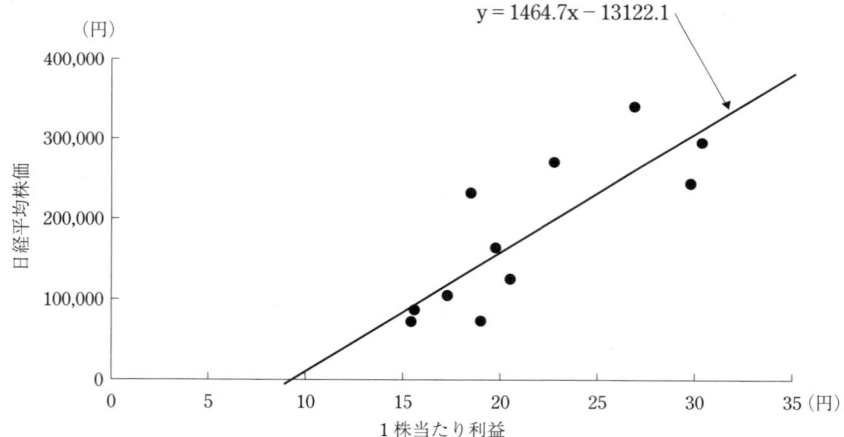

地価と事務室家賃

$y = 0.116034x - 382.55$

（縦軸：6大都市商業地地価指数、横軸：全国事務室実質賃料（円/月・坪））

株価と1株当たり利益

$y = 1464.7x - 13122.1$

（縦軸：日経平均株価（円）、横軸：1株当たり利益（円））

（資料出所）　地価：日本不動産研究所『六大都市市街地価格指数：商業地』
　　　　　　　家賃：日本ビルヂング協会連合会『全国事務室実質賃料推移』
　　　　　　　株価：日本経済新聞『日経225種平均株価』
　　　　　　　1株当たり利益：東京証券取引所『東証統計年報』

だけでなく，これに似たような動きを示す有意なデータがあれば説明力を上げることは可能である。しかし，①心理要因については感覚的な納得性が高いことに加えて，それが投影されたキーワードの出現状況を統計データとした場合でも地価，株価上昇の説明要因として否定されることはなかったし，②特にバ

ブル期の1988〜89年における価格の上方乖離については心理要因を入れることで説明力が増した[33]。

このように，資産価格上昇の最盛期には，心理要因が触媒となって資産投資を促進し，互いに作用・反作用を繰り返しつつ螺旋的上昇をたどった可能性が高く，政策運営でも資産価格に対する監視は当然のこととして，早めに心理要因との連関性を遮断することが必要となろう。

補論　経済変動と心理要因の系譜

1　景気循環と心理

経済活動が人間の営みである以上，その行動の裏づけとして心理が存在することは言うまでもない。心理要因の存在を垣間見ることができるのは人間が具体的な行動を起こしたときであり，その意味で経済行動のうちでも問題となるのは動学的側面においてである。いずれにせよ，古くから経済を論ずる人たちは人間の心理の動きを当然の前提としてきた。マルクスは，『資本論』第3巻第5編の第30章から32章にわたる「貨幣資本と現実資本」のなかで，信用の過度の拡大から恐慌に至るプロセスを論じ，そこに投機という高度に心理的な要因が存在することを指摘している[34]。ヒルファーディングもまた，『金融資本論』第4篇第18章「景気の経過における信用関係」において信用拡大に投機が大きく寄与することを述べている[35]。しかし，ここではいずれも心理要因は投機という行為の背後に隠れており，両者において検討された信用論・恐慌論も資本主義体制における信用と実物資本の動学的分析に焦点が当てられている。

その意味で，不完全ながら経済変動における心理要因について陽表的に取り

---

33) 念のため，それぞれの集計区間を細分化して，標本数を地価24，株価21としたうえで各データの対前期比増減額について同様の回帰分析を行った結果でも，説明力が若干見劣りはするが相関関係は否定されず，心理要因を加えたことによる説明力の向上も確保された。

34) Marx, Karl H., *Das Kapital: Kritik der politischen Ökonomie*, 資本論翻訳委員会訳『資本論』新日本出版社版，第11分冊。

35) Hilferding, Rudolf, *Das Finanzkapital: Eine Studie über die jüngste Entwicklung des Kapitalismus*, Verlag der Wiener Volksbuchhandlung Igvaz Brand & Co., 1910, S. 331-350. 岡崎次郎訳『金融資本論』岩波書店，1955年。

扱った最初の一人はミッチェルと言える。彼は,『景気循環』第3部第10章（邦訳第1章）「好況の累積」において,「事業楽観主義の発展」と題して,

- 「活動の拡散は……企業の積極的な指導なり,貸付の供給なりにたずさわるすべの人々の計算に楽観主義的なバイアスを生み出すことによっても進行する」,
- 「景気回復の最初の受益者たちが,景気の展望についてご機嫌な気持ちをくりひろげると,彼らが感染の中心となって伝染性感染症がはやりだす」,
- 「この感情の成長は……商品の発注高の増大と同じように……累積的であるだけに,この感情をあてにしてよいという理由はますます強くなる。新しい事業化集団が楽観主義に感染すると,今度は彼らのふるまい,語り口,活動が,彼らを改宗させた事業家たちの確信を深め……確信の感情はそれが拡がるにつれていっそう強くなる」,

と述べ[36],さらに「商品価格の上昇」では,

- 「将来商品価格が上昇するという予想は,現在の価格上昇が需要を縮小させるのを防ぐばかりでなく,価格水準が上昇しているにもかかわらず,実際に需要を増大させる」[37],

さらに,「事業均衡」では,

- 「発展全体の著しい特徴は,次々と生ずる効果のおのおのがそれを生み出した原因に反作用してこれを強めること,その結果,好況に向かっての運動は,まさにこの運動が進行するにつれて,ますます弾みをつけてゆくということである」,
- 「価格水準の上昇は,そもそも価格上昇を出発させた事業の拡大を促進する。取引拡大と価格上昇の進行とは,一緒になって,両者によって利益を得る人々を楽観主義者に変える。楽観主義への改宗がおこなわれるたびに新しい改宗者が生まれる。後者は前者の確信を強める」[38],

と集団心理の高まりを描写している。この背景には,ミッチェルが利潤獲得動

---

36) Mitchell, Wesley C., *Business Cycles and Their Causes*, Burt Franklin, 1970 (1st ed. 1913), p. 455. 種瀬茂・松石勝彦・平井規之訳『景気循環』新評論, 1972年。
37) *Ibid.*, p. 460.
38) *Ibid.*, p. 472.

機こそ景気循環運動を規定する最大の要因で，景気循環は優れて金銭的・貨幣的現象であるとしていること，すなわち，「上述の景気循環理論は主として経済活動の金銭的局面に関連している。……しかし経常的生産物の物的な量の拡大も縮小もそれに対応した金銭的価値の拡大と縮小ほどには大きくない」[39]と貨幣的価値が物的価値から乖離することを指摘している。その意味で心理的要因との親和性は高いといえる。

さらに，心理要因は景気循環の原因となるものではなく，景気上昇につれて徐々に高まり上昇をさらに増幅させる働きを持つとするプロセス論の立場をとっており，そのプロセスは病気の感染と同様，効果が累積していく累積的プロセスをとることを想定している。

一方，景気の下降過程については，上昇過程が行過ぎたことによりストレスが限界に達し，信用不安をきっかけに発生する恐慌を経てだらだらとした下降過程に入るもので，ある意味では景気過熱の必然的結果であるとする。通常の下降過程では心理要因はほとんど働くことはなく，上昇過程とは非対称的な働き方になると見ているものと思われる。

ここでは，心理要因自体は単に景気循環の増幅要因として観念的に捉えられているだけで，具体的にそれがどのようなものか，どのように作用するのか，その強さをどのように判定するのか等々，内容的には不十分な点が多いが，心理要因を景気循環の説明変数として取り込んだ点は評価されるべきだろう。

これに対してピグーは，投資に対する期待収益の変動要因は，実物要因，心理要因，自律的貨幣要因に分けられるとする。実物要因は実物的な産業状態のなかで起こった変化からなっており，これらに根ざす期待は現実の目に見える期待である。一方，心理要因は人の心構えのなかに起こる変化である。したがって同じ事実に対しても，つねに同じ判断をくだすことはない。しかも定常的な状態，すなわち反復的運動のなかでは，実物的要因による期待の変化は存在しないが，心理要因については存在する。しかし，現実の世界ではこの二つの要因が混在しており，実物要因が心理要因に働きかけ（たとえば，繁栄が将

---

39) *Ibid.*, p. 596.

来をむやみに楽観視させるような），逆もありうるとする[40]。さらに，見込み生産のもとでは需要の予測は不可避で，この結果産業変動の要因として心理要因が実物要因から区別されるようになる。産業を支配する人々のビジネスの見込みについての過度の楽観や悲観を引き起こすような心のありようの変化である[41]。しかも，楽観，悲観はそれぞれ独立したものではなく，一方は他方を惹起する。ある楽観的誤謬が広まり生産過剰が発生するとその処分は損失をもたらし，そのことが将来に対する自信喪失を蔓延させ，楽観的誤謬が悲観的誤謬を生む。楽観が終わった後の悲観への激変の程度は，先立つ楽観の規模に依存し，その限度は見つかった誤謬が爆発して発生する破産の数と規模による。現実には破産は少なく事業が消滅することはないが，経営者を萎縮させるには十分で，高度に発達した信用制度は危険をもたらすと指摘する[42]。これは上昇期の融資拡大と下降期の信用収縮を指したもので，これを是正するような中央銀行の整備をピグーは提言している。ピグーは産業変動の要因としての心理要因について章を設けて論じている。ただし，ミッチェルとは異なり，見通しの誤謬に影響を与える楽観と悲観という二極対立的概念の交代という見解を提示するが，それが産業変動に作用する具体的なプロセスについてはあまり論及されていない。

　ケインズは，『雇用・利子および貨幣の一般理論』において，「期待」概念をモデル中に積極的に取り入れた。彼はこれを短期期待と長期期待に分けるが，前者は企業家の生産水準決定のための需要，価格についての期待で，従来の静的均衡成立の暗黙の前提と見なされてきたものといってよい。これに対し後者は投資決定の際の予想収益を意味し，ここでも見通しが不透明であるだけに，「通常暗黙のうちに一致して，慣行（convention）に頼っている」のであるが，たとえば，①情報の不完全性，②一過性の変動，③意表をつく変動，④変化を先取りしようとする投機家の存在，⑤信用状態の変化，等に遭遇することで不安定性を増し，証券投資市場が整備されるに従い，投機が増大する危険を指摘

---

40)　Pigou, A. C., *Industrial Fluctuations*, 2nd ed., Macmillan, 1929, p. 36.
41)　*Ibid.*, p. 72.
42)　*Ibid.*, p. 94–96.

している[43]。

　さらに覚え書の形で，景気循環は資本の限界効率の変動により引き起こされるが，その限界効率は資本財の将来の収益に対する期待にも依存しており，その期待自体の基礎はきわめてあやふやで急速かつ激甚な変化にさらされており，景気循環において，「期待」すなわち心理的要因が大きな役割を果たすことも示唆している[44]。しかしながら，その後これ以上の分析がなされなかったため，心理要因についてのさらなる展開はなく，別の形の解釈が一般化することになった。

2　心理増幅のプロセス

　『雇用・利子および貨幣の一般理論』で展開されたケインズの意図は，その後新古典派によって歪められており，金融の役割およびその背後にある心理要因を重視すべきであるとしたのがミンスキーである[45]。「ミンスキー仮説」の特色は，実物市場均衡の不安定性が外部負債の導入によりさらに増幅されるとするところにある。

　まず，金融の介入がない場合の，実物資本（投資財）の価格は，貨幣量や既存の債務返済約定が安定的なら，それがもたらす予想収益の流列で決まると考えられ，需要価格（K）の水準は，市場評価により投資量に対しては一定とする。それに見合う供給価格（P）は，競争的市場では一定の生産水準までは安定的な価格で供給され，それを越えると限界コスト上昇にともなって逓増し，両者の交点が均衡点となるが，投資財価格に予想収益の流列を含むことで不安定性を有する[46]。

　ところで，企業の資金調達については，配当・納税・借入約定返済後の予想総利潤の流列の現在価値は実物資本の時価（＝実物資本額＝投資財価格×投

43）　Keynes, John M., *The General Theory of Employment, Interest and Money*, Macmillan, 1930, pp. 158–159. 塩野谷祐一訳『雇用・利子および貨幣の一般理論』東洋経済新報社，1995年。
44）　*Ibid.*, p. 315.
45）　Minsky, Hyman P., *John Maynard Keynes*, Columbia Univ. Press, 1975. 堀内昭義訳『ケインズ理論とは何か　市場経済の金融的不安定性』岩波書店，1988年。
46）　*Ibid.*, p. 105.

図 4-6　実物市場均衡と心理要因

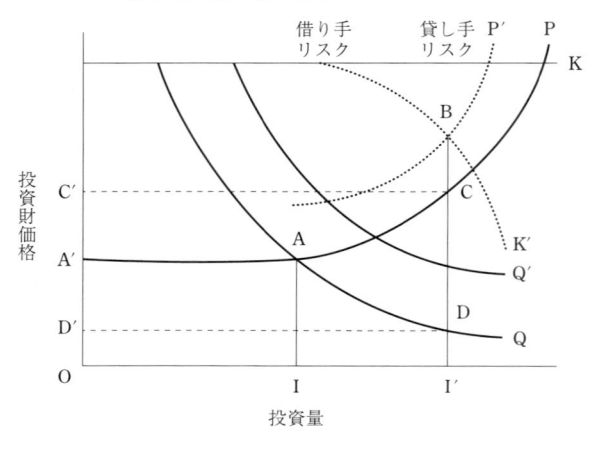

量）に見合っており，投資財価格を縦軸，投資量を横軸とすると，直角双曲線の予想収益曲線（Q）を描くことができ，この上での価格・投資量の組み合わせであれば全額自己資金（予想収益流列の現在価値）で投資することが可能である。しかし，これを上回る投資を行おうとすれば，その投資額のうち自己資金部分を上回る投資額は外部借入（将来の債務返済流列の現在価値）に依存することになる。

　その場合，需要者（借り手）の立場は，適正規模を超えたり，借入依存度の高い投資には消極的で，投資量が増えるに従い需要価格設定に弱気になる心理要因が働くため，需要曲線（K）はある地点から下方へ湾曲する（K'）。一方供給価格（P）は投資額が自己資金の範囲を超えると，生産者がその売却提示額を，本来の価格に加えてリスク料として一定部分を上乗せする心理要因が働き，投資額が大きくなるほど増大し，提示する供給価格は上昇（供給価格線 P はある地点から上方へシフト）する（P'）。したがって現実の投資財価格・投資量はこの二つの想定上のリスク曲線の交点で決まるとミンスキーは心理要因の作用を強調する[47]。

　これをグラフ化したものが図 4-6 で，投資水準が I であれば，供給価格が AI で，A は予想収益曲線上にあるので投資額（AA'OI）は全額自己資金でまかなえる。しかし，投資量が I を超えたあたりから，右下がりの借り手リスク曲線 K' と右上がりの貸し手リスク曲線 P' が想定され，現実の投資はこの交点 B に見合った投資水準 I' で決定され，それに見合う供給価格は CI' となると考えら

---

[47]　*Ibid.*, p. 110.

れる。この場合，想定される投資額（CC'OI'）のうち，自己資金は（DD'OI'）にすぎず残額（CC'DD'）は外部借入に依存することになる。しかし，IからI'に投資を増額したことにより追加的な（収益―返済）流列の増加が生まれ，Q流列がQ'流列にシフトすると考えられるので，自己資金調達額は増加し外部借入依存度は低下することになる。

　いずれにしろ予想収益流列を前提とする価格に基づく投資財の需要曲線（K），供給曲線（P）に不安定要因を抱えるうえに，借り手リスク，貸し手リスクは主観的部分が大きく，この変動次第で外部借入額，さらに金融市場の動向次第で投資額自体も大きく変動する。特にブーム期には企業は借入依存度を高め，企業と銀行が楽観的になるにつれて借り手リスク曲線，貸し手リスク曲線とも右方にシフトするが，これに続く負債デフレ期には借入リスクは大きく上昇して投資水準は自己調達曲線（Q）を下回る水準にまで低下する。しかもこの心理状態はケインズが述べたとおり慣行に左右されやすいので，不安定性が増幅されやすいことを示唆している。特にミンスキーは，1960年代半ばの米国の投資ブームでは，結果として負債比率が上昇して金融システムを脆弱化させ，相次ぐ米国の金融混乱（1966年，1969～70年，1974～75年，1979～80年，1982年，1984～85年）を招いたと指摘している[48]。

　この「ミンスキー仮説」は，過剰蓄積の後の金融システムの脆弱性を心理要因を用いて説明する点では説得的であるが，実証という点ではもうひとつ具体性を欠く。特に金融に重点が置かれすぎており実体経済の不安定性についての検討が手薄であること，金融に関しても金融市場のメカニズム（たとえば中央銀行の役割）が含まれていない，心理要因の定式化ももうひとつ明示性を欠く，などの問題点が指摘され，マルクス学派の立場からこれを再構成[49]しようとす

---

48) *Ibid.*, pp. 166-167. 米国の金融混乱とその後の理論的発展については，Minsky, Hyman P., *Stabilizing an Unstable Economy*, Yale Univ. Press, 1986. 吉野紀・浅田統一郎・内田和男訳『金融不安定性の経済学 歴史・理論・政策』多賀出版，1989。萩原伸次郎『世界経済と企業行動 現代アメリカ経済分析序説』大月書店，2005年も参照。

49) たとえば，野口真「金融脆弱性の理論と現代の金融危機」SGCIME編『マルクス経済学の現代的課題第Ⅰ集第5巻 金融システムの変容と危機』御茶の水書房，2004年，所収。鍋島直樹「金融危機の政治経済学――ポストケインズ派とネオマルクス派の視角」青木達彦編『金融脆弱性と不安定性 バブルの金融ダイナミズム』日本評論社，1995年，所収。

る試みもなされている。しかしながら，従来実物的な分析に偏りすぎていた新古典派総合，マルクス学派双方に対して，金融要因，心理要因の存在を提示したことの意味は大きいといえよう。

　ケインズが経済行動における心理要因の根源として指摘した「慣行」についてさらに発展させ，金融化傾向の強まる現代経済を解明しようと試みたのがレギュラシオン学派の A. オルレアン[50]である。彼はまず，ケインズの美人投票の話を引き合いに出して，投資行動を規定する三つのタイプには合理性があることを指摘する。この場合，入賞者を予測するのに，①合理的基準に基づいて予測する「ファンダメンタル主義的合理性」，②誰が最も票を集めそうかを予測する「戦略的合理性」，③票を集めるであろうと最も多くの人が判断する人を予測する「自己言及的合理性」，の三つのプロセスが想定されるが，①は独断にすぎ，②は全員がこの行動をとると予測が分散して成功する可能性は低い。ケインズが最初に分析した自己言及的合理性は，「他者が平均的意見について抱く意見」についての意見，さらにその先，と高次元の意見を予測すること（「鏡面のプロセス」）ができる金融市場に独特な「投機的戦略」である[51]。これが可能となる実証例としてあげられているのが二人が独自に出した数字や文字の一致を競う純粋協調ゲームで，協調に成功すると賞品が出る場合，成功率が高くなる。これは自己言及的合理性が働くためと考えられ，特に「1」や「2008（今年）」など数字や暦年において顕著である（「シェリングの標識」と呼ばれる）。また，「今日の日付」とか男の子の名前なら「太郎」といったような日付や人名も成功率が高いが，これはむしろ「型どおりの選択（ステレオタイプ）」といえる。さらに，模倣は自己言及的合理性の核心であり，前述のゲームを繰り返し行い結果を公表すれば，多数選択の模倣が起こり，たちまち

---

50) Orlean, Andre, *LE POUVOIR DE LA FINANCE*, Editions Odile Jacob, 1999. 坂口明義・清水和巳訳『金融の権力』藤原書店，2001年。
51) 同上書，邦訳89頁。この関係を段階的に捉えれば次のようになろう。すなわちファンダメンタル主義的合理性は投票者が直接対象（美人）を比較検討して投票するもの，戦略的合理性はその投票結果を予測して投票するもの，自己言及的合理性はその際のほかの投票者の判断を予測して投票するものといえる。この段階には参加者全員の期待が集約されたものと言え，心理要因として大きな起動力を持ちうる。

満場一致となる。この均衡状態をオルレアンは「コンベンション（共有信念）」と呼ぶ。金融機能がこの原理に従っていることを最初に気づいたのはケインズで，「利子率は高度に心理的な現象であるよりもむしろ高度に慣行的（コンベンショナル）な現象である」とした。ひとつの共有信念（コンベンション）が現れると，諸主体はもっぱら共有信念に注意を向けるようになり，株の取引には高度の連続性と安定性がもたらされる。やがてこれが正統化されて，客観的評価モデルを共有し，ファンダメンタル主義的合理性と自己言及的合理性を区別するこができなくなる[52]。

しかし，戦略的投機家は共有信念の強さにつき，絶えずテストを試みようとするわけで，「懐疑的ファンダメンタル主義者」は共有信念が権威づける解釈や価格が変化する方向へと賭けたがり，「反抗的投機家」は，ソロスのように，市場はつねに間違っているとして反対のポジションをとる。これらによる撹乱で「過剰な変動性」が高まると，集団的認知装置の効率性は低下し，個々人が戦略的態度を採用，純粋な自己言及性が復活する。この過程で極端な模倣主義は反動的に極端な弱気をもたらしやすく，市場外の拠り所（金融当局など）が中心的な役割を果たすこともある。共有信念安定の局面ではリスクが一般に過小評価され，戦略的問い直しの局面では「収益─リスク」関係の予測が改善される[53]とする。

オルレアンは，これを1987年10月の株価大暴落に当てはめ，強気相場がその前3日連続の大幅な下落に続いて10月19日，1日で史上最大の暴落となったのは，投資家に1929年の大暴落というステレオタイプの解釈が念頭に浮かんだことで，「強気相場のコンベンション」が問い直され，売りの殺到につながったとする。この「強気相場のコンベンション」には，より強力で，連続的な同意を呼び起こす，むしろ共有信念の「正統性」と呼ぶべき解釈コンベンションが必要となる。たとえばインターネット株ブーム時における「未来のシナリオ」，メキシコ・アジア投資ブームの際の「新興市場」，「アジアの奇跡」等々。また，コンベンションが永続するためには，金融のダイナミクスが強力な自己強化メ

---

52) 同上書，邦訳103頁。
53) 同上書，邦訳112頁。

カニズムを生んで，経済的制約を隠蔽し，共有信念に基づく期待を補強する必要があるわけで，危機以前においてコンベンション理論は，①経済主体は自分の期待を維持しようとする，②価格は客観的状況に対応したリスク・プレミアムを織り込もうとはしない，とする。

このようにオルレアンのコンベンション理論は，共有信念は自己言及性に端を発するが，共有化され，ファンダメタルズにより正統化された後は勢力を増すにつれて，純粋性・排他性を強め，不信の増大により崩壊するというプロセスをたどる。金融の世界ではつねに発生しうる社会心理現象としての位置づけで，現象の解釈のツールとしてはそれなりの説得力を持つが，理論的展開性，さらにレギュラシオン理論における位置づけや，実体経済との関係，具体的な発生の条件など検討の余地がある。

3 バブルと心理要因

歴史的研究をとおして，経済変動のなかからバブル現象だけを取り上げてそこに心理要因の存在の大きさを指摘したのはガルブレイスとキンドルバーガー[54]である。これまでも心理要因が働くと説明されてきた経済変動については，ミッチェルのように循環を強く意識する立場もあれば，それほどでもない場合もあり，変動という現象もマクロ経済全体を観察対象とする場合もあれば，限定的な局面に目を向けるケースもある。さきにあげた二人も景気循環とバブルとを明確に区別しているわけではないが，ガルブレイスの場合は銀行券，証券，不動産，美術品，その他の資産および物品等に対する投機（ほとんどは景気過熱と同時に発生する）を指している[55]。キンドルバーガーは，「キチン・サイクル」，「ジュグラー・サイクル」，「クズネッツ・サイクル」，「コンドラチェフ・サイクル」の4種のサイクルが存在し，好況は一定の間隔をもって発

---

54) Kindleberger, C. P., *op. cit.*, Galbraith, J. K., *op. cit.* バブルの歴史についてはそのほかに，Chancellor, Edward, *Devil Take the Hindmost: A History of Financial Speculation*, Gillon Airken Associates Ltd., 1999. 山岡洋一訳『バブルの歴史 チューリップ恐慌からインターネット投機へ』日経BP社，2000年．Tvede, Lars, *Business Cycles: The Business Cycle Problem from John Law to Chaos Theory*, Academic Publishers, 1998. 赤羽隆夫訳『信用恐慌の謎 資本主義経済の落とし穴』ダイヤモンド社，1998年，を参照されたい。

55) Galbraith, *op. cit.*, p. 1.

生することには言及するが，これについての深入りは避け，合理的行動からかけ離れた利潤目的のための投機が「熱狂」とか「バブル」と呼ばれるものとしている。キンドルバーガーの場合も投機の対象は，一次産品，証券，売買契約書，土地・住宅・建物，外国為替などで，何が対象になるかは歴史的に変遷があったとして，過去のバブルと呼ばれた時期について投機対象商品を例示している。二人ともバブルは経済変動の一部であることは認識しつつも，景気の過熱（あるいは不況）とは別に，特定商品，資産の取引の過熱（あるいは暴落）をバブルとして切り分けて検討の対象としているところに特色があり，これは冒頭に述べたバブルについての筆者の認識と軌を一にする。

　では，現実の経済変動に対する判断のなかには，それがどのような形で現れているのか。1929年の大恐慌についての見解を見ると，ガルブレイスは，1929年の株式を中心とした投機が過熱し破綻していく過程を詳細かつ具体的に描写しているが，ブームが反転した理由とその後の不況が深刻化した原因をあげるに際して，「金利水準や金融の状態よりも，社会の全体的なムードがどのようなものであったかということのほうがはるかに重要」[56]であると，当時異様な心理状態があったことを指摘する。そのうえで，ブーム反転の理由としては，資本財の購入が減少したことによる総需要の低下をあげ，バブル崩壊後の不況が深刻化した構造的要因として，①所得分配の不平等と高額所得者による消費への依存，②持株会社，投資信託による株式取引の過度の膨張，③銀行制度の不備，④米国の債権国化と周辺国の外貨不足，⑤財政均衡論の跋扈など経済研究分野における知的貧困，等をあげている[57]。

　一方，キンドルバーガーも1929年の大恐慌について，「このブームは印象的なものではあったが，おそらく株式市場投機を除けば熱狂的ではなかった」[58]として，ブームのピーク時の賃金，物価など実体経済面の過熱はさほど大きなものではなかったことを指摘する。そのうえで，不況が深刻化した理由として

---

56) Galbraith, J. Kennneth, *The Great Crash 1929*, Houghton Mifflin, 1954, p. 169. 牧野昇監訳『ガルブレイスの大恐慌』徳間文庫，1998年。

57) *Ibid*., pp. 176–186.

58) Kindleberger, C. P. *The World in Depression 1929–1939*, Deutscher Taschenbuch Verlag, 1973, p. 61. 石崎昭彦・木村一朗訳『大不況下の世界 1929〜1939』東京大学出版会，1982年。

は，米国のスムート・ホーリー関税により国内産業の保護に乗り出したことは，周辺諸国の保護政策を誘発してますます市場を狭めたこと，国際的に景気調整的な貸付を行う機構が整備されていなかったことをあげる[59]。

このように，二人とも1929年のブームは，心理要因が強く働いた株式投機の過熱が最大の原因であり，経済活動全体で大きな過熱があったわけではないこと，ガルブレイスは国内的な構造要因に，キンドルバーガーは国際的な構造要因にウェイトをかけている違いはあるが，それまでに累積してきた国内外の構造的要因によりその後の不況が長期化，深刻化したことを共通認識としているといえるのではないか。

さらにその後，二人は1929年だけでなく過去のバブルについて検討したうえで，共通点として心理要因の存在とその展開のメカニズムを検討している。まずガルブレイスは，「陶酔的熱病のエピソードは，それに参加している人々の意思によって，彼らを富ましている状況を正当化するために，守られ，支えられる。またそれに対して疑いを表明する人を無視し，厄介者にし，非難する意思によっても，同様に防衛される」[60]のであり，「金融的熱狂の過ちが繰り返し起こるように仕向ける事情は，その作用する仕方に関するかぎり，1636～37年のチューリップ事件以来，なんら変わっていない」。「上昇が上昇を呼ぶ投機のエピソードが市場自体に内在しており，上昇の頂点で暴落が起こることについても，同じことが言える。このような考えは印象的に受け入れ難いものであるため，外部的な影響を見つける努力をすることになる」[61]としている。

これに対してキンドルバーガーは，ミンスキー・モデルを援用して，外生的なショックによる投機的なブームは通貨の供給量を増大する銀行信用の膨張によって促進される[62]。それがさらに多くの投資を刺激し，よりいっそうの所得の増加を生む正の（発散的な）フィードバックが展開，「陶酔状態」に到達する。このプロセスが発展すると「過剰取引」と呼ぶ状態が出現するとする。「〈熱狂〉という言葉は，現実性とか合理性とはまったくかけ離れた集団的な異

---

59) *Ibid.*, p. 305.
60) Galbraith, *A Short Story of Financial Euphoria, op. cit.*, p. 11.
61) *Ibid.*, p. 106.
62) Kindleberger, *Manias, Panics and Crashes, op. cit.*, pp. 14-15.

常興奮とか狂気に近いことを意味している」[63]。「熱狂と恐慌は時折不合理の蔓延あるいは群集心理と結びつく」。そして，「投機は，しばしば二つの段階に分かれて展開する。最初は冷静な投資の段階で，家計，企業，投資家，あるいはその他の主体は，異変に対してある限られた合理的なやり方で反応する。第二の段階では，元本の値上がりが中心的役割を演じる」[64]。「同時に金融構造の脆弱性を測るうえで，債務の質（正常なつなぎ金融か，投機的金融か，詐欺的金融か）の重要性を強調した点では，ミンスキーは正しかった」[65]とミンスキーを高く評価している。

　バブルとは特定の商品ないし資産に対する取引の過熱のことであり，このことに限定すれば心理要因の影響がきわめて大きいことは首肯できる。しかしながら，これらの取引においても通常は，需給関係，その背景となる景気動向，原料事情，長期的に見た資本蓄積の状態，社会構造やそれぞれについての「冷静な期待」（予測）によって決められている。しかし，なんらかの事情でいったんその取引が過熱状態に陥り，「熱い期待」が蔓延することになれば無限連鎖的な過熱状態が発生するのだが，そこでは心理要因の高まりが重要な役割を果たすことは否定できない。

---

63)　*Ibid.*, p. 23.
64)　*Ibid.*, pp. 26–28.
65)　*Ibid.*, p. 55.

第5章　制度要因：20世紀末バブルの原因（4）

　20世紀末バブル形成に社会環境を含めたいわゆる制度が大きく作用したとの考え方がある。とくに，第二次世界大戦後に確立したとされる「高度成長期経済システム」ないしそれが頂点に達した時期を冠していわれる「1975年体制」とその硬直化が，自由化，グローバル化，IT化など新しい外生変化への対応を遅らせたとする説の妥当性について検討する。

第1節　制度は経済活動にどのように影響するか

1　比較制度分析と蓄積の社会的構造（SSA）理論
（1）比較制度分析
　個人の経済活動を通じて制度が形成され，それが情報を通じて個人の経済活動に影響を与えるといったように，制度の意義を重視した理論はヴェブレンに始まり，コモンズ，ミッチェル等に引き継がれた。その後長らく，現実の経済分析の手法としては大きな位置を占めることはなかったが，近年ゲームの理論を導入することによって，はじめて制度の数学的な定式化が可能になり，新しい展開を始めている。青木昌彦を中心とするこれら「比較制度分析」の考え方に立ったり，影響を受けた人々は，その理論を20世紀の日本経済の実証分析に積極的に当てはめ，新しい視角を提示してきた。20世紀末バブルの形成と崩壊についての総括的な研究の初期の成果ともいえる『平成バブルの研究』[1]には，この立場から検討した論文が数多く見られる。
　そこで，まず「比較制度分析」の基本的枠組みを確認しておきたい。
　「一般均衡モデル」あるいは「新古典派経済学」では市場を通じて一般均衡が成立し，市場が失敗したときにだけ政府が登場する。その意味で，政府は「市場の代替物」である。これに対し「比較制度分析」では，「経済とは，制度

---

1) 村松岐夫・奥野正寛編『平成バブルの研究』上・下，東洋経済新報社，2002年。

や組織，あるいは慣習などの具体的な存在の集まりが，時間を通して相互作用を続けていく〈場〉ないし〈プロセス〉としての〈経済システム〉として考えるべきだ」[2]という問題意識から，「組織」とか「制度」は経済主体（プレイヤー）の相互連関活動の結果到達したナッシュ均衡であり，そこは双方に好都合で長期的に安定して継続的に成立する行動様式や主体間関係のパターンである，と定義される。これらは共通の規範，価値観，文化などの上に成立しているもので，それを受け入れることが有利であるという教育によって支えられるが，時代の変化とともに価値観も，したがって組織・制度も変化する。「新古典派経済学」のモデルは，制度・組織や価値規範・価値観は明示されず，資源・技術・嗜好も所与とされているために，経済システムが長期的にまったく変化しないときに社会がどのような長期的定常均衡状態に落ち着くかを分析しているにほかならない。これに対し「比較制度分析」の特色としては，①社会経済システムとは，それを構成する諸要素の相互関連の総体で，複数均衡を持ち，結果は多様であること，②制度としてそれを選択すること（たとえば，右側通行をする人が多数を占める場合には，他の人も右側通行を選択するなど）が有利となる戦略的補完性が働くためシステムの安定性があること，③さらに，ひとつのシステム内部のさまざまな制度が互いに補完的で，システム全体の安定性をさらに増すこと，すなわち「各人が経済システムを構成するさまざまな制度的枠組みの中でそれを支持する行動をとり続けている」[3]こと，④そのため，外部環境と蓄積された内部環境の変化とともに進化・変貌するダイナミズムを有してはいるが，経済システムには慣性があるためその動きは徐々で，初期状態により異なる経路をとる歴史的経路依存性があること，したがって経済システムの改革や計画経済から市場経済への移行にあたっては，ビッグバン型よりも漸進的改革のほうが望ましい理由があること，⑤帰結はパレート比較ができないため局所最適となっても，大域的な意味での最適ではない可能性があること，等の特徴が指摘[4]されている。このことから欧米の経済を下敷きとし

---

2) 奥野正寛「バブル経済とその破綻処理——〈1975年体制〉の視点から」同上書，上，30頁。
3) 青木昌彦・奥野正寛編著『経済システムの比較制度分析』東京大学出版会，1996年，325頁。

て構築されてきたこれまでの経済理論とは異なり，20世紀の日本経済をそれなりの合理性を持った経済として評価，分析することが可能になったといえる。

この理論を使って，従来日本型経済の特徴といわれてきたもののいくつかを分析しているので簡単に検討する。

雇用システム　日本的雇用システムの特色としてあげられるのは，長期雇用関係（終身雇用），年功賃金（個人の生産性は一定年齢で限界に達するため年功賃金は若年時は過小評価，年齢とともに過大評価となる）・昇進制度，組織（企業の情報構造の分権性と人事管理の集権制），一般技能よりも企業内でしか通用しない企業特殊技能の重視，などである。このうち基幹をなす年功賃金・昇進，長期雇用関係，企業特殊技能は相互依存関係[5]にある。すなわち年功賃金は企業側からは人質(ひとじち)効果，従業員側からは若年時の過小評価分を年齢とともに回収する賃金の「後払い」効果を通じて長期雇用を促進し，長期雇用は企業特殊技能の習得を可能にし，企業特殊技能は年功賃金の裏づけ（この際公正かつ集権的な人事評価が不可欠）となるからである。しかしこのことは日本的人事制度を採用する企業が圧倒的に多い場合に通用することで，仮に企業特殊技能でなく一般技能を重視して年功賃金を採用しない企業が過半数を占めることになれば，補完性は消滅して新しい均衡が成立しうる複数均衡である。

コーポレート・ガバナンス　第二次大戦後，財閥の個人への株式放出で株式の個人所有は1949年には70％まで上昇したが，株式市況低迷と法人の株式持ち合いの再開で，1970年代には30％台にまで低下した。この結果，不完全なコーポレート・コントロール市場と長期雇用慣行制度との補完性が実現した。株主側と労働者側の交渉では，新古典派の主張によれば株主側は利潤の最大化，労働者側は就業者・失業者を含めて１人当たりの効用の最大化を目指すべきところ，経営者に対して双対的コントロール権を持つ株主集団と労働者集団の間での交渉では，ナッシュ交渉解，すなわち労働者側は賃金を交渉が成立した場合とさらに高い水準に固執して一部に解雇が発生した場合との差を最大にする点で，反対に株主側は雇用量を高めの水準に設定して，双方で贈与交換を行う形

---

4)　同上書，2頁，326頁。
5)　同上書，130-135頁。

で妥結することになる[6)]とする。さらに，チーム生産を行う労働者側ではモラルハザード（ただ乗り）が発生する可能性があり，インセンティブとペナルティを決めてこれを防ぐ（「状態依存型ガバナンス」＝「さまざまな企業経営上の権利を，企業の財務状態に応じて移転させる統治形態」[7)]）必要があり，これを行うエージェント（モニター）が必要となるが，日本ではメインバンクがこれに該当する。その場合，モニターのインセンティブとしてレント（大きすぎても小さすぎてもいけない）が必要である。

　メインバンク・システム　メインバンク・システムをめぐって金融・情報・経営などの企業・銀行間関係，銀行間の相互関係，銀行・規制当局関係の三つの関係が存在する。また企業・銀行間関係では具体的に，貸出，決済口座，株式保有，社債発行，経営参加の五つの側面から，メインバンクは事前（貸出，起債），中間（決済口座，ただし1980年頃から決済資金の分散化が始まった），事後（状態依存型ガバナンス）にわたり結合されたモニタリングを行ってきた。モニターとしてのメインバンクの存在意義は状態依存型ガバナンス，総合的に委任されることによる費用の節約，潜在的には高収益を実現できる企業の救済，投資プロジェクトの調整，等で日本の企業システムとの制度的補完が成立している。ただし銀行はこれらの業務の引受けをコミットしているわけではないので銀行サイドに適当なレントの発生が不可欠である。レントとしては，預金金利の抑制，金融債発行権，参入制限・証券業務制限，支店開設許可，差別的貸出金利があげられる[8)]が，これらは1970年代中葉以降，金利規制，債券発行規制の解除をきっかけに機能しなくなっていく。

　このように制度要因を叙述的な説明にとどめず，ある制度のもとで当事者（プレイヤー）間の具体的な取引（ゲーム）を通じて均衡に達し，環境の変化に応じて新しい制度に移行する過程を計数的に明らかにした点，同時にその均衡は複数解を持ち多様な結果をもたらすことを示した点は大きい。しかし，①青木も認めるように，ここで説明される均衡は局所均衡で，経済システム全体を包含するマクロ的な均衡にまで発展させるのは困難であろうと思われる，②

---

6)　同上書，198頁。
7)　同上書，204頁。
8)　同上書，237頁。

同時に,現状追認的説明に終始する可能性が高く,方向性,政策的含意への発展性が乏しい,③移行のダイナミズムは確保されているが,これが循環の起動要因となることは想定されていないようで,ダイナミズムの帰結が明快ではない,④後で述べるように,これらは高度成長期に限定的に発生した「制度」であり,銀行の社会的責任といった一般的な意識はともかく,メインバンクがモニタリングという社会的使命とその見返りにレントが約束されているという理解がどこまで当事者にあったかは疑問である。高度成長期には資金供給機能を通じて銀行の企業に対する発言力はたしかに強かったが,貸し倒れ発生の銀行経営に与える打撃がそれだけ大きかったことの反映でもある。特に「状態依存型ガバナンス」で銀行が直接企業の労務政策に介入することは非現実的でもある。このことは低成長期に入ると企業の銀行離れが急速に進み,レントが剥落していったことにも現れている。

(2) 蓄積の社会的構造(SSA)理論

比較制度分析がミクロ的アプローチであるのに対して,蓄積の社会的構造(SSA)理論[9]は経済の総体としての資本蓄積プロセスを重視する。長期波動とその変動要因を説明することで発展してきた理論で,好ましい蓄積の社会的構造の構築と安定のもとで始まった拡張が,加速され,限界に到達し,その減速・停滞は既存の蓄積の社会的構造の解体を促進し,その回復は新しい蓄積構造の形成に依存するという長期循環論である。したがってこのプロセスでは,

①蓄積機構が安定的で長い耐用年数を持つため,長期にわたり蓄積に寄与し続ける(たとえば,第二次大戦後の「資本・労働の合意」など),

②蓄積は階級間の相対的な力関係を変えるため,無限の拡張は妨げられる(たとえば,「労使協調路線」の変質),

③蓄積単位の意思決定は無関係・無計画的性格をもつ(たとえば,個々がそれぞれの既得権に固執して改革が行われる前に危機に突入してしまうなど),

等の特色をもつとする。

---

[9] Gordon, David M., Richard Edwards and Michael Reich, *Segmented Work, Divided Workers: The Historical Transformation of Labour in the United States*, Cambridge Univ. Press, 1982. 河村哲二・伊藤誠訳『アメリカ資本主義と労働 蓄積の社会的構造』東洋経済新報社,1990年。

D. ゴードン[10]は，米国経済における戦後の蓄積の社会的構造を資本家の相対的な力に影響を与える四つの制度的関係に集約し，これを計量化する試みを行った。すなわち，

①**資本—労働の調和**　資本家の経営権の確保と相対的な賃金，福利費，雇用保証を代償とする「労働の平和」で，資本家の労働者に対する優位は職場不足，この結果として就業者にはレントが発生し，このレントは「失業のコスト」（失業手当などを相殺した失業者の生活費）と見合っており，これと「労働者の抵抗」（スト参加人員）を指標とする。

②**パックス・アメリカーナ**　米国の資本家の海外の売り手，買い手に対する優位性の背景となるもの，具体的には「実質金利」，「軍事脅威指数」を加味した「交易条件」から導出する「貿易力」を指標とする。

③**資本—市民協約**　政府の経済政策を通じた資本家の市民に対するパワー。具体的には，「社会・経済規制に対する財政支出の増加率」，「資本所得の税負担割合」を指標とする。

④**資本家間対立の緩和**　製品・市場の効率的な競争の度合。具体的には，「GNP輸入比率」，「製品市場逼迫度」（製品遅配率）を指標とする。

これらの四つの指標を組み合わせたうえで，税制などいくつかの政策要因をダミー変数として加味して算出した「潜在資本力」は外生的な変数であるが，これが収益性，ひいては資本蓄積率の決定要因として作用することを統計的に実証する[11]。これを歴史的な推移で見ると，収益性を条件づける新しい制度的関係のシステムは1930年代の後半から1940年代にかけて出現し，長いブームと不況[12]の初期にかけて企業収益性を安定的に保った。米国の資本家パワーは1960年代の中頃に収益力の基礎が崩壊し始めて蓄積が低下，労働者，欧州の競争者，第三国の供給者，市民などの相対的な力が強くなっていった。技術革新

---

10) Gordon, David M., "Inside and Outside the Long Swing The Endogeneity/Exogeneity Debate and the Social Structures of Accumulation Approach," *Review*, Vol. XIV, No. 2, Spring 1991, Fernand Braudel Center for the Study of Economics, Historical Systems and Civilizations.

11) *Ibid.*, p. 290.

12) 原文の299頁では"stagnation"となっているが，この時期は本来「スタグフレーション」と表現するほうが一般的である。

の影響も認められるがこれらに比べれば小さい，というのが結論である。

これは著者も断っているとおり，米国の直近の長期波動1周期だけを対象としたもので，一般化した形での制度の蓄積に対する説明力，したがって循環の可能性については判断をくだすことはできない。また，個別の制度要因の収益性に対する影響のメカニズムも解明できない。しかしながら，比較制度分析とは逆に制度要因がマクロ経済にも影響を持つ点を示したひとつの試みとしては評価できる。

2　資本主義成立後の日本経済の変化

（1）戦時，戦後の連続と断続

それではこれらの理論が日本経済の変動，とりわけ20世紀末バブルの形成と崩壊の過程に対してどのような説明力を持ちうるかを見てみたい。

まず日本的企業システム，政治・社会システムがいつ形成されたのか。岡崎哲二・奥野正寛は「このような歴史的視点からみた現代日本の経済システムの最大の特徴は，このシステムを構成する重要なパーツの多くが，1930年代から40年代前半にかけての日本経済の重化学工業化と戦時経済化の過程で生まれたという点にある」[13]とし，野口悠紀雄も『1940年体制』論[14]を展開する。これに対して橋本寿朗は，「研究者の間では，日本的企業システムは戦間期から高度成長期に形成されたという点で緩やかな合意があるといってよいであろう」[15]としつつも，「戦時体制」はそれぞれのシステムにおいて変質を続けており，戦後，米国経済の影響を受け，米国政府，GHQ の発言力が大きく作用するなかで，日本的企業システムは「発生」し「洗練」されていったとする。宮島英昭も基本的に同様の立場をとる[16]。これに対して寺西重郎は少し切り口を変えて，経済システムとして，「明治大正経済システム」「高度成長期経済システ

---

13) 岡崎哲二・奥野正寛「現代日本の経済システムとその歴史的源流」岡崎哲二・奥野正寛編『現代日本経済システムの源流』日本経済新聞社，1993年，2頁。
14) 野口悠紀雄『1940年体制　さらば戦時経済』東洋経済新報社，1995年。
15) 橋本寿朗「企業システムの〈発生〉，〈洗練〉，〈制度化〉の論理」橋本寿朗編『日本企業システムの戦後史』東京大学出版会，1996年，5頁。
16) 宮島英昭『産業政策と企業統治の経済史　日本経済発展のミクロ分析』有斐閣，2004年，367頁。

ム」の2大概念を想定し，それぞれが「政府と市場」「民間部門」「政府と民間のインターフェイス」の三つのサブシステムの枠組みのなかで，経済システム展開の外生的条件（時間・空間および思想的条件），具体的にはアジア経済，技術変化，グローバル市場などの変化に呼応して両システムがどのような特性を持つかを分析する。「明治大正経済システム」では企業統治における大株主の役割が大きく，市場型システムの色合いが強く，地方経済圏の影響力も反映されていた。しかしながら，投資需要の旺盛化にともない企業の外部資金依存が増大してくると，非財閥系企業の行き詰まりとその機関銀行の救済，財閥系等大企業の市場支配力強化等があり，同時に進行してきた生産効率の上昇も一段落して，このシステムは1920年頃からは農業停滞，第一次大戦後の産業不況，重化学工業のキャッチアップの遅れなどの経済的重荷を背負うことになり，政治的にも地域の分断，労働・小作争議，農・非農対立が収拾できず，統制経済に移行することとなる。第二次大戦後においても，資源動員計画に携わった経済官僚の残留や株主権の制限，農地解放・財閥解体による大株主の減少，銀行モニタリング機能の低下，大企業・大銀行の体力疲弊等々「民」の弱体化から政府介入の系譜は引き継がれ，その後の株式持ち合いの進展，銀行への資金依存度の高まりを背景にモニタリング色の強いメインバンク制の形成などが図られていった，として戦前―戦後の連続性を一部は認めつつも，基本的には戦後制度の独自性を主張しているものと見受けられる[17]。要するにこの議論は，戦時下と戦後の連続性・断絶性をどこに，どの程度認めるかという点に帰着する論争と思われる。形式的には旧来のシステムが存続したとしても，その機能や影響力は異なる可能性があり，さしあたり本書では20世紀末バブルの形成にこれがどのようにかかわったかという視点で検討したい。そのことは具体的にはいまだ見えないが，来るべき新しいシステムに，現存するもののうちの何がどの程度継承されるのかという問題とも関連してくる。いずれにせよ戦後の日本的経営システムは1950～60年代の高度成長の最盛期を経て戦後初のマイナス成長を経験した1974年に分水嶺[18]を迎える（いわゆる「1975年体制」[19]）といっ

---

17) 寺西重郎『日本の経済システム』岩波書店，2003年，109-297頁，同「メインバンク・システム」岡崎・奥野編，前掲書，92頁。

（2）雇用システム

その源流を戦時に求めるか否かはともかく，比較的短期間に弾力的な雇用調整が行われていた戦前の雇用関係は，戦時の熟練工不足に加えて1940年には従業者移動阻止令が制定されたこともあり，雇用・解雇率は減少している。戦後，企業再建整備の過程では大量解雇が行われ反対闘争も盛んになったが，そのなかで課題である熟練者形成の仕組みが企業別組合に適合的であることが認識され，長期雇用・年功序列賃金が志向された。同時に，従業員は多能工として育成され，賃金体系，福利制度などもそれにあわせるべく「洗練」され，やがては従業員の転職歴の多さや企業の従業員定着率の低さが社会的に忌避されるような共通規範が生まれ，「制度化」する（橋本寿朗）[20]。

（3）コーポレート・ガバナンス

同じくコーポレート・ガバナンスについては，1900年の法人成立の初期には，3大財閥では予算・決算・大規模投資・人事は本社決裁で，株式は一族総有制，投資資金は配当金の再投資でまかなう準内部資本市場が形成され，経営は専門経営者に委ねて，事後的モニターをとおしての実効支配が行われていた。一方，企業家型企業では経営者のリーダーシップで拡張投資が行われ，高率償却による内部資金の創出に加えて外部資金市場からの調達が積極的に利用されたが，反面モラルハザードが発生しやすく，担保など外部資金市場を利用することによる資金調達上の制約にしばしば見舞われた。第一次世界大戦期には，3大財閥の投資需要が旺盛となり，株式公開のため分社化，高配当を余儀なくされたが，企業家型では行き詰まりとともにその「機関銀行」も危機に陥った。結果として，証券会社に依存した調達が後退し，銀行でも有担保主義への転換やリスク分散が図られるようになり，会計制度が整備された（宮島英昭）[21]。1940年には会社経理統制令により配当制限，役員賞与規制，役員入替が行われた結果，

---

18) Aoki, Masahiko, *Towards a Comparative Institutional Analysis*, 2001, MIT. 瀧澤弘和・谷川和弘訳『比較制度分析に向けて』NTT出版，2001年，370頁。
19) 奥野正寛，村松・奥野編，前掲書，上，24頁。
20) 橋本寿朗，橋本編，前掲書，34-38頁。
21) 宮島，前掲書，221頁。

株式市場が沈滞，資金調達に不安が生じた。このため時局共同融資団が結成され，銀行によるモニタリングとリスク分散が図られた。一方，軍部から指名される「生産責任者」（社長）への権限集中，固定配当控除後の利益は経営者・従業員が分配することになり，結果的には統制力の弱い経営となった。戦後，財閥解体に付随して株式は個人に強制的に譲渡され，1949年の個人株主比率は70％以上に上昇，他方，経営者従業員協議機関が設けられるなどモニター不在となった。その後，日銀斡旋金融と銀行のモニタリングをとおしてメインバンク・システムの制度化が進み，銀行は業況不振の借り手に対する経営介入，中間モニタリングも実施するようになった。従業員も成長志向に転じ経営者との対立色が希薄化していったことも指摘されている（岡崎哲二）[22]。

比較制度分析としての視点とは違うが，長期波動の局面を，ステート・ガバナンス（計画経済的要素優位か，市場経済的要素優位か），コーポレート・ガバナンス（ステークホルダー重視か，株主重視か）の観点から戦後日本における資金調達の歴史を分析して，1941年から1960年までの戦中・戦後期は計画経済的要素とステークホルダー重視が濃厚で，その後徐々に市場経済的要素が強まり，特に1984年以降顕著となった。一方，コーポレート・ガバナンスにおいても，ステークホルダー重視は薄れてきたが，1984～89年にかけては経営者独裁の時代であり，大量の資本市場調達でメインバンクのモニタリングも消滅し，ステークホルダー重視に逆戻り，1990年代になってからようやく株主主権が実現したと，20世紀末バブル形成期におけるコーポレート・ガバナンスの異常さを指摘する向き（安宅川佳之）[23]もある。

（4）メインバンク制度

メインバンク制度についても，戦時中の「軍需会社法」（1943年）に基づく指定金融機関制度をメインバンクのスタートとみるか否かについては意見が分かれるが，戦後当初は大資本家の解体，株主が個人に分散して配当志向が強く，モニターも不在のなかで，金融緊急措置令による融資斡旋はもっぱら日銀融資に依存し，監査も代行，しかも復興金融公庫保証付きであるなど銀行のリー

---

22) 岡崎哲二「企業システム」岡崎・奥野編，前掲書，127-138頁。
23) 安宅川佳之『コンドラチェフ波動のメカニズム 金利予測の基礎理論』ミネルヴァ書房，2000年，206頁。

ダーシップは乏しかった。その後，所得分布構造の変化にともなう高額所得者を中心とする金融資産の減少と預金へのシフト，銀行の証券業務進出（長期信用銀行設立）とともに，審査部門の拡充，株式保有，役員の派遣などをとおして銀行のモニタリング能力も向上していった（宮島英昭）[24]。寺西重郎は[25]基幹をなすメインバンク制の条件として，次の2点をあげ，実現の時期を措定する。

①「系列間の株式持合いが進展し，株主の支配力が制限されること」は，1947年の証券民主化で実現し，

②「銀行を中心とする仲介型金融システムが，日銀信用の〈受動的〉供給に支えられて，短期貸出の安定的ロールオーバーと長期資金の供給をもできるかたちに整備され，銀行が企業の資金調達を安定的にコントロールするシステムが成立すること」は，1950年代後半に整ったとする。

第2節 「制度」の形成と硬直化

それでは20世紀末バブルに影響を与えたとされる制度的要因はどのように形成され，どのような影響を与えるにいたったのであろうか。主たる当事者である政府（行政および政治），企業，銀行の具体的な行動（政策）をとおして制度形成とその作用のプロセスを検討してみたい。

1 終戦から高度成長期まで
（1）政府

壊滅的な打撃を受けた産業の復興を図るために必要なのは基礎資材とエネルギーで，1946年12月には「基礎物資需給計画」に基づき石炭と鉄鋼に傾斜した生産を行うことが決定され，1952年には企業合理化促進法により，電力，海運，鉄鋼，石炭の合理化を重点的に行うことになった。終戦直後の極度の物資不足，インフレも収まり，1950年代に入ると経済の再建を目指した施策でその後長期にわたり日本経済政策の根幹をなすものが次々と打ち出されていくことになる。

---

[24] 宮島, 前掲書, 410-413頁。
[25] 寺西, 前掲書, 227-228頁。

まず第1の方向は投資促進税制で，1951年4月の税法の一部改正では重要機械等の割り増し償却制度や輸入関税免除が認められ，これらの企業優遇税制は1957年の租税特別措置法でさらに拡充されることになる。第2の方向は公的資金の供給で，1951年には日本輸出銀行（1952年に日本輸出入銀行），日本開発銀行が設立され，同時に貸出原資を供給する資金運用部資金法も公布された。第3に中小企業対策で，1952年には「特定中小企業安定に関する臨時措置法」により独占禁止法の適用除外が認められ，翌1953年には中小企業金融公庫が設立された。少し遅れて，第4に社会資本整備のために，1955年には日本住宅公団が，1956年には日本道路公団が設立された。第5に戦略的な産業の育成策として，1955年に鉄鋼合理化，石油化学の育成政策，国民車構想が発表され，1956年には百貨店法，機械工業振興臨時措置法が制定された。

しかし，この頃から早くも公害問題の発生が見られるようになり，1953年の水俣病発生の報告を皮切りに，1955年には富山県神通川流域でのイタイイタイ病，1961年には四日市喘息の報告が相次いだが，官民あげての生産至上主義が支配するなかで，その重大性の認知，政策対応は大きく遅れ，1967年にようやく公害対策基本法が制定されることとなる。

1960年代に入ると，それまでの基盤づくり，育成一辺倒の経済政策は多面的な展開を遂げる。まず第1には，ケインズ経済学に基礎をおいた有効需要政策である。これまでの生産主体の復興から，有効需要を意識した成長路線への切り替えの意思が明確に示され，投資促進策に加えて新たに輸出振興策がとられた。1958年の日本貿易振興会の発足，1959年の貿易自由化，1961年には資本取引自由化の口火が切られるなど，輸出促進に向けた環境整備が図られた。高度成長も終期に近づくと有効需要創出における政府の役割が大きくなり，1965年には初めて赤字国債が発行された。これに支えられた公共工事の肥大化は巨大な官公需市場を形成し，建設業をはじめ関連企業との癒着関係を強めると同時に，政治家の介入を引き起こした。この歯止めの利かない膨張の結果，国債が大量発行されるのはさらに10年後の1975年である。第2は，政策の対象が個別の産業・企業グループとなり，政府と企業との接近が始まる。具体的には，重化学工業，電機・機械などの高付加価値産業の成長に取り残された，いわゆる構造対策を必要とする産業の出現がある。鐘紡は1958年に繊維不況の深刻化か

ら3工場を閉鎖し，石炭産業も1959年以来数次にわたり政策主導の縮小策を実施した。同時に過剰設備の発生に基づいて1964年以来，化学繊維，石油化学，紙パルプ等では官主導の協調懇談会を設けて事実上のカルテルが指向された。一方，1963年の新三菱重工，三菱日本重工，三菱造船の旧三菱重工3社の合併を皮切りに，規模の拡大による競争力強化を目指す動きが活発となった。1968年の旧日本製鉄など，戦後分割された大企業の再統合が相次ぎ，これらが政策的にもバックアップされた。第3は，通商問題の深刻化である。輸出の急増は海外市場での摩擦の表面化をもたらした。1968年には日本鉄鋼連盟が対米鉄鋼輸出の自主規制を発表し，1970年にはこの後2年にわたる日米繊維交渉が開始されることとなった。この背景には米国ドルの過剰流出があり，米国は1971年8月には金・ドル交換停止（ニクソン・ショック）に踏み切らざるをえなくなり，わが国でも1ドル360円体制から308円へと円の大幅な切上げを余儀なくされることとなった。第4に，この頃から政策当局の目線が消費者にも向けられ，1968年には消費者保護法が制定，公布された。

(2) 企業

　戦後の企業と制度面とのかかわりは，戦前・戦時体制の見直しからスタートした。まず1945年11月にはGHQにより財閥解体指令と同時に軍需補償・公債発行・補助金交付の打ち切りが，1947年には公職追放令改正により財界でも公職追放が実施された。一方，1946年から施行された労働組合法に基づき，各企業では労働組合が結成され，労使による「経営協議会」が経営の実質主導権を握る企業も少なくはなかった。1947年には過度経済力集中排除法により旧財閥の持ち株や物納された株式の個人への売出しが行われたが，その後の低配当と株価上昇による売却もあってこの制度は定着せず，独占禁止法で禁止されていた企業間の株式持ち合いが解除された1949年には70％にも達していた株式の個人保有比率は1970年には40％，1980年には30％に低下して，企業・金融機関による持ち合いへと移ることとなる。同時に1947年には職業安定法，失業保険法が公布され，雇用対策が進展した。一方，戦時補償の打ち切りと1949年のドッジ・ラインによる恐慌で危機的な状況に陥っていた企業財務は，1950年の資産再評価法に始まり1954年の「資産再評価等の特別措置法（資本充実法）」による再評価の強制で決算上の正常化が図られ，企業として前向きの対応をとる環

境が整った。さらに，1952年には禁止されていた財閥の商号使用が認められ，1953年には独占禁止法の一部改正が行われて，不況・合理化カルテル等の容認，金融機関持ち株比率の引き上げなど，企業に対する戦後政策の軌道修正が行われた。

これを機に戦前の財閥系企業グループをはじめとして企業グループ化が進展した。ただし，中核の持ち株会社がすべての企業を支配・統括するという戦前の財閥とは異なり，相互の株式持ち合いによる連携で，それぞれ懇親会的色彩の強い社長会を持ち，グループ内企業の取引，特に銀行をとおした金融，商社をとおした物流の促進を目的としていたといってよく，場合によっては原子力，石油開発，都市開発，海洋開発など，総合的な技術と大きな資金を要する新事業については共同出資会社の設立も行われたが，リーダー不在のためそのほとんどは成功しなかった。同時に，富士銀行，三和銀行，第一銀行など銀行を中心にいくつかの中小財閥を包含する企業グループもつくられたが，ほぼ同様の性格を持つものであった。さらに，自動車，電機といった加工組立産業でも1960年代頃から品質安定化，コスト引き下げを狙った納入業者との長期相対取引が一般化[26]するなど，企業相互間の補完関係が強化されていった。

企業に対する制度面の変革は1950年代半ばまでにほぼ出尽くし，その後は具体的な経営環境の整備と産業政策に主流が移っていく。その間，過半の企業では高度成長とそれを実現するための内外市場の開拓，生産設備の拡充に追われていった。全産業・全規模の売上高の成長については図2-9に示したとおりで，1970年代前半までとそれ以降では成長率水準の大きな格差が明らかである。図5-1では後述の銀行との比較の都合上，資本金10億円以上の大企業の総資産純利益率を示したが，製造業では1967年と1969年に，非製造業でも1962年に次いで1967年にピークを記録し，1970年初頭までは高水準が続いている。反面，負債倍率（図5-2）については，自己資本の蓄積を上回る設備投資が行われた結果，1970年代後半までは一貫して上昇している。したがって，この時期の経営上の課題はむしろ企業成長であり，このための市場開拓，生産能力の拡充，資金調達であり，企業集団化，長期相対取引の進展もこのような要請にこたえた

---

26) 橋本寿朗「長期相対取引の歴史と論理」橋本編，前掲書，67-107頁。

第5章　制度要因：20世紀末バブルの原因（4）　161

図 5-1　総資産純利益率推移

（％）

製造業（資本金10億円以上）
国内銀行
非製造業（資本金10億円以上）

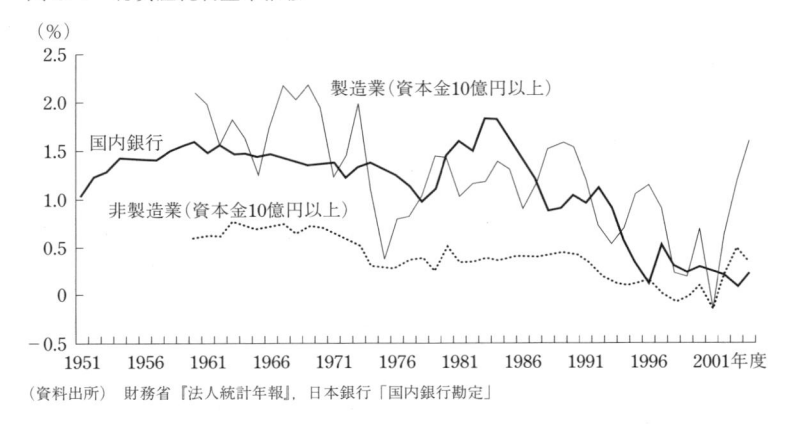

1951　1956　1961　1966　1971　1976　1981　1986　1991　1996　2001年度

（資料出所）　財務省『法人統計年報』，日本銀行「国内銀行勘定」

図 5-2　負債倍率推移

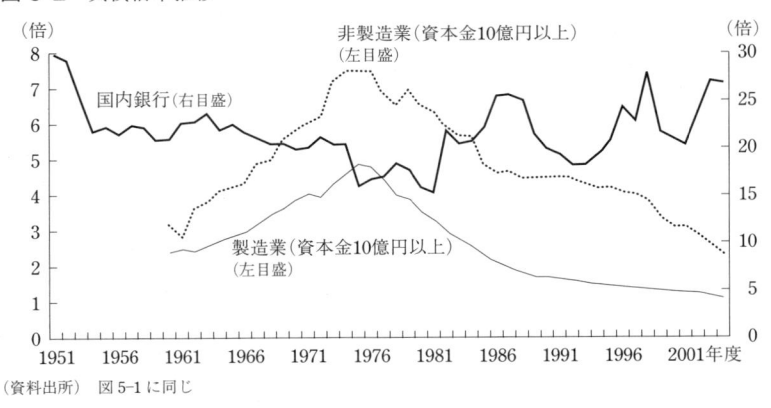

（倍）　　　　　　　　　　　　　　　　　　　　　　　　　　　　　（倍）

非製造業（資本金10億円以上）
（左目盛）
国内銀行（右目盛）
製造業（資本金10億円以上）
（左目盛）

1951　1956　1961　1966　1971　1976　1981　1986　1991　1996　2001年度

（資料出所）　図 5-1に同じ

ものといえる。また株式の持ち合いは，成長により株主の利益が確保されているかぎり分配にまで容喙されることは少なく，生え抜きの経営陣による労使連帯感の強い経営への委任が主流であった。

（3）銀行

　戦前・戦時体制の見直しからスタートした点は銀行も企業と同様であるが，その性格上企業とは異なる規制も受けていた。まずメインバンク制度についてみれば，復興のための政策金融は別として，1947年3月の金融緊急措置令に基づく金融機関資金融通準則の公布施行によって融資は原則として蓄積された資

金の範囲内で行うよう規制され，事業会社に対する市中金融機関の貸出については厳しく制限されていた。これを円滑化するため1947年から日本銀行によるメインバンクを窓口とする斡旋融資制度が始まり，「1948年臨時資金調整法が廃止されるに及んで市中金融機関の自主的な融資規制への移行のための過渡的措置たる意味も含めて，その重要性はとみに増大するにいたった」[27]。同時に，当初5％とされていた銀行の株式保有も1953年には10％に拡大され，企業に対する発言力が強化された。他方で1951年には相互銀行法，信用金庫法，1952年には長期銀行法が公布され，戦後の民間金融機関の顔ぶれが出揃うと同時に，1951年の投資信託の開始によりこの部門での株式保有も増加した。1955年にはドッジ恐慌後の金融調節手段として行ってきた一定額の貸出を超える日銀貸出には公定歩合より高い利率を適用する公定歩合の高率適用制度の比率を下げ，いわゆる公定歩合政策の復活に踏み切るとともに，1959年には準備預金制度を導入し平時の金融調節手段が整うことになる。1950年代後半から60年代の高度成長期における企業の自己資本の蓄積を上回る高い設備投資の伸びは，銀行借入への依存を高くし，銀行の貸出原資の不足（オーバーローン）分は日銀貸出により供給され，これをテコとした信用創造が成長のための通貨供給の主力を占めることとなった。日銀貸出額が，日銀の裁量により，銀行規模別に均等化されていることは競争条件の大きな制約で，このもとで大手銀行の日銀への依存，横並び体質が醸成され，この政策下での補完関係が成立していった。

　銀行に対する大きな制度的枠組みは1950年代中頃以降は変更されることはなかった。銀行サイドでも，企業の高度成長と平仄を合わせて業容拡大路線をたどることになる。国内銀行勘定の動きを見ると，業容では全産業の資産が1960〜70年間で5.3倍となったのに対し，国内銀行の総資産は同期間で4.9倍とほぼ拮抗した伸びを示しているのに対し，総資産純利益率（図5-1）は1970年代初頭まではわずかながら低下傾向にはあるものの，ほぼ安定した動きを示している。負債倍率（図5-2）も企業に比べて絶対水準が極めて高いが，1960年代に入るとむしろ低下傾向で内部留保が着実に進んでいることを示し，企業の急速な上昇とは対照的な動きとなっている。この間は資金供給をとおして企業に対する

---

27) 日本銀行史料調査室『日本銀行八十年史』1962年，124頁。

影響も強く，銀行にとって順風の時代であったといえるが，この時期に銀行が新たな事業展開として打てた手は，1960年代初頭の消費者ローンへの進出，海外拠点設置，リース・クレジットなど周辺業務への進出等[28]インパクトに乏しいものであった。1963年には店舗行政の弾力化，1968年には合併・行種転換の緩和などが実施されたものの，いずれも横並び行政の域を出ず，強い行政束縛・庇護のもとでの安定にすぎなかった。この間，株式の時価発行増資（1968年，日本楽器製造），マル優枠の拡大に便乗した郵便貯金限度額の引き上げと肥大化など，環境激変の下地が醸成されつつあった。

（4）相互補完関係（政・官・財の複合体制）

次に政・官・財三者の相互関係について見たい。前述のとおり1950年代半ばまでの戦後復興時代にも1948年の肥料をめぐる昭和電工事件，1954年の計画造船をめぐる造船疑獄など贈収賄による企業と政・官界との癒着が摘発されることはあったが，より密接なコンタクトが生まれるのは1950年代以降，政策の方向が特定産業対策，あるいは企業グループの動きと呼応するものとなってからで，青木昌彦の表現によれば日本「三頭」支配体制[29]（中央官庁官僚，自民党指導者，大企業リーダーによる）である。繊維，石炭など早くから表面化した不況産業対策についても業界団体などを通じた業界の意向や審議会の答申を受けて機会均等的な設備廃棄，減産が行われ，逆にエチレン・プラントのような大型設備投資についても同様に政府の介入，横並び的投資規制が行われてきた。このような政策決定にあたっては，企業主導と見える大型合併，業界協調（カルテル）等についても，公益的見地からだけでなく企業サイドの意向が直接あるいは各業界団体を通じて，ないし代弁者たる政治家を経由して反映されており，三者の間では細大にわたり連携が保たれてきた。1960年代に入ると，対象は大企業だけでなく，中小企業，農民，労働者，元軍人など多様な社会階層に

---

[28] 主として下記の銀行史によった。富士銀行調査部百年史編さん室『富士銀行の百年』1980年，住友銀行行史編纂委員会『住友銀行百年史』1998年，東京三菱銀行企画部銀行史編纂チーム『続々三菱銀行史』1999年。

[29] Aoki, Masahiko, *Information, Incentives, and Bargaining in the Japanese Economy*, Cambridge Univ. Press, 1988. 永易浩一訳『日本経済の制度分析 情報，インセンティブ，交渉ゲーム』筑摩書房，1992年，292頁。

及ぶようになり，多元的な政治の全盛となった。

　このことは銀行においても同様で，公定歩合政策が復活した後の日本銀行の金融政策についても，慢性的なオーバーローン下では窓口規制が大きなウェイトを占め，基本的には機会均等的な資金配分が行われてきた。一方，新種商品（預金など）の開発，店舗開設等の大蔵省行政についても同様で，業績格差の拡大を防ぐ護送船団方式がとられた。しかし，均等主義ではあるにしても，裁量行政である以上官との密着した関係は不可欠になってくる。この間に特に公共工事等を通じては政治家との間でも補完関係が成立する。これらの関係が徐々に固定化，「制度化」していった反面，企業については，加工組立産業を中心とした輸出産業の発展と経済のグローバル化にともない，この手法の存在価値は薄れ，また銀行でも金融自由化の結果システム自体が変革を迫られた。一方，政治的にも自民・社会の対立を軸とした「1955年体制」は，高度成長を実現したケインズ的有効需要政策の行き詰まりでスタグフレーションが発生した1960年代中頃から1970年代中頃までは革新勢力の高揚期となり，東京，大阪の首長を占めるなど政治的緊張感を生んだが，新自由主義の台頭とともに対立色は薄められていった。

2　高度成長以後
（1）政府

　高度成長期を過ぎてからの政策には事態発生に対しての後追い的対応が目立つとともに，高度成長期のツケが政策の自由度を制約していたといえる。具体的には，まず円高対策がある。円高は輸出に支えられて高度成長を続けたツケで，本来はこれにより伸びた産業と衰退した産業との間の構造調整を円滑化する政策で対応すべきであった。しかし，ニクソン・ショックによる円高対策を皮切りに，円高のたびごとに政治に配慮した財政・金融政策を動員して応急的需要創出のための彌縫策がとられ，回を重ねるにしたがって財政負担を増加させ，金融政策の混乱を大きくしていった。第2には，二次にわたるオイル・ショックである。オイル・ショックはある意味ではこれまでの先進工業国中心の高成長に取り残された一次産品価格の調整としての側面を持つものであった。これに対しては省エネへの誘導策が功を奏し，長期的な円高も寄与して直接的

表 5-1 政府系金融機関資産規模・郵便貯金・国内銀行預金残高推移 (単位:十億円,%)

	国際協力銀行金融勘定	政策投資銀行	中小企業金融公庫	住宅金融公庫	(参考)	
					郵便貯金残高	国内銀行預金残高
1950				7	155	1,096
1955	43	384	49	89	538	4,010
1960	130	642	152	206	1,123	9,752
1965	519	1,017	349	435	2,703	22,959
1970	1,527	1,758	900	1,072	7,744	46,874
1975	3,231	3,367	2,374	3,791	24,566	104,692
1980	5,118	5,060	4,589	13,562	61,954	174,628
1985	5,815	7,639	5,370	25,647	102,998	338,675
1990	6,437	9,647	7,461	41,614	136,280	565,487
1995	9,482	15,912	7,916	66,611	213,434	565,869
2000	11,545	18,542	7,700	77,745	249,934	553,818
1960/1950				29.4	7.2	8.9
1970/1960	11.7	2.7	5.9	5.2	6.9	4.8
1980/1970	3.4	2.9	5.1	12.7	8.0	3.7
1990/1980	1.3	1.9	1.6	3.1	2.2	3.2
2000/1990	1.8	1.9	1.0	1.9	1.8	1.0

(資料出所) 内閣府『日本統計年報』,日本銀行『経済統計年報』
(注) 国内銀行預金は年末,そのほかは年度末。なお預金にはCDを含む。
 国際協力銀行:1990年までは主要資産合計,以降は総資産。
 政策投資銀行:同上,加えて2000年には北海道東北公庫を合併した。
 中小企業金融公庫,住宅金融公庫:1975年までは主要資産,以降は総資産。

なショックはやわらげることができたものの,エネルギー・コストが占める比率の高い産業(アルミ精錬など)への政策対応を迫られることになった。第3には,これらの対策のための財政支出に加え,これまでの財政をテコとした成長政策,投資促進策,助成等に起因するツケとしての財政赤字である。戦後初のマイナス成長を記録した翌年の1975年には赤字国債の大量発行に踏み切り,その後国債残高は累増の一途をたどった。1991~93年には赤字国債の発行を回避しえて財政再建が実現したかに見えたが,これは20世紀末バブルによる異常な税収増による寄与が大きく,バブル崩壊後はさらに赤字幅を拡大させることになった。同時に政府系金融機関の肥大化がある。表5-1は主要政府系金融機関の資産残高を5年ごとに見たものであるが,これは限度額の引き上げを繰り返してきた郵便貯金の伸びと呼応したもので,それぞれの金融機関の設立時に標榜された政策的使命はほぼ達成されたと見られる高度成長期以降も成長を続

けた。業務の拡大を漫然と続けた結果で,組織維持のための保身が限度に達し,全面的な見直しを迫られることになる。第4に,通商問題は引き続き解消しなかった。日米間の自動車輸出自主規制問題は1981年に決着したが,その後も分野別に日米協議が続き1985年のプラザ合意により再度円高を余儀なくされた。

　この間システムとしての官僚機構の硬直化はさらに進み,省庁間さらには省内でも局の対立ないし聖域化は,外部環境の変化に対する柔軟,迅速な対応を阻むと同時に,このことに均霑する企業ないし政治家のレント・シーキングがこれをさらに助長した。しかしながら,1970年代半ばになると,国家財政,さらに財源手当てのないまま福祉に傾斜した革新ポピュリズム政治で苦境に陥ったところも多い地方財政も含めて,自らの減量経営の成功で自信を深めた経済界からも財政改革の声が高まり,折から英米で力をつけてきた新自由主義的な手法の成果も追い風となった。これにより,従来の政治的対決色も,両陣営に随伴していたレントも表面上は後退していった。その他のレントも,1981年の第二臨時行政改革調査会の答申や,1985年のNTT,日本たばこ産業,1987年のJR各社の民営化,と続く民活,民営化政策により徐々に発生場所と規模の変化をもたらしつつあった。同時に,民活による再開発事業や大規模土地開発は土地投機を誘発し,自由化の影響を最も大きく受けた金融機関に対して大きな打撃を与えることになる。

（2）企業

　企業を取り巻く制度はその後も変化はなかったが,高度成長期とその後のインフレで伸びきったバランスシートを抱えたままでオイル・ショックに直面した製造業は,1970年代の後半には厳しい減量経営を余儀なくされることになった。この頃から高度成長時代に確立した制度的補完関係にも徐々にひびが入り始めることになった。まず長期雇用関係は厳しいリストラのもとで維持不可能なところが衰退産業を中心に続出した。一方,企業グループも主力製品の成長の鈍化と多角化から競合が目立ち始め,技術的にもモジュール化などの進展は生産の場における関係を希薄化させていった。事業会社の株式保有も1973年をピークに低下傾向に入る。しかしながら減量化に成功した1980年代以降は,収益率は低下したもののバブル崩壊後の再度の減量経営まで安定した業績を続ける。特に設備投資が沈静化した結果,内部資金の余剰は顕著で負債倍率は一貫

して低下している。非製造業も収益率，負債倍率とも製造業には見劣りするが，趨勢はまったく同様である（図 5-1，図 5-2）。銀行借入への依存度の低下は銀行の企業に対するモニタリング能力の低下をもたらし，株主としてこの間急増する金融機関の保有は営業的紐帯を維持するためという面が強く，1980年代の企業の経営形態は経営者の支配力が増してインサイダー・コントロールが助長されることになる。この結果，折からの財テクブームや地価高騰のユーフォリアなど心理要因に左右されやすい経営組織となり，過剰投資や投機などのモラルハザードも多く発生した。これらは1990年代に入ってからの不況期のリストラで重荷となり，最終的には1990年代末の不況を深刻なものにした。とくに，不動産業，建設業など不動産がらみの業種では致命的な打撃を受けることになる。この過程で株主の経営陣に対する直接的な監視の機運が高まり，新しいモニタリングへの模索が始まると同時に，成長率の低下につれて分配面でも株主の要求が厳しさを増している。一方，企業には株主への配慮だけでなく社会的弱者，環境，地域，取引先等への配慮を高める動きも強まっており，株主の権利強化か，従業員・取引先・地域などその他のステークホルダーの権利への配慮か，という新しい課題が出現している。

（3）銀行

一方，銀行のほうでは，これまで規制の枠内で無風状態にあったが，経済のグローバリゼーション，英米の金融自由化の余波を受けて，1970年代の後半になると一気に自由化の波が押し寄せることになった。まず1978年には為替管理の自由化・簡素化の措置が発表され，翌1979年には外国為替及び外国貿易管理法の一部改正で為替取引の原則自由化への転換が図られ，1980年には新外国為替管理令により対外資本取引の原則自由化が実現した。

次に預金金利については，1979年には都市銀行による CD 発行が認められ，1980年には証券会社に中国ファンドの取り扱いが，1983年には銀行に国債の窓口販売が認められ，国債消化と絡めた資産運用金融商品の多様化が図られた。さらに1984年に外貨預金の円転規制の撤廃，1985年には大口定期預金の金利自由化，相互銀行，信用金庫での MMC の発売，1988年にはマル優制度が原則廃止された。この動きは1993年の定期預金，1994年の流動性預金金利の完全自由化まで続いた。金利自由化の小口預金への波及と並行して郵便貯金の限度拡

大も行われ，1991年には1972年の150万円から1000万円となった。一方，融資面については，1979年に短期インパクトローンの導入が解禁され，1981年からは日本銀行の窓口規制が自主計画化されて規制色をなくし（完全撤廃は1991年），1986年には企業のコマーシャル・ペーパー発行が解禁され資金調達の自由度はさらに広がった。1989年には利鞘の確保を狙った新短期プライムレートが各銀行から提示された。

　資本市場については，1981年に新株引受権付社債制度が新たに認められ，同時にファンド・トラストの発売も実現した。1984年には居住者のユーロ円債の発行が解禁となり，翌1985年には外貨建て外債の国内発行が認められた。1986年には海外ワラント債，ワラントの国内持込みが自由化され資本市場利用についての諸規制も徐々に撤廃されていった。

　「金融自由化がもっと迅速に完全に行われていれば，不動産融資がこれほどまでに急増をみることはなく，したがって地価の変動もこれほど急激にはならなかったであろう。金融自由化に対応するための方策として，最初に銀行が考えたのは，ユニバーサル・バンキング戦略であった」[30]と岡崎哲二・星岳雄はいう。1982年の新「銀行法」では公共債の窓口販売・ディーリングが認められた。その後，証券業務への進出は，1984年の日米円ドル委員会の報告を受けて金融制度調査会で検討を開始して以来，最終的に決着したのは10年後の1994年11月であった。預金金利の自由化により調達コストが上昇し，1987年に大蔵省はBIS規制の日本版として1992年度末までに自己資本比率8％以上を求める旨発表したため，都市銀行の収益追求への圧力はいちだんと強まった。ここで，銀行のとるべき方策は，コスト削減等の経営努力は当然のこととして，より高い金利の見込める貸出先の確保しか残されていなかった。もとより，これまでに都銀では自由化を展望した思い切った方策も打ち出していた。住友銀行が1984年にスイスのゴッタルド銀行を買収，1986年にはゴールドマンサックスに資本参加するなど証券業務進出の布石を打てば，同じく1984年に富士銀行はヘラー，三菱銀行はバンク・オブ・カリフォルニアを買収して米国における利鞘

---

30) 岡崎哲二・星岳雄「1980年代の銀行経営——戦略・組織・ガバナンス」村松・奥野編，前掲書，上，355頁。

第5章　制度要因：20世紀末バブルの原因（4）　169

の大きい個人・中小企業取引の拡大を目指すなど，その戦略も多様であった。しかしながら，これらに即効性を期待できなくなったことをうけて，住友銀行も1986年に平和相互銀行を買収して国内中小企業，個人取引部門に力を入れることになった。その意味では前述の岡崎・星論文の指摘は当を得ているといえる。

　しかし，国内での中小企業，個人向け融資市場開拓には時間がかかるため，折からの長期金融緩和の追い風も受けて需要の強かった財テク融資やハイリスクながらハイリターンの見込める不動産融資あるいは個人資産運用目的のアパート・ローンに安易に殺到した。大蔵省は1985年7月の不動産融資自粛要請に続き，1986年には土地融資報告の提出と再度慎重対処の指示を出したが徹底を欠き，1990年3月には不動産融資の総量規制に踏み切った。それでも，企業と同様に低下傾向にあった銀行の総資産純益率は，1980年代前後からの預金吸収力の回復（表5-1）とともに上昇に向かい，これに利鞘の回復[31]もあって利益率が急上昇した。しかし，その効果が続いたのは1980年代の半ばまでで，それ以後はむしろ競争激化と預金コストの上昇で急激な業容拡大に収益が随伴せず，収益力は低下することになる。一方，業容の拡大はそれ以後も続き，銀行自身の増資が相次いだ1990年前後にはいったん負債倍率は低下するものの，その後資産の拡大は減速したにもかかわらず不良債権処理に追われて自己資本の目減りが著しく，この間着実に体力を充実させてきた企業とは好対照を見せている（図5-1，図5-2）。

　組織的に見ると，預金金利の自由化の進展にともない預金獲得の収益への寄与は低下して，収益極大化のためには高利回りの貸出の増加と手数料の確保が戦略的に重要になってくる。したがって従来の受身の貸出・審査体制から脱却して融資先の開拓，融資案件の発掘が可能となるような組織への変更が求められた。1980年前後から1985年に大手都市銀行で行われた組織改革[32]では，営業部門においては伝統的な預金獲得業務と貸出業務が一体的に運営され，これに外国為替，証券業務も合わせて大口顧客に総合的なサービスを提供できるようにデザインされていた。もちろんこれにより融資案件のフィルタリング（審

---

31) 預金・貸出利鞘の推計については，深尾光洋・日本経済研究センター編『金融不況の実証分析　金融市場情報による政策評価』日本経済新聞社，2000年，15頁，を参照。

32) 前掲の各銀行史を参照。

査）プロセスが消滅したわけではなく，本部には専門部署が残されてはいたが，証券業務等の手数料収入に多くを期待できず融資量拡大に大きな負担がかかっていたなかで，チェック機能が弱体化したことは否定できない。同時に，銀行経営者に対する株主のモニタリングが十分機能しなかったことは企業と同様で，監督官庁も格付機関も収益重視経営に高い評価を与えるような状況下では銀行内部でもガバナンスが働いていたとはいいがたい。金利自由化によりレントが消滅した時点で銀行のモニタリング機能の裏づけはなくなったといわれるが，この時点ではっきりと消滅したといえるのではないか。特に不動産業者向け融資は，この分野を得意とする信託銀行，長期信用銀行では1981年頃から貸出を伸ばしていたが，1986年頃から土地取引が急増して資金需要が旺盛となり，高い利鞘が期待できる不動産融資への都市銀行の参入が本格的となり，不動産担保重視の安易な融資が横行し，競合の激化は急速な利鞘の縮小・リスクの拡大へと結びついていった。結果として高度成長時代の収益構造から完全に脱皮できないままに収益拡大に走ったところに，20世紀末バブル形成の役割の一端を担うことになった原因があるといえる。

（4）制度的補完関係の変化

政・官・財癒着の合理性は成長期に最大限に発揮される。特に「制度」が安定し，利権の存在が確実になっていく時点で対象取引が成長を続ける場合には利権漁り（レント・シーキング）が最も激しくなる。成長を続け「制度」をめぐる環境が絶えず変化するなかでも，つねに相互補完性を求め，「制度」の安定化を目指す理由もここにある。これらの経済システムが相互補完性をもって確立されていくなかで，政治・社会システムのほうは，イデオロギー色が希薄化して「族議員」化し，党内抗争も主流派対「非」主流派の争いに矮小化していった。石油価格の高騰や経済摩擦，円高に対しても，輸出産業は一貫してコストの削減を図ったのに対して，輸入業・非製造業は円高，救済措置などでかえって恩恵を受けて，既得収益の分配に終始し，高コスト化の道をたどった（奥野正寛）[33]。

この高度成長期に確立した政・官・財三者の癒着関係がどのように変化して

33）奥野正寛，村松・奥野編，前掲書，上，57-65頁。

いったかを分析するひとつの手がかりとして，青木昌彦と戸矢哲朗[34]の議論を見ておきたい。青木は，官僚制は二つの顔，すなわち公共的利益の代弁者としての顔と，自らの所属する省・局が担当する管理地盤の構成体（たとえば業界）の代表者としての顔を持つとした。これは政策立案やその実施に必要となる政治的資源（資金＝予算，人的資源，法案提出権，行政指導権など）を再生産するためには，業界に対する政策の効用と一般国民の評価という政治的ストックの再生産が不可欠だからであるという[35]。この二つの側面が関係当事者間のゲームの結果均衡解にいたる官僚制の特色を，戸矢は業界を担当する原課・原局のインフォーマルな主導のもとに自民党，業界内・業界間の交渉による政策形成が行われる「政策における仕切られた多元主義」と「メインバンクシステム」，「金融系列」，「銀行支配」などを生んだ「金融の護送船団方式」であると指摘する[36]。

　では，この関係はどのように変質したのか。まず政・官と企業の関係についてみると，当初は通商問題に悩まされた輸出企業も，現地生産や外国企業との多面的な関係構築により国際企業化するにともない，通商政策を通じた関係は希薄となっていった。一方，国内市場も，製品輸入の増加，多様化にともない一時的には均霑した関連業界も政策の及ぶ範囲は縮小していった。唯一官公需等の純粋に国内主体の市場は長らく温存されてきたが，この部分も民営化の流れのなかで政策の公正化，透明化が強く要請されるに及んで談合，天下りによる癒着等が世論の批判にさらされ，徐々に整理されつつある。

　政・官と銀行との関係についてはさらにドラスチックな展開となった。バブルの崩壊が実体経済に影響を及ぼし始めるのは1992年頃からであったが，金融政策は伝統踏襲型で，不動産融資の総量規制は1年半後（1991年12月）には撤廃されたものの，不動産に絡む不良債権問題は東京2信組の破綻（1994年12月）まで放置されるなど政策エリートの「問題」認識が遅かった（村松岐夫・柳川範之）[37]。加えて，護送船団解体の過程でも，①外国金融機関も邦銀との一

---

34)　戸矢哲朗『金融ビッグバンの政治経済学　金融と公共政策策定における制度変化』東洋経済新報社，2003年。
35)　Aoki, M., *op. cit.*, 邦訳278頁。
36)　戸矢，前掲書，94頁。

元化に取り込み延命を図ろうとしたり，②収益確保を狙った不動産担保融資の積み増しが銀行の傷を深めたり，③BIS規制をクリアするために飛ばしなどの事実上の粉飾決算，株式・土地の含み益依存体質，貸し渋りなどが逆にその後の負担を重くしたり，④銀行の財務内容への不信，対策遅延，などが処理をこじらせたりすることになった。さらに，住専（住宅金融専門会社）処理にともなう，オカミ頼り，政治主導の解決，世論をミスリードしたマスメディアが解決を遅らせた。このような日本社会の一元主義への凝り固まりは，日本経済の最大の強みであった適合性・柔軟性を失わせ，大勢順応の「横並び」体質をつくっていったとする。同時に奥野は，打開策として俎上に上っている「グローバル・スタンダード」による経済システムの構築についても，形を変えた一元化だとして排除している[38]。

　その後，金融自由化のプロセスの最終局面として英国に10年遅れて金融ビッグバンを迎えることになる。戸矢によれば，省庁は支持者層（業界）の利益と公益が矛盾する場合，「とりわけ公衆からの支持の喪失がある場合，組織は失った支持を取り戻すよう行動を変化させる」[39]という。この時期の支持の喪失とは，住専問題解決の失敗と相次ぐ接待不祥事により大蔵省に対する支持が失われたとの危機感が高まっていたことを指している。同時にビッグバンの口火は大蔵省によってではなく，1996年11月の「（橋本）総理指示」によって切られ，自民党の行政改革推進本部と大蔵省が歩調を合わせて実施したものであることを極めて重視する。「ビッグバンは全体として〈公益政治〉が〈利益集団政治〉を凌駕した政治改革の例として結論づけることができよう」[40]とし，大蔵省，自民党は党政調や審議会をバイパスに「仕切られた多元主義」に代替する政策決定メカニズムを余儀なくされたと指摘する。しかし，「金融ビッグバン」の遂行自体はそのような過程をたどったとしても，それがただちにシステム全体を変質化させることにはつながらなかった点は注意する必要がある。

---

37)　村松岐夫・柳川範之「戦後日本における政策実施：政党と官僚——住専処理から」村松・奥野編，前掲書，下，6頁。
38)　同上書，上，73頁。
39)　戸矢，前掲書，185頁。
40)　同上書，266頁。

では，バブル発生・形成に制度・政策主体や政策はどのようにかかわったのだろうか。まず企業については内生的（自己金融力の向上），外生的（資金調達の容易性）金融緩和要因に加えてインサイダー・コントロールが強化される傾向のもとで，収益至上主義が広がり，財テク，土地を利用した新事業などへの傾斜が強まったことは間違いない。たしかに一時期財テク，遊休地利用などの土地ビジネスが大きな話題を占めた。しかし，第7章で見るように，財テクは結果的には経営危機を惹起するほどのことはなかったし，土地投機も卸小売業，建設業，不動産業などの一部業種にとどまった。これに対して銀行は金融自由化の遅れが銀行を不動産融資に駆り立てたという指摘は当たっているが，同時にボリュームより収益へのシフト，銀行内部でもインサイダー・コントロールが強く，ガバナンスの欠如，モラルハザード等が土地融資を拡大させ，結果として大きな打撃を受けた。しかしその背景には官の護送船団方式，「みんなで渡れば」の論理，官がこのこと自体を黙認し，長期にわたって金融緩和を持続していたという点，これがバブルを拡大させた大きな理由であることは否定できない。しかしこのなかにはバブルを生み出した芽はない，あくまで拡大させた要因といえる。

　この結果，「メインバンク制度」はインセンティブを失い，潜在的勝者としての大手都銀と，これ以外の銀行，証券，保険などの敗者が明らかに分かれ，護送船団も崩壊した。また銀行と企業との関係についても，レントの喪失もさることながら，大企業の銀行依存度の低下，銀行自身の不良債権処理にともなう体力低下と自信喪失からその余裕もなく，一部問題の発生した企業を除いてモニタリング機能は著しく低下した。その意味で金融系列色も著しく希薄化したといえるのではないか。

　政・官・財の癒着の硬直化とそれにともなう制度・政策主体の機能不全の表面化，変質は，高度成長以後着実に始まり，20世紀末バブルに少なからざる影響を与えた。しかし，バブルの発生自体が一時的に政・官・財に自らの組織・制度が機能不全に陥ったことを隠蔽し，むしろそれが解消したと誤解させもしたことで深刻化を助長した。その結果，機能不全はバブル崩壊期にはいっそう抜き差しならない形で表面化し，変質化とそれにともなう混乱を一気に加速したといえる。

第6章　20世紀末バブルとは何であったのか

　以上4章にわたって我が国の20世紀末バブル発生の原因と考えられる要因について順次検討を加えてきた。ここであらためてそれぞれの論点を整理し，要因としてどのように考えるべきであるかを総合的に検討してみる。

1　資本蓄積説

　20世紀末バブルの発生および崩壊の要因として資本蓄積を考える場合，これまでの実物経済の枠組みとしての恐慌論と同時に，金融的側面も重視すべきであるように思われる。景気上昇期ないしは長期的成長における資本蓄積（設備投資）の結果，稼働率の低下，利潤率の低下が生じ，投資が抑制されて企業サイドだけでなく家計においても金余り，貯蓄超過が発生して投機を生むといった現象である。第2章の検討に基づき，戦後の日本経済において過剰蓄積が発生したプロセスをまとめると次のようになる。

　（1）まず名目成長率は，第2章第2節1項で検討したように，戦後経済が軌道に乗り始めた1956年頃からいざなぎ景気後の下降が底入れした1971年までは平均15.3％であったのに対して，1972年からバブルの収束する1993年までの平均は8.6％，その後2004年までは0.4％と1970年代初頭を境に急減速した。これは実物生産の動きを示す鉱工業生産指数の増加率でも物価上昇を勘案すれば同様である。需要要因としての高度成長を支えたのは設備投資で，GDPに占める比率は10年ごとに20％程度に達したが，いざなぎ景気のピークである1970年を境に下降に転じ，1991年に20％に近い水準を示した以外は低迷している。この結果，国民所得統計の純固定資産残高の動きを見ると，1950年代から尻上がりに増加し，1970年代の前半にいちだんの増加を見た後は緩やかな増加に転じ，1990年代初頭の駆け上がりの後は横ばいに推移している。1970年代半ばまでの急激な資本蓄積（設備投資）が，その後の設備抑制要因として働くと同時に，GDP・純固定資産比率（産出係数）が低下して，設備投資自体の国内総生産誘発効果も低下している。同時に稼働率も統計上の連続性を想定すれば，1973

年まで高水準の稼働が続いた後に急低下して，1990年前後の一時的なピークを除けば低迷しており，完全失業率も1970年代前半までは低下傾向が続いた後上昇に転じて，1990年前後に一時低下した後は再上昇しているなど，いずれも1970年代前半での屈折が明白に読み取れる。

(2) これを産業構造の面から見ると鉄鋼・化学などの重化学工業や電機，機械産業の伸びを中心に国内総生産に占める製造業の比率が1955年の28.4％から1970年には36％とピークを記録した。1973年からの2度にわたるオイル・ショックによりエネルギー・コストの占める比率の高い重化学工業は大きな打撃を受けて一部は構造的な不況に陥り，徐々に力をつけてきた電機，機械など加工組立産業へのシフトを加速した。その後再三の円高もさらに高付加価値のME製品へ注力することで凌いでいくが，同時に伸びてきた第三次産業も含めて設備投資はさほど大きくなかった。

(3) 屈折は，企業サイドの売上高，付加価値，総資産の伸び率を見ても明らかである。もうひとつの過剰蓄積のメルクマールとなる売上高経常利益率について見ると，製造業では1960〜71年は4.9％，1973〜2004年は3.3％と低下した。もともと低収益の非製造業では利益率の低下は見られない。一方，資産のストックと自己資本の蓄積度を示す負債倍率を見ると，高度成長期には一貫して上昇し，全産業で1976年に最高（悪）値を記録したが，成長率の鈍化とともに一転して低下（改善）基調となった。

(4) 金融面から見ると，全体の資金需給では最大の資金需要部門であった非金融法人企業の需要超過幅は1973〜76年に続き1989〜91年に最大のピークを迎えた後縮小して，1990年代後半から2000年代にかけては一時的に資金供給に転じた。これにかわり，1994年に最大の資金需要となったのは一般財政である。最大の供給超過部門は家計で，1970年代後半から超過幅は急速に膨張して，1990〜91年にピークを記録したが，その後は高齢勤労者の退職，無給老齢者の増加にともない減少傾向にある。金融資産の名目国内総生産との比率を見ると，非金融法人企業は1973年にピークをつけた後横ばいで，1988年に再度ピークをつけてからは後退しているのに対し，家計部門は当初非金融法人企業と同じレベルでスタートしながら2003年には法人の2.2倍に達し，金融資産は主として家計に蓄積され，金融機関を経由して投資主体である企業に流れたことを示し

ている。

　(5)企業の資金繰りの基本要素は資金需要の大半を占める設備投資と調達の中心をなす自己資金で，当期利益（配当，役員賞与などの社外流出は戦後の日本では軽少のため無視）に減価償却を加えたキャッシュフローを設備投資で割った「内部資金比率」が製造業では高度成長期の終わりごろから1を越えて，設備投資はすべて自己資金でまかなうことが可能になった。規模も含めた比較を可能にするためこれを絶対額で示す自己資金から設備投資額を差し引いた剰余分（フリー・キャッシュフロー）を直近の24年間について，バブルを挟んだ前半1981〜92年と後半1993〜2004年に分けて計算してみる。資金需要の大きい鉄鋼・化学が1970年代後半から黒字基調に転じて電機・機械ともども前半から黒字，後半には製造業全体で黒字になった。一方，設備投資が重いわりに低収益の非製造業では前・後半を通じて赤字基調で，比較的軽装備の建設業と設備投資がペースダウンした電力が後半若干のプラスとなった。全産業ベースでは前半は165兆円のマイナスとなっていたフリー・キャッシュフローは，後半には32兆円のプラスとなった。

　(6)その余資運用ないしは不足資金の調達について見ると，全産業では前半には社債で39兆円，借入で345兆円調達してフリー・キャッシュフローの穴埋めに充当したが，借入金のうち3割，108兆円は預金・有価証券の手元流動性として残った。特にフリー・キャッシュフローがプラスの鉄鋼・化学，電機・機械等では借入調達分はほとんど手元流動性として運用された。前後半をとおして見ると，フリー・キャッシュフローがプラスの業種は投融資の増加も自己資金で吸収したうえで，手元流動性も動員して借入の圧縮を行った。その他の業種でも資産圧縮，特に不動産業では棚卸不動産の圧縮で借入返済を行ったが，借入金は製造業が1993年をピークに減少したのに対し，不動産業は1997年にようやくピークとなった。ワラント債，転換社債など株式がらみの社債は，2002年のピーク時点で銀行貸出の16％程度でその3分の1は公共事業債であるなど，さほど高いとはいえないが，1986〜90年のバブル形成期だけをとると，銀行借入の増加163兆円に対して社債残高の増加，海外起債，有償発行増資はそれぞれ20兆円程度に達しており，限界的な影響は少なくなかった。

　(7)銀行融資の資金源の大半を占めたのが家計の貯蓄で，勤労者家計の貯蓄

性向は1998年まで上昇傾向にあり，実収入の伸びを上回る貯蓄の増加を実現し，貯蓄残高は年収の2.5倍となった。貯蓄の内訳も全体の58％を占める預貯金の増加が絶対額，伸び率ともに高く，ついで生命保険が安定した伸びで，株式・株式投信も1986〜90年には大きく伸びたが，株価上昇分を除けばそれほどではなく，バブル期も直接的な株式市場への参入は大きくなかった。1988年以降60歳以上の高齢無職者の割合が急増して貯蓄性向も低下しており，高年齢勤労者の無職高齢者へのシフトが今後とも続くと見られるだけに貯蓄増加には大きな抑制力が働くと見られる。

　以上のことから過剰蓄積のプロセスを再構築すれば，

　①高度成長の結果，稼働率，利潤率の低下に示されるように1970年代前半を機に過剰蓄積が発生した，②このことは産業構造の変化ともあいまって設備投資の低迷をもたらした，③この結果，企業の「内部資金比率」は設備負担の軽い業種から大きく改善，1980年代には製造業ではフリー・キャッシュフローでもプラス，急速に悪化していた負債倍率は1976年をピークに低下した，④一方，勤労者世帯では貯蓄性向の増加から家計の金融資産が急増，過半が預金・生命保険の増加となって金融機関に集中した，⑤1980年代末の設備投資の盛り上がりは従来を大きく超える規模ではなかったため，不動産関連資金需要で貸出急増，製造業にも運用見合いの貸出が増加した，⑥株式投資に個人資金が直接向かった証拠はないが，生保，投資信託経由はありうる。法人では株式，社債などの資本市場からの直接調達は残高としてはそれほど大きくないが，1986〜90年の限界的調達では社債，海外起債，有償増資のいずれも借入増加の10％以上を占め少なからざる影響を与えた，となる。

　結論　過剰蓄積が直接株式・土地投機の形をとったわけではないが，資金需要の沈静化は不動産業・建設業・卸売業などの土地投機を生みやすい環境を整備したということはできる。このことは米国のGNPと資本ストックの比率の推移を見ても，1900年初頭をピークに緩やかながら低下傾向を示し，1925〜26年にサブピークを形成した後は，投資は対象不足の状態が続き，土地，株式の投機ブームとなり大恐慌に至ったプロセスと類似しており，示唆的である。

2 長期波動説

　20世紀末バブルを景気循環ないしは複数の循環の重なりとして説明しようとする考え方がある。景気循環の代表的なものは，40ヵ月前後の周期（短期）のキチン循環，10年周期（中期）のジュグラー循環，15〜20年周期（建設循環）のクズネッツ循環などが一般的であるが，これらは，周期の長さから見て日本でも戦後あるいは20世紀に入ってから数回経験しており，第1章でも述べたように，これだけで過去に例のないような資産価格の暴騰・暴落を説明することはできない。

　(1) したがってさらに長期（50〜55年周期）のコンドラチェフ循環で説明が可能か否かということになる。しかし長期波動については，第3章第2節2項で検討したとおり，その原因やクロノロジーはさておき，存在自体を疑問視する向きもある。一方，物価循環としてのコンドラチェフ波のなかに2回分の周期の成長率循環としてのクズネッツ波が含まれており，物価の山と成長の谷とが重なったときがスタグフレーション，両方の谷が重なると不況，クズネッツの成長波の転換点が金融恐慌となる，と一般のコンドラチェフ波動とは異なる説明も見られる。

　(2) 長期波動の存在を認めるとしても，その原因，クロノロジーはまちまちである。原因については，物価波，成長・資本蓄積波，技術革新波，社会変動波，それらの折衷説など多彩であるが，物価については経済の工業化，寡占化が進んだ現在，その持つ意味は低下していること，技術革新や政治・軍事・社会・文化についてもつねに長期波動をリードしうるか否かについては疑問が残る。その意味では，資本主義社会における長期波動の原動力を検討する場合には，長期的なスパンで見た社会資本も含めた資本蓄積の変動という実物的循環の視点が妥当ではないか。これにしたがったクロノロジーは，19世紀については西欧中心のもので統計資料が不十分なため，随伴現象等もあわせ総合的に判断せざるをえない。これに対し，米国，さらには日本も加わって資料も整備された20世紀についてのクロノロジーは，若干の例外はあるものの，前半の山は1910年前後，谷は1940年代，後半の山は1970年前後と大きな差はない。

　(3) そこであらためて日米の非住宅構造物，設備・機械を合算した資本ストックの対前年比増加率をとると，米国の20世紀の山は1903年，1974年，谷は

1933年となっている。前半の谷はクロノロジーの大勢より少し早いが，米国の鉄道網の整備は1900年頃には事実上完成したといわれ，インフラ整備先行の影響が考えられる。いずれにせよ大恐慌前夜の投機は実体経済のピークというよりは長波下降局面に発生した投機といえる。一方，日本については，山が1920年と1969年，谷が大戦をはさむため不明ながら1940年代と推定される。前半の山谷が米国が少し早いことを除けば大勢は一致しており，ここでも20世紀末バブルは下降過程に発生している。同時に山の米国とのズレを勘案すれば谷は1940年代となるが，この下降期に大きな投機が観察されないのは直前の山がそれほど大きくないことと，戦時経済で大きく歪められたためと考えられる。

結論 原因は第2章の資本蓄積説で述べたが，20世紀の日本のデータから考えると資本ストックの蓄積は50～60年周期で変動しており，米国大恐慌の土地・株式投機や日本の20世紀末バブルは長期波動の下降局面に発生したという符合は見られる。しかし長期波動という以上，普遍性があるのか，これからも繰り返すのかという点がポイントであり，判断をくだすにはデータが不足している。20世紀について見ただけでも，日本での1920年のピークの後の下降過程では，1930年の昭和恐慌の落ち込みがそれほど大きくなくて，1933～34年には一時的な株式ブームも見られたとされるが[1]，ほどなく戦時経済下に入った。米国の20世紀末に発生する可能性がある下降過程の投機が，1997～98年に破綻したIT株ブームやヘッジファンドであったのか，さらには，今日にいたる世界的な金余りと投機の盛行，あるいはサブ・プライムローン問題に端を発した現下の金融危機がそれであるのかは判断をくだしがたく，現時点では結論を留保せざるをえない。

3　心理要因説

　心理要因が経済活動，特にその動態的な側面に作用することはつとに論じられてきたが，20世紀末バブルについても無視できない要因である。

　(1)資産価格が，それが生む収益を市場利子率で還元した理論値で評価されるものか否かは第4章で検討した。株価は，感覚的な「上がりすぎ」論はとも

---

[1]　高橋亀吉『大正昭和財界変動史』下巻，第14章，東洋経済新報社，1955年。

かくとして，データに基づいた PER の妥当性が論じられ始めたのは1989年頃からである。フレンチとポテーバによれば，日米の株価水準に影響を与えると思われる要素を調整したうえで日米の PER を比較した場合，その違いの大半をこれらの要因で説明することができるが，1986年に日本の PER が倍増したことは説明できないとして経済外的な（心理）要因の存在を示唆する。地価の高騰についても，日本，特に東京の経済成長率を高めに想定して正当化しようとする見解もあったが，消費者物価や実質国内生産の伸び率などこれまで整合的であった経済データからの乖離が著しいとして，ここでも経済外の要因を指摘する向きが多かった。

(2) 新聞におけるバブル関連キーワードの出現頻度は，現実に発生している経済現象の報道ではあるが，同時に掲載されることは同時代人の関心の高さを示し，またその影響力も大きいという意味で，心理状態の反映でもある。出現頻度を時系列で見るとほぼ正規分布で，ロジャースが米国における農業技術イノベーションの普及過程で観察した結果とも整合する。そこでピークにいたる出現頻度（心理要因）の高まりを標準偏差を基準としたピークまでの時間差で三つの局面に分けて観察することができる。すなわち，潜伏期（〜1984年）では，将来のバブル現象の濫觴とも言うべき現象は，事後的には検出されるもののいまだ波及するにはいたらず，漠然とした期待感が漲っている状態，昂進期（1985〜87年）は心理要因波及の勢いが最も高い時期，爛熟期（1988〜90年）は心理要因があまねくいきわたると同時に，その勢いは衰えていく時期である。このことはそれぞれの時期の各マスコミの論調を順を追ってチェックしても確認できた。

(3) これらは，株式についてみれば，企業の金余り，個人貯蓄の増加といった運用ニーズの対象が，金利自由化で高い金利が可能となった預金からハイリスクの投信，株式に移り，その上昇はさらに期待を高めて投資を呼ぶことになり，土地についても東京を中心としたオフィス需要の増加，家賃上昇，ビル建設用地の地上げ，被買収対象地の買い替え，地価上昇による税務対策，遊休土地の運用など，実需からスタートしながらますます実需とは乖離する形で「買えば上がる，上がるからまた買う」という値上がり期待のフィードバック・ループの心理要因が支配することになったと説明された。

(4) ちなみに，資産価格の高騰に対するこの心理要因の影響を計測してみると，土地について6大都市商業地の平均地価指数を全国の事務室実質賃料で説明する回帰式の説明力は高いが，バブルの爛熟期には回帰直線から若干の上ブレが見られる。これにキーワードのうち「地価高騰」の出現頻度を説明変数として加えるとさらに説明力を高めることができる。株価について，日経平均株価を1株当たり利益で説明する回帰式についても，キーワード「財テク」の出現頻度を説明変数に加えることにより説明力が大幅に改善される。このようにキーワードの出現頻度で代替される心理要因の変化は，株価，地価のファンダメンタルズから乖離した高騰の有力な説明要因であった。

結論 20世紀末バブルの形成に心理要因が作用したことは，抽象的には広く認められているが，上述のごとく三つの局面に分けて個別のマスコミでの論調を追っても，試みに新聞記事の出現頻度をバブル最盛期の株価，地価のファンダメンタルズからの乖離の説明要因として見ても，バブル形成局面で心理要因が大きく作用して不安定性を増大したという点は否定できないであろう。

4　制度要因説

これまで資本蓄積，長期波動，心理要因等について検討してきたが，これらの要因が作用する「場」としての制度や政策についても検討した（第5章）。ここでは20世紀末バブルについても分析に積極的に取り組んでいる「比較制度分析」の立場から検討した。「比較制度分析」では，経済とは制度や組織，慣習などの具体的な存在の集まりが相互作用を続けていく場であり，制度や組織は経済主体（プレイヤー）間相互関連活動の結果到達したナッシュ均衡であると規定する。したがって制度はそれ自体安定性を持ち，環境変化などに対して硬直的で，経済のパフォーマンスに大きな影響を与えることになる。戦時経済体制に源流を発し，戦後の日本経済に大きな影響を与えた制度としては，長期雇用システム，コーポレート・ガバナンス，メインバンク制度，政官財癒着等があげられるが，これらの硬直化が20世紀末バブルにどのような影響を与えたのか再度要約する。

(1) まず政・官については，戦後経済の混乱が収まると投資促進税制，公的金融制度，中小企業対策，社会資本整備，基幹産業の合理化など経済の基盤づ

くりのための施策が打ち出された。1960年代に入ると成長持続のために有効需要喚起策が財政支出，通商問題への対応をともなう形で展開され，一方では個別産業政策により産業界との距離が近くなった。高度成長期を過ぎるとこれらのツケが目立ち始め，貿易収支黒字の累積，円高の結果としての円高不況対策が必要となり，その結果，赤字国債が累増したにもかかわらず通商問題は完全に解消することはなく，他方では政府系金融機関の膨張など官の肥大化は止まらなかった。同時に官僚機構の硬直化がさらに進み，省・庁・局の縄張り意識は外部環境の変化に対する柔軟，迅速な対応を阻み，これに便乗した政治家の介入を許した。しかし，経済界からの再生改革の声に加えて，欧米の新自由主義の成功も追い風となり，ようやく行財政改革・民活・民有化に踏み込むことになった。

(2) 戦後 GHQ の指導により行われた財閥解体，株式の個人への譲渡，労働組合活動の再開など急速な民主化は，1950年代半ばには，株式の企業間の持ち合い，長期雇用・年功序列賃金を軸とする労使関係，社内出身の経営陣を軸とした成長至上主義の経営が支配した。同時に旺盛な資金需要を背景にメインバンクの経営に対する発言力も強化された。1970年代に入り高度成長のかげりとともに，円高，国際化の流れを受けて，2度のオイル・ショックを契機として成長主義の転換，減量経営を余儀なくされ，この頃から長期雇用制度や株式持ち合いの見直し，一部の優良企業の銀行離れが始まった。設備投資の沈静化は，収益力の低下にもかかわらず自己資金力の強化をもたらして，銀行離れ，グローバル化の進展とともに官の干渉からも自由となり，1980年代は経営者独裁時代で，収益重視の経営体制は一部にはモラルハザード発生の温床ともなった。

(3) 戦後日銀によって再度制度化されたメインバンク制度は，オーバーローンによる成長通貨供給をテコとして銀行の企業に対する発言力を強化させ，モニターとしての役割も一時担うことになったが，横並びの護送船団行政は銀行の柔軟な事業モデル構築を妨げることになった。1970年代末からの預金金利をはじめとする自由化の流れと，BIS 規制による収益確保の要請のなかで，経営の自由度を奪われていた銀行は折から需要の高まった不動産，運用資金への融資に安易にのめり込んでいくことになった。不良債権の累増による体力低下はレント喪失と同時にモニターとしての機能を喪失させた。

(4)これらの各経済主体間の相互関係は，日本「三頭」支配体制に象徴されるごとく相互補完関係の強いものであった。官は政策の次元が「業界」単位となるにつれてその管理地盤の構成体の代弁者となり，天下り，関係政治家への選挙応援など癒着関係を結び，これは許認可権や銀行に対する日銀貸出の配分権を有する官と銀行との関係においてはさらに顕著であったが，一方では公益重視の立場から均等主義的な護送船団方式しかとりえず，自由な経営戦略を生む風土を育てられなかった。このため先送りにされていた金融ビッグバンは，バブルによる不良債権処理の不手際や官僚の不祥事で大蔵省存続の危機に立たされてはじめて，政治主導の形で実現したとの見方もある。

　結論　戦後日本の高度成長時代に確立した制度が，その後の経済環境の変化にともない変質していくなかで，20世紀末バブルの発生を促進した要因としていくつか考えられる。すなわち，①大企業の銀行離れ，②当時の収益至上主義的風潮に流された企業経営者のワンマン的意思決定をチェックできなかった銀行のモニタリング能力の低下，③金融制度の不完全な自由化のもとで銀行の安易な不動産融資に対する（特に官の）モニタリング不在，④官僚制の硬直化と遅い政策対応，⑤日銀の政策から言えば長期の金融緩和，等である。これらはいずれもバブルそのものを促進・拡大させた要因として無視することはできない。

5　総括

　以上4説を総合して総括する。

　1970年初頭までの設備投資を軸とした高度成長は過剰蓄積をもたらした。有効需要創出政策にもかかわらず成長鈍化，利潤率低下が避けられず，設備投資が減速した結果自己金融力が強化され，企業サイドでも資本蓄積が停滞し貨幣資本の蓄積も進行した。これに加えて，成長と高齢化によりさらに加速された勤労者の平均賃金上昇による家計の貯蓄増加が急速に進み，媒介機能を果たすはずの金融機関においても運用難（金余り現象）が現出した。20世紀末バブルは実物投資の過熱ではなく，こうした金融的状況下で発生した資産投機と捉えるべきで，そこには長期的な分析視点が必要なことを示す。このことは，米国の大恐慌前夜の景気下降局面のもとでの株価狂乱[2]が示唆的である。

　この現象は繰り返すか。長期的に見た資本蓄積の動きである以上，短期，中

期の景気循環とは異なり，長期波動としての視点が必要である。50年周期の長期波動説は，50年周期で繰り返す現象があるということだけではなく，それがいかなる要因で起こるかが問われるべきであろう。同時的に発生する現象を捉えて周期性を説明するのでは意味がない。その意味で長期波動の要因としては資本蓄積説のほうが無理がなく，クロノロジーも20世紀についてはバブルは資本蓄積の沈滞期に発生するという説明と矛盾しないが，今後とも繰り返すか否かについては結論を留保せざるをえない。

　その他の景気循環がバブルにどのように影響を与えたかという問題について付言しておこう。1991年には建設循環[3]，設備投資循環，在庫循環のピークが重なっており，篠原三代平は特にこのことを重視する[4]。このことがバブル形成とどうかかわっているか。景気上昇期の心理的昂揚感と資産価格上昇の昂揚感が資産価格上昇に相互作用をもたらしたことは考えられる。しかしながら資産価格上昇は1990年に自律的にピークアウトしており，設備投資も第2章第1節2項で紹介した宮崎義一が例示する日産自動車・苅田工場プロジェクトのように資産効果が過大投資を招いたケースもあるが，GNPに占める設備投資比率は1961年，1970年のピークに比べて特に高くはなかった。成長率は高度成長期よりも低かったことからすれば，総体的にみた影響力はさほどではなかったといえるのではないか。設備投資に対する資産効果については，第4章第2節2項で述べたように否定的な見解が多いように思われる。

　心理要因はいままで軽視されてきたが，上昇期には大いにありうる。特に資本蓄積の沈滞期に生産資本蓄積の対象が不足している場合に発生する投機では，心理要因は重要な役割を果たす。株価にしろ，地価にしろ当初は実需により価格が上昇した。しかし同時に，潜在的な上昇心理要因が存在する場合には，やがて強力なデマゴーグが存在したわけでもないのに，徐々に風潮が形成され，

---

2) Allen, Frederick L., *Only Yesterday: An Informal History of the Nineteen Twenties*, Harper and Brothers Publishers, 1931. 藤久ミネ訳『オンリー・イェスタデイ』ちくま文庫，1993年，384頁。
3) 内閣府『平成4年度年次経済報告』(『エコノミスト』1992年8月31日)，205頁，なお篠原三代平『戦後50年の景気循環 日本経済のダイナミズムを探る』日本経済新聞社，1994年，161頁では1990年となっている。
4) 篠原，同上書，175頁，256頁。

なんらかの要因（ジャパン・アズ・ナンバーワンとかトウキョウ・フィナンシャルセンターなど）に仮託して急速に期待が拡大し，オルレアンのいう「強気相場のコンベンション」が形成され，それに乗って投資する人が輩出してくるのは心理要因以外のなにものでもない。テレビ，新聞，雑誌などのマスコミもこれを煽ったことは，大恐慌前夜に米国の新聞や当時急速に普及してきたラジオが果たした役割と同じである。

　この流れに機動的に対処してこれを止めることができなかった，むしろこれを黙認し，特に金融政策では結果として拡大させたという点では，制度・政策の果たした役割も大きい。特に日本的経営の勝利，高度成長を支えた官僚主導の経済といった成功体験が強烈であっただけに，これへの埋没が戦後未経験の事態への対応を遅らせたといえる。

第7章　20世紀末バブルの整理過程：なぜ長引いたのか

　まずデータの比較を行ってみたい。20世紀末バブルのような過去に例を見ない資産価格の暴騰・暴落と同時に発生した景気循環であれば、過熱の後遺症の整理には景気の下降過程（調整局面）を最低2回は経験することが必要となろう。そこで第1章の表1-1で検討した景気変動の基準日付に従うと、表7-1に示すごとく20世紀末バブルの整理期は第11循環の山1991年2月から第12循環の谷である1999年1月までの8年間となる。これと比較する対象として、高度成長期は避けて、その終焉後の第9循環の山1980年2月から第10循環の谷1986年11月にいたる6年10ヵ月間の整理期をとり、この2期間の経済指標の変化を比較して見てみよう。この1.5周期ずつの比較で、合算した下降期間はほぼ同じであるが上昇期間は1990年代のほうが長いため、下降月数が上昇月数を上回るのは1980年代の25ヵ月に対し1990年代は9ヵ月にすぎない。それにもかかわらず、表1-1のピーク年である1979年とボトムの86年、1990年と98年の経済指標を比較すると、実質GNPは1980年代の1.25倍に対し90年代は1.12倍、同様に鉱工業生産指数は1.24倍に対し0.94倍、稼働率指数は0.95倍に対し0.84倍、全産業の総資産経常利益率が1980年代の3.84％から2.81％への低下に対し90年代は3.34％から1.61％への低下、完全失業率は2.1％から2.8％への上昇に対して2.1％から4.1％に上昇しているなど、1980年代に比べて1990年代の落ち込みが格段に大きい。加えて企業の最終利益は1990年代にはバブル処理のための巨額の特別損失が計上されて1998年と2002年の純損益は全産業でもマイナスとなった。長期不況といわれるゆえんである。このことは過去の景気循環の下降過程とは違った大きな力が働いたことが明らかで、この長期不況に20世紀末バブルの崩壊がどのように作用したのか、企業、銀行、家計に分けて見ていこう。

表 7-1　1980年代と1990年代の景気下降期

DIによる山と谷	1980年代		
	山─谷─山─谷	上昇月数	下降月数
	1980/2─83/2─85/6─86/11	28	53

主要指標の変化

	1986/1979	1979	1986
実質GNP（十億円）	1.25	282,589	352,880
生産指数（2000＝100）	1.24	64.7	80.0
稼働率指数（2000＝100）	0.95	110.2	104.7
総資産経常利益率（％）		3.84	2.81
完全失業率（％）		2.1	2.8

(資料出所)　実質GNP：内閣府経済社会総合研究所『国民経済計算報告』
　　　　　　生産指数，稼働率指数：経済産業省『生産・出荷・在庫指数確報』
　　　　　　総資産経常利益率：財務省『法人企業統計年報』（全産業）
　　　　　　完全失業率：総務省統計局

第1節　企業

1　産業別の動向

　全産業の総資産経常利益率を1980年代の景気調整期に入った1979年と2期目の底となる1986年，1990年代の調整期に入った1990年と2番目の底1998年とで比較する（図7-1）。1980年代は3.84％から1980年と1984年に山をつけた後再び下落して2.81％と通期で1.03％ポイントの低下となったのに対して，1990年代は1988年からすでに下降が始まり，この期間だけをとれば3.34％から1.61％へと1.73％ポイントの低下となった。水準としては両期間とも製造業のほうが高く非製造業は低いが，動き自体はほぼ同様である。ただし，製造業は収益率が高い好況期はともかくとして全産業との格差が縮小しつつあり，牽引力の低下を窺わせる。

　しかしながら，1980年代と90年代の基本的な違いは経常損益以外の資産売却・除却・評価損失，リストラ費用などの非経常項目が計上される特別損益にある。総資産に対する比率（図7-2）で見ると，1980年代はほとんどプラスマイナスゼロで推移したのに対し1990年代に入るとマイナス幅が拡大した。1990

1990年代		
山—谷—山—谷	上昇月数	下降月数
1991/2—93/10—97/5—99/1	43	52

1998/1990	1990	1998
1.12	429,985	480,587
0.94	99.9	94.4
0.84	114.1	96.1
	3.34	1.61
	2.1	4.1

年代終わりから2000年初頭にかけてリストラが進行してさらに急激に拡大し，1998年と2002年には納税引当金を差し引いた純損益ではマイナスとなった。総資産に対する比率からいえば若干ながら製造業のほうがマイナス幅が大きい。

　一方，企業の財務構成を示す負債倍率（図7-3）は，1970年代半ばをピークに低下傾向にあることは第2章に述べたとおりで，1980年代はこの傾向が継続した。1990年代も製造業については同様であるが，非製造業では1980年代後半から横ばいに入り1998年に山を形成した後，急低下した。これは1980年代の不動産投資と1990年代の処分損計上で資本の毀損が大きかったためで，1998年にピークとなった後は資産の圧縮，債務免除等による資本の回復から本来の低下軌道に乗った。

　総資産経常利益率を産業別に俯瞰すると，製造業（図7-4）では基本的に全体と似たような動きを示している。1980年代，90年代をとおして安定した収益率を示している業界は大手の寡占体制が確立し万事協調的な化学，収益水準は低位ながら雑多な業種からなる一般機械で，1980年代よりは低下したものの精密機械も高水準を維持しており，軽工業・食品などを含むその他製造業も安定している。1980年代は高い水準を実現した電機，輸送機械は1990年代後半の落ち込みが大きく回復水準も80年代よりは低い。鉄鋼は1980年代，90年代をとお

図 7-1　総資産経常利益率推移

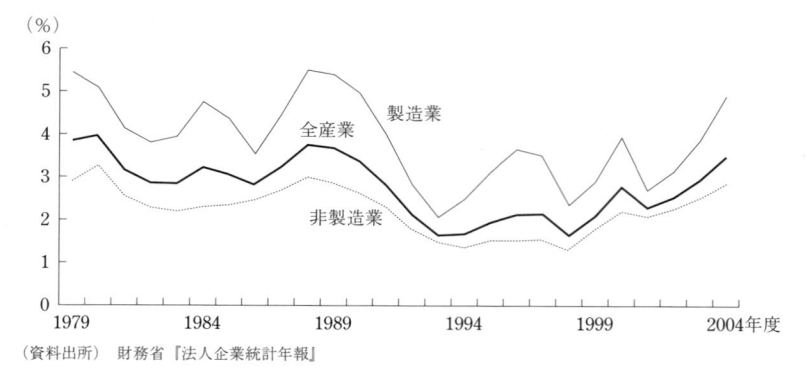

(資料出所)　財務省『法人企業統計年報』

図 7-2　特別損益・総資産比率推移

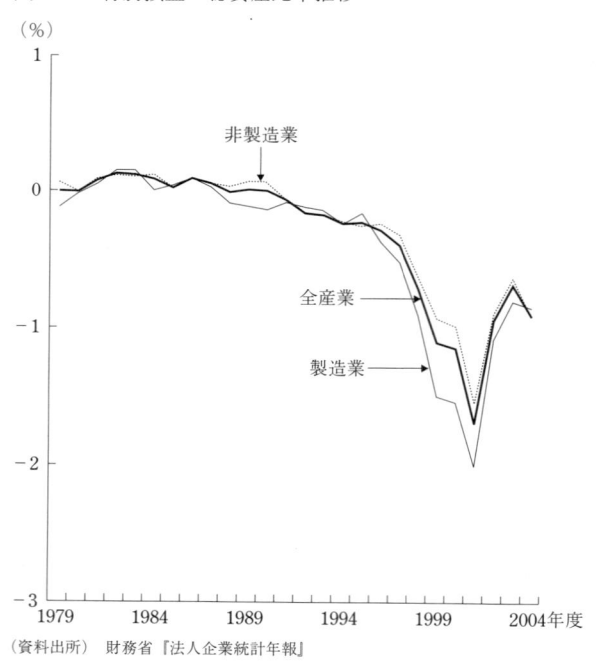

(資料出所)　財務省『法人企業統計年報』

第7章 20世紀末バブルの整理過程：なぜ長引いたのか　191

図7-3　負債倍率推移

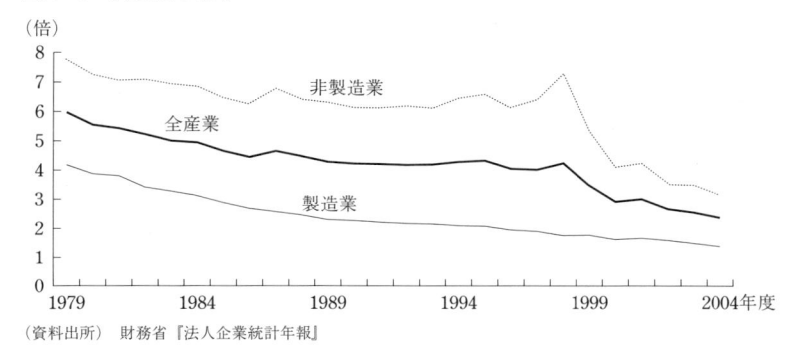

（資料出所）財務省『法人企業統計年報』

図7-4　製造業総資産経常利益率推移

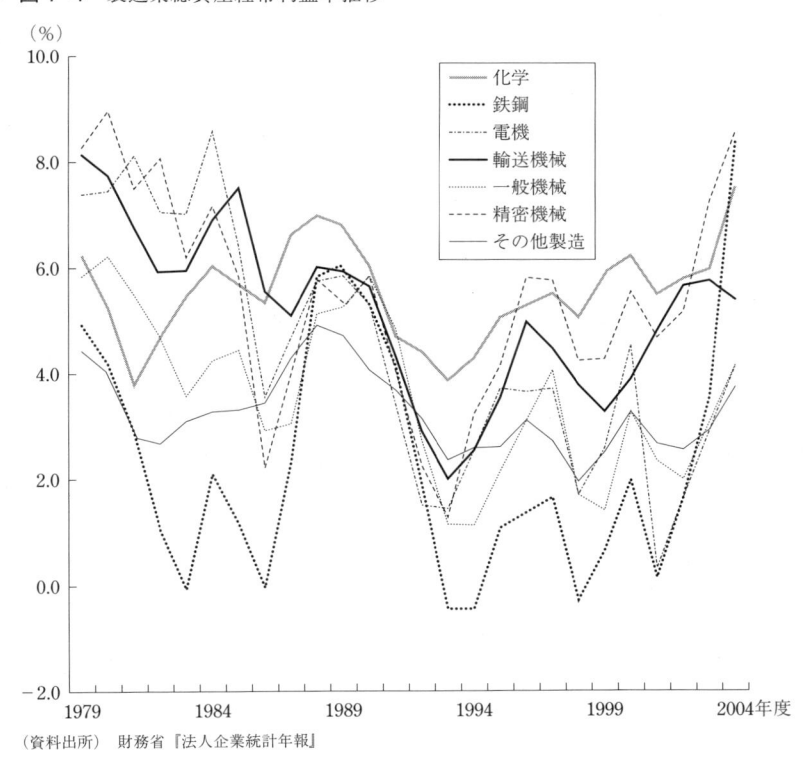

（資料出所）財務省『法人企業統計年報』

図 7-5 非製造業総資産経常利益率推移

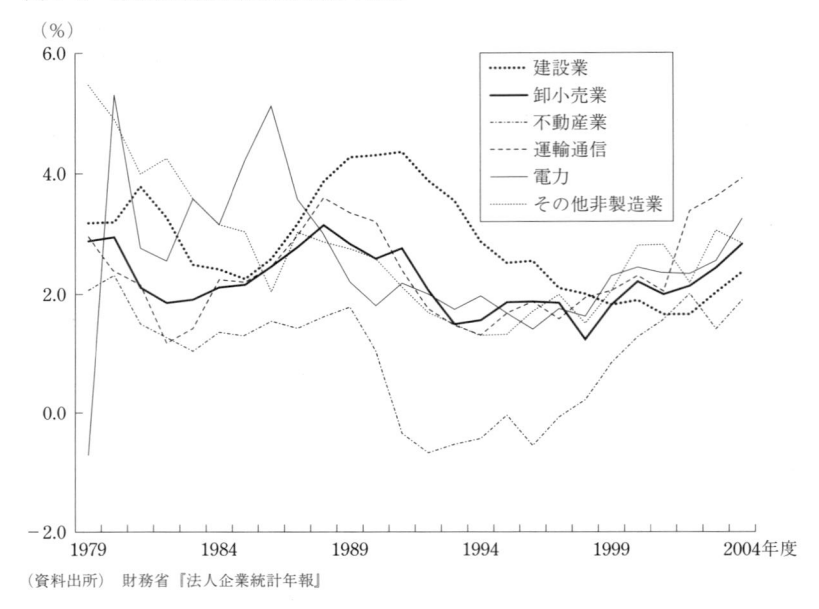

(資料出所) 財務省『法人企業統計年報』

して収益は低水準かつ不安定である。非製造業(図 7-5)は利益率 2 ％台に集中して,動きも比較的安定している。卸小売業,運輸通信は横ばい水準で,電力,その他非製造業は1980年代よりは低いが 2 ％台を維持している。これに対し,不動産業は資産規模に比べて低収益のうえ,1980年代に若干上昇した後,1990年代はマイナスと急低下,建設業もこれを追うように低下したが,こちらは水準としては平均並みを維持している。

負債倍率は一部の例外を除いて低下傾向にある。特に製造業(図 7-6)では顕著で,輸送機械,電機,精密機械は同じ足取りで低下してきたが,1990年代後半にいたり電機だけが足踏みとなった。1980年代には高かった化学,一般機械も低下し,さらに高かった鉄鋼,その他製造業も1980年代には急低下したが,鉄鋼は1990年代に入り横ばい(リストラの遅れ)で2000年代に入ってから急落している。非製造業(図 7-7)では高水準にもかかわらず低下のペースは緩やかで,卸小売業,運輸通信,建設業の低下が目立つ程度である。電力は通期で横ばい,不動産業はもともと自己資本に比べて過大な投資に加えて自己資本自

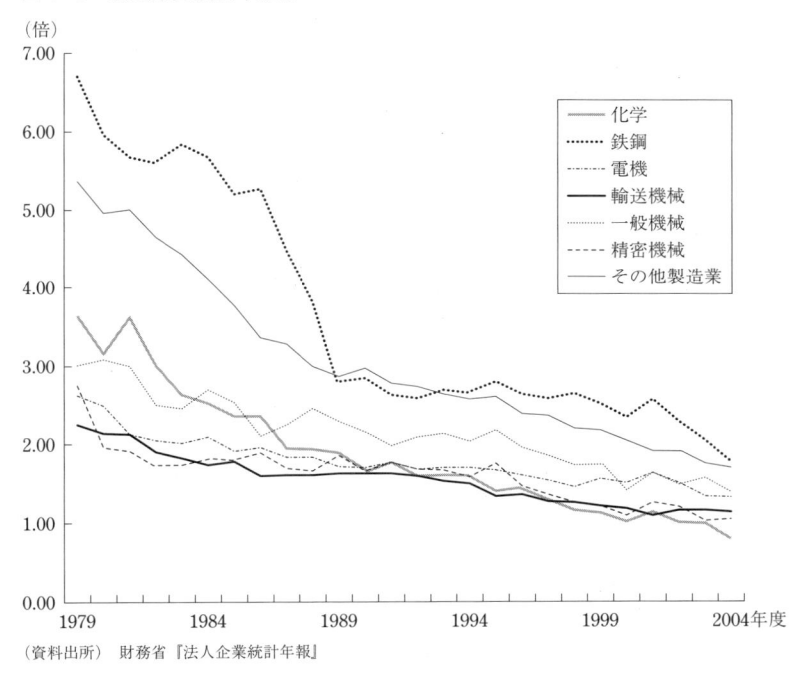

図 7-6　製造業負債倍率推移

(資料出所)　財務省『法人企業統計年報』

体が目減りしたため，他とかけ離れて急上昇，債務免除益等の金融支援を受けて旧に復した。その他非製造業も高い水準で推移している。

　1980年代，90年代の下降期を比較してみると，収益力は経常利益で見るかぎり，1990年代の収益力水準が低下していることを除けば大きな違いは見られない。問題は特別損益の大幅赤字である。財務構成についても1990年代の非製造業で負債倍率の低下傾向にブレーキがかかったことを除けば同様で，これは不動産業の負債倍率の急上昇に起因するものである。

2　リストラの進行

　景気下降過程における好況期の過大投資の整理（減量）の進行状況を大づかみに判断する実務的な指標として，次の三つが有効である。第1は，損益計算書中の「特別利益・特別損失」で，ここに資産売却・除却・評価損益，リスト

図 7-7　非製造業負債倍率推移

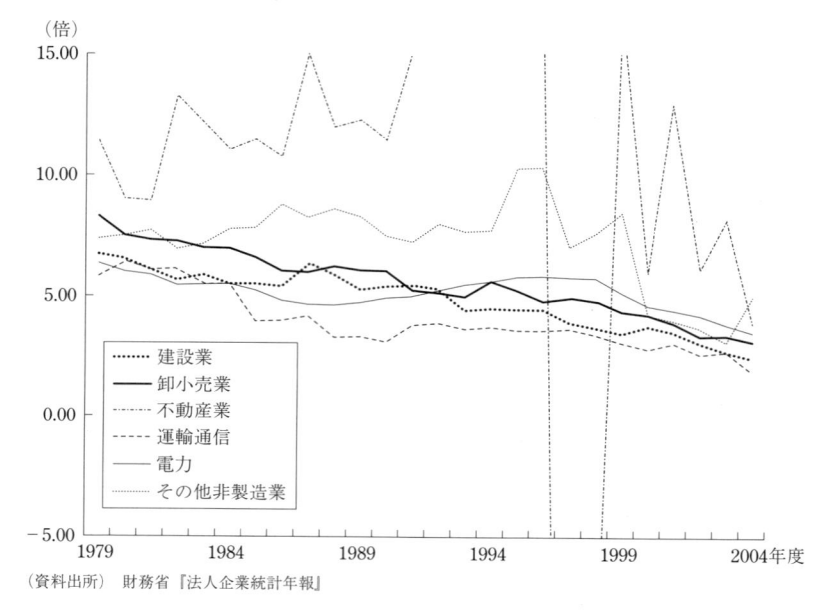

(資料出所)　財務省『法人企業統計年報』

ラや関係会社整理にともなう臨時損失など非経常的な取引が計上される。好況時の過大投資の整理はほとんどここに表示されるわけで、特別損失の計上は整理の進行を意味する。ただし、通常巨額の損失計上を避けるため資産売却益などと両建てで計上されることも多いので、損益通算の実額で捉える必要がある。また経常収支とのバランスも必要で、特別純損失が経常収益の範囲に余裕をもって収まるようになれば整理はかなり進行したといえる。第2の指標は「支払利息」で、金利水準にも左右されはするが、この絶対額が減少することは負債の整理が進行したことを示す。第3は従業員数で、過大投資は必然的に過剰雇用をともなっており、従業員数の圧縮は一般的に言えば企業のスリム化、減量が進行していることを示す。

そこで主要な業種について1980年代と1990年代のリストラの違い、1990年代のリストラがなぜ長引いたのか、どこまで進行しているのかを、これらの指標、すなわち経常利益、特別損益、支払利息、従業員数の推移に基づき検討したい。なお、ここでは各業種の規模（全産業に与える影響力）の違いがはっきりする

ように，グラフ（図7-8）の金額目盛は1兆円刻み，従業員目盛は50万人刻みに統一した。

化学 1980年代は経常利益が一本調子で拡大し，特別損失の計上もなく，支払金利は減少の一途をたどった。従業員数はいったん落ち込んだが終期には回復し，調整色はあまり見られなかった。1990年代も利益はいったん落ち込んだが，短期間で回復基調に入り支払利息も減少，1990年代末から2000年にかけて特別損失の計上が大きかったが，個別の企業で巨額の損失を計上したところはなく，業界全体でも経常利益の規模に比較すればわずかである。従業員は漸減傾向にある。

鉄鋼 1980年，90年代を一貫して従業員数，支払利息は減少しており，リストラが進行していることを窺わせるが，金利負担が重く市況に左右されて収益のブレが大きい。1980年代は経常利益が減少の一方で末期に若干回復した。1990年代は1993～94年に赤字計上の後いったん回復したが，1998年には再度赤字に転落した。1999年から2001年の3年間で1.2兆円の特別損失を計上したが，そのうち新日本製鉄，ジェイ・エフ・イーホールディングス（川崎製鉄，日本鋼管），住友金属工業，神戸製鋼所の高炉各社で0.9兆円を占め，内訳は関係会社も含めた有価証券評価損0.4兆円，事業整理損0.4兆円，会計基準の変更等約0.2兆円とバブルの整理と遅れたリストラでの半々の処理となっている。収益力が低いため負担は重く，大きな業界再編を余儀なくされた。近年，世界的な寡占化が進行しており，2000年代に入って回復した収益力の持続性が注目される。

電機 1980年代は経常収益，従業員数，支払利息ともに落ち込みなく，むしろ成長期であったといえる。1990年代に入り支払利息が減少傾向にあり，経常利益はいったん落ち込んだもののITバブルで急上昇，従業員数も遅れて増加したが，2001年には2.8兆円の特別損失を計上している。このうち日立製作所，東芝，三菱電機，松下電器産業の大手4社で0.8兆円を占めるが，内訳は構造改善事業0.5兆円，早期退職金0.1兆円，有価証券の評価・処分損0.2兆円でデジタル化に遅れるなどした不採算事業のリストラが主であった。

輸送機械 電機同様1980年代は経常利益の落ち込みは軽微で，従業員数ともどもすぐに回復に転じており，成長期であったといえる。1990年代には経常利

図 7-8　業種別「リストラ」指標推移

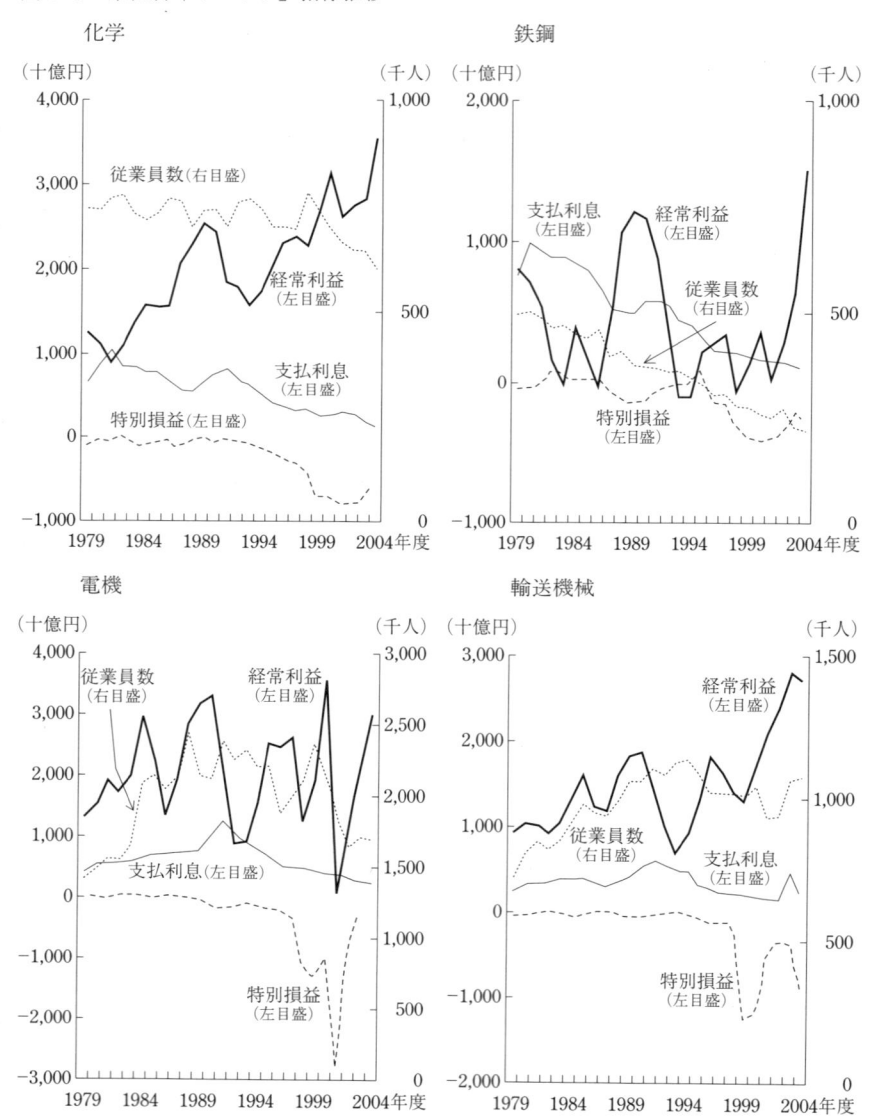

第7章　20世紀末バブルの整理過程：なぜ長引いたのか　197

一般機械

精密機械

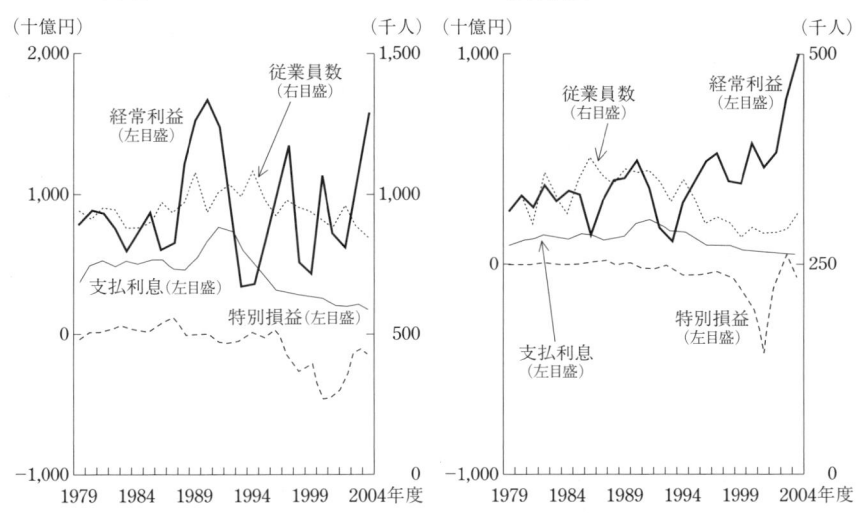

その他製造業

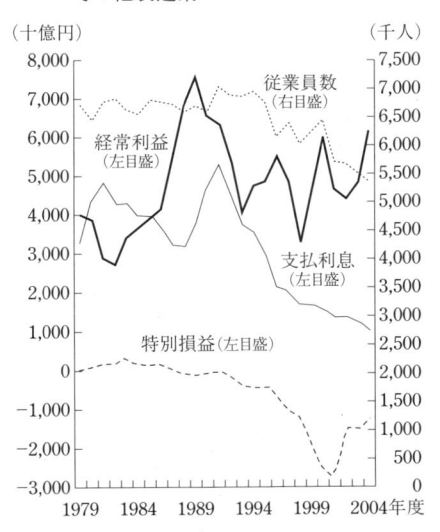

建設業　　　　　　　　　　　　　卸小売業

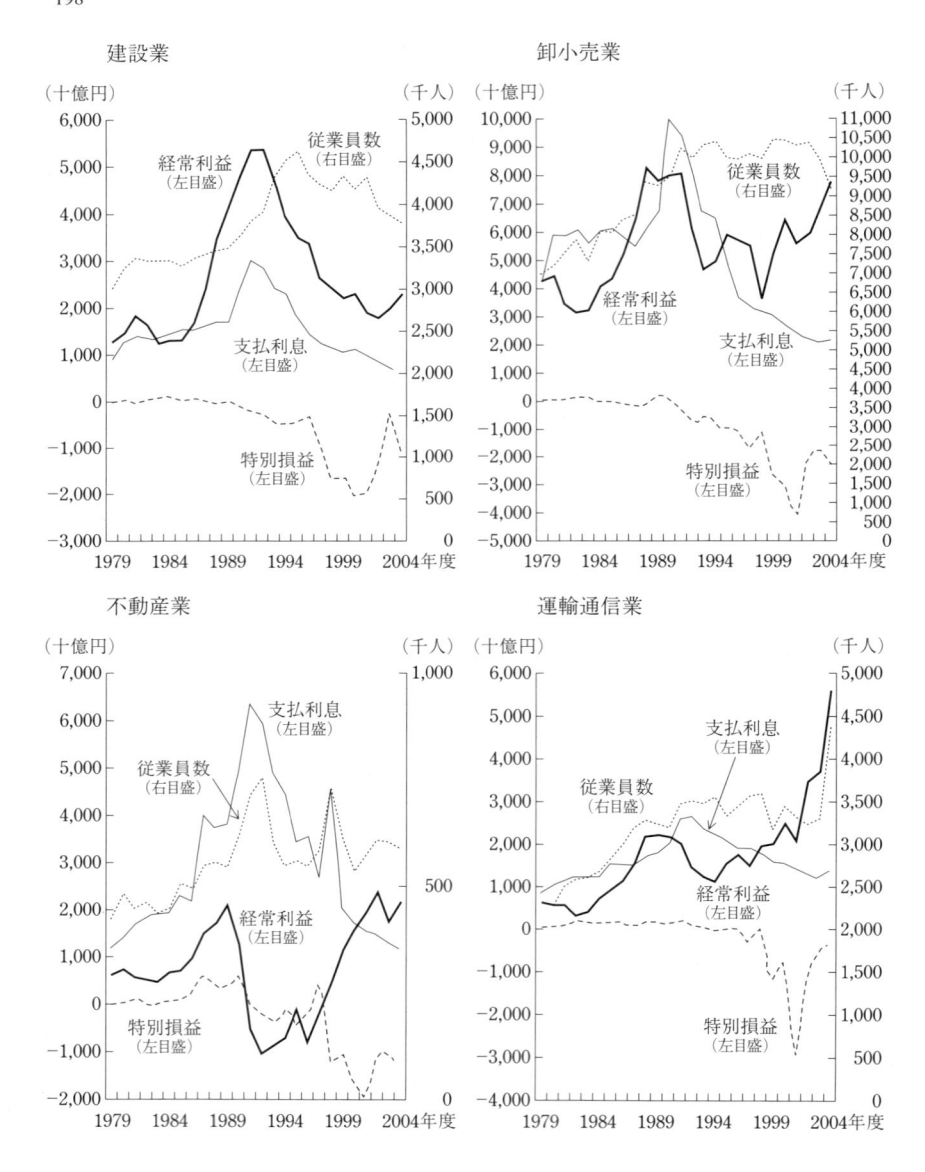

不動産業　　　　　　　　　　　　運輸通信業

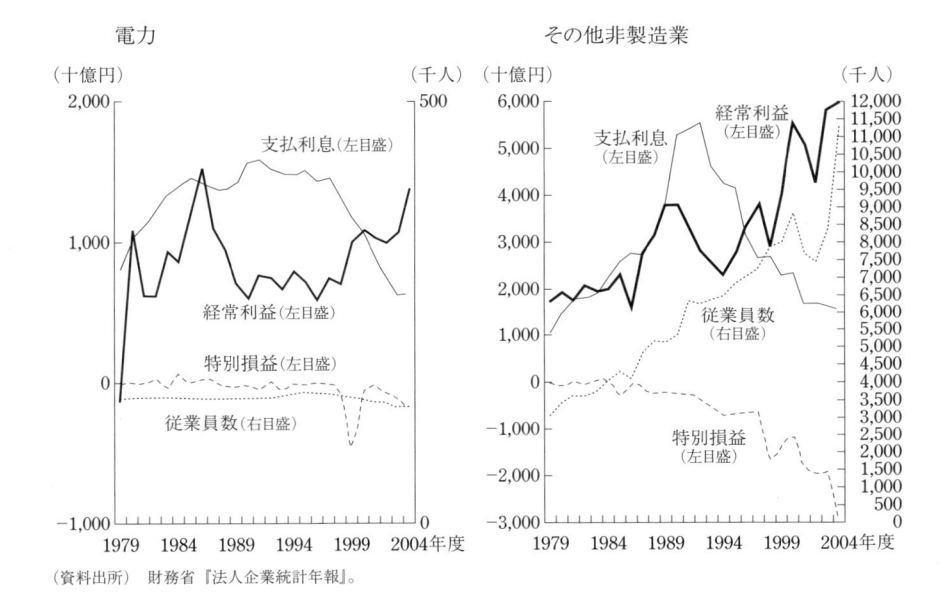

益が大きく落ち込み，遅れて従業員減量化，支払利息も減少した。1999～2000年の2年間に2.5兆円の特別損失が発生したが，うち日産自動車，三菱自動車，マツダの3社で1.2兆円を占め，内訳は構造改善費用0.5兆円，年金，退職金等の計上基準変更0.5兆円，投資評価損0.1兆円等リストラ色の強いもので，業界全体では経常利益の範囲内に収まったが，外部資本の支援を仰ぐ企業も出た。

一般機械 雑多な業種を含むため統一感のある方向性は見出しがたいが，1980年代は支払利息，従業員数の減少がほとんどなく，経常利益の落ち込みが長く続いた。1990年代は支払利息は一貫して減少し，従業員数も少し遅れて減少している。落ち込みが大きかった経常利益はいったん回復したが，また低下した。2000年代に入っての特別損失は業界全体では経常利益水準に比べれば小さい。

精密機械 1980年代は収益の落ち込みもなく，増減の激しい従業員数も傾向的には横ばいである。1990年代は支払利息，従業員数とも減少，収益はいったん大きく落ち込んだが，早期に回復している。特別損失は2001年がピークながら業界全体で見れば経常利益の範囲に収まっている。

その他製造業　1980年代は従業員数は横ばい，支払利息も減少傾向でいったん落ちた経常利益もすぐ回復している。1990年代は借入，従業員数の圧縮が急で，波はあるが利益水準は高い。2001年がピークとなった特別損失も業界全体では経常利益で十分吸収できるものである。

　建設業　1980年代は経常利益，支払利息，従業員数とも横ばいで，調整色は見られない。1980年代後半から90年代前半は支払利息は減少したものの採算悪化と急増した従業員数の圧縮が遅れ，利益は急減少した。水準はプラスながら1990年代後半からリストラが本格化して，ピークの2000～2001年で4.0兆円の特別損失を計上，うち大林組，大成建設，清水建設，鹿島の大手4社で0.6兆円（1998年にも清水建設と鹿島で事業損を主体に0.5兆円を計上）に達し，内訳は事業損0.2兆円，不動産評価損0.2兆円，退職給与引当金基準変更0.1兆円と，そのほとんどがバブルの後処理であった。中堅クラスでは同じ時期に青木建設，佐藤工業が民事再生法を申請したほか，飛島建設，熊谷組をはじめとして銀行に対する債務免除要請が相次ぐなど実質行き詰まりが表面化し，倒産件数[1]は2000～02年には6000件弱と倒産件数全体の3分の1を占める高水準が続き，さらに下の規模の企業では倒産・廃業が相次いだことを示している。

　卸小売業　1980年代はいったん利益は落ち込んだものの，支払利息は横ばい，従業員数は増加して，むしろ成長期であった。1990年代から相対的に軽くはなったが利益に比べて金利負担重く，従業員数もきわめて多く減少しなかったために，利益が圧迫された。2000年代に入り利益は回復しつつあるが，2000年から2001年にかけて大手でもそごう，マイカルが倒産し，ダイエーが巨額の金融支援を受けるなど，リストラにともない増加する特別損失の負担が重い。さらに倒産件数は2000～02年の3年間で6000件を上回り，全倒産件数のこれまた3分の1を占めるなど中小クラスではさらに打撃が大きかった。

　不動産業　1980年代は利益の落ち込みは緩やかで支払利息，従業員数は増加して，むしろ成長期であった。従業員規模は小さいが金利負担が極端に重く，1990年代に入ってそれがさらに拡大している。1990年代は経常赤字，2000年代

---

[1] 以下，倒産件数は，帝国データバンク『全国倒産集計』による。なお，大型倒産については，北澤正敏『概説平成バブル倒産史　激動の15年のレビュー』商事法務研究会，2001年，を参照した。

に入っても特別損失の重圧が続き，ピークの2001年の特別損失2.0兆円のうち，大手では大京の0.4兆円，三菱地所の0.2兆円の損失はいずれも固定資産の評価損で，減損会計の導入によりこれがさらに加速された。さらに打撃の大きいところでは長谷工コーポレーション，大京などの大手は債務免除で延命したが，末野興産をはじめ中手クラス以下では倒産が相次いだ。

　運輸通信　1980年代の利益落ち込みは軽く，支払利息，従業員数は増加して成長期であったといえる。重かった金利負担も1990年代にはかなり軽くなり，いったん落ち込んだ利益も着実に回復した。2001年には3.1兆円の特別損失を計上したが，これは日本電信電話が関係会社評価損0.9兆円，構造改善費用0.6兆円，経理基準変更0.4兆円等を主体に2.1兆円の特別損失を計上したことによるもので，その後利益は急回復している。

　電力　従業員は少ないが，金利負担は重い。1980年代は成長期，1990年代には金利負担が軽減して利益も回復している。

　その他非製造業　中身は雑多ながら従業員数が多く，減少したとはいえ金利負担も重い。1980年代は成長期，1990年代には金利負担は縮小したが，従業員数は上昇，これに呼応して収益も回復しており，基本的には労働集約産業であることを示している。特別損失も全体では自力で吸収可能な規模である。

　このように，1980年代はその前の高度成長時代に比べれば伸び率は低下したものの，潜在的な成長力を持った産業も多かった。このため景気調整期といっても比較的長期にわたり調整を余儀なくされた産業は，鉄鋼，一般機械程度にとどまり，化学，電機，輸送機械，精密機械，その他製造業などの製造業や非製造業では利益の落ち込みは軽微であった。ほとんどの業種では借入の圧縮や人員整理など，目立ったリストラを行うことなく回復を実現することができた。これに対して1990年代には，バブル崩壊の結果，建設業，卸小売業，不動産業などのバブル関連業種では経常利益が落ち込んだうえに，特別損失等の大きな打撃を受け，大手でも倒産や巨額の債務免除を受けて再建を図る実質行き詰まりが続出し，中小規模の倒産も増加した。これに加えて1980年代からのリストラに徹底を欠いていた鉄鋼業界でも高炉5社が構造転換にともなう巨額の損失を計上して実質2グループに再編成されたほか，一部の電機，自動車産業に典

型的に見られるように多くの業界で多角化投資や海外投資の失敗，事業性の薄れた分野からの撤退など，バブルとは直接関係のない構造調整要因で大きな特別損失を計上した。その処理も景気循環の1.5周期にとどまらず2000年に入ってからと大きく遅れた。しかしながら，これら製造業はバブル崩壊の影響はそれほど受けなかったため，巨額の特別損失もそれぞれの業界全体ではなんとか経常利益の範囲内に収めた。製造業の倒産件数は今回のピークである2001年でも，1977年，1984年の水準を下回ることに象徴されるように，大半の業界が苦しみながらも切り抜けたことになる。低成長時代に対応すべく借入の圧縮，従業員の削減（定年退職者の増加が追い風となった面もある）などの経営上の努力，スリム化の進行があったわけで，それが一部の業界を除き復元力を維持できた理由でもある。結果として，貸付金の減少に加えて不良債権の発生に直面した銀行と雇用面の皺寄せと高齢化の影響を受けた家計は深刻な問題を抱えることになる。

第2節　銀行

1　不良債権の発生とその処理

では銀行はどうであったのか。企業の信用度を評価して主として大企業向けに行う融資の退潮に代わるものとして中小企業向け融資があった。しかしながらこの分野は債権保全に不安があり，資金需要も旺盛なわけではなく，なによりも量に限界があった。むしろこの種の債権を大量に，確率的に取り扱うノウハウが大銀行には不足していたといってよいかもしれない。そこで信用力を補完するために担保付での貸出が行われるようになった。

量は多くはなかったが，株式担保付貸出については，株価が1989年末のピークから1年間で40％も下落した時点で，ある程度の担保掛目を取っていたとしても担保不足に陥ったはずである。その場合，追加保全措置をとるか，担保不足の状態で与信先が行き詰った場合には担保処分のうえ，回収不能部分は貸し倒れ処理せざるをえない。

中小企業でありながらまとまった資金需要があり，担保も提供できるのが不動産融資であった。上場クラスの大手不動産会社の場合，資金調達のルートも

多様で，銀行に対する条件交渉にも強気で臨むことができたが，中小業者は銀行からの融資がなければたとえ高収益が期待できても事業の遂行自体が不可能なため，借入条件も銀行主導で設定されがちであった。この場合も担保である土地の価格は6大都市平均で見ると，1990年にピークをつけて後下落に転じたが，不動産担保に対する対処は株式とは様相を異にしていた。これは以下のような展開をとったことに現れている。

（1）土地取引は物件ごとに相対で行われるため価格についての即時的な情報が乏しい。カバーする範囲が広く目安として利用されることが多い路線価格（国税庁所管）は年1回，しかも調査時点から約8ヵ月遅れて公表され，公示地価（国土交通省所管），基準地価（都道府県所管）もそれぞれ年1回で，それまでの売買事例をもとに算出されるため現実の取引価格成立時点とのタイムラグが大きい。特にバブル期やバブル崩壊期のように地価変動が大きいときには指標性を著しく欠いている。

（2）担保評価自体が銀行によりまちまちで，その銀行の評価では担保不足でなく，返済条件がついていないかぎり利息支払いが滞らなければ健全貸出とみなされる。担保に余裕さえあれば利払い資金自体を追加借入することも可能であった。

（3）たとえ利払い，約定返済が滞ったとしても，資金繰りに奔走する長年の顧客に対して，ただちに抵当権を実行して貸出金の強行回収に踏み切ることは，心情的に躊躇せざるをえない面があった。同時に同業者，地域に対する評判（レピュテーション・リスク）を考えると極力先送りに傾きがちなことは否定できない。

（4）銀行に対するモニタリングとも言える大蔵省検査，日銀考査においても，特に不動産担保貸出の貸し倒れ引当・償却基準について当初は未整備で，その後も再三変更が行われた[2]。

（5）1990年代の中頃までは，地価再上昇に対する期待も残っていた。

（6）結果的に，土地処分の遅れは処分損失を拡大させ，特に途中での含み益の吐き出しや，金利の簿価参入は帳簿価格を引き上げることになり傷口をさらに大きくした。

（7）不動産売却の過程で処分価格が下落し，投資利回りが大きく改善したに

もかかわらず，不動産需給関係の悪化と信用不安による資金調達難から大口投資家は容易に市場に現れず，さらに価格が下落する悪循環を招いた。資金力のある外資系ファンドの参入によってようやく処分に拍車がかかった。

(8) 与信条件として企業の信用より担保が上位におかれることで銀行内部の融資規律が緩み，業者との癒着，不正融資，総会屋や反社会勢力とのかかわりなどモラルハザードが多発し，それらの対策に翻弄されたことも処理への心理的障害要因となったことは否定できない。

担保である土地価格の下落が先行し，貸し倒れ処理が後追いとなったことは，不動産担保金融に注力しながら地価変動という担保の性格を踏まえた貸出システムが，官民ともにまったくできていなかったことを露呈したものであるといえよう。

もうひとつノンバンクの存在がある。もともとはリース，クレジット，住宅金融，担保金融など銀行業務の多角化，専門化の一環として銀行子会社として設立されたものが多かったが，バブル期には棲み分けが不明確となり，本来業務の収益補塡策として，銀行の審査基準を外れたものや劣後担保順位の融資など銀行の不動産融資の補完融資に注力したため，地価下落の際の債権の劣化が早く経営危機も早期に表面化した。母体行が行き詰った際にはこれらの大半は連鎖的に破綻したが，母体行以外の取引銀行にも多大の損害を与えることとなった。

さきに検討した企業と同じ基準で銀行の推移を見たものが図7-9である。ただしここでは，企業会計の経常利益に相当するものとして銀行の基礎的な収益力を見る際に用いられる業務純益[3]を採用した。また，不良資産処理の指標とされた特別収支の代わりに財務諸表には表示されないが金融庁が公表する不良

---

2) 1996年度までの銀行の貸し倒れ償却は，貸し倒れ引当金の法定（無税）繰入率3/1000までの引当をとったうえで，個別の償却については不良債権償却証明制度により大蔵省検査部署の事前了解が必要であったが，1997年度以降自己査定に基づく償却・引当となり，1999年1月には金融再生委員会の指針，同4月には金融監督庁の金融検査マニュアルが公表された。2002年10月に金融庁が発表した金融再生プログラムでは，2004年までに不良資産比率半減の目標と同時に資産査定の厳格化，引当に関してDCF（キャッシュフローの割引現在価値）法の採用が決められた。その後もDCF法の前提となる回収期間，割引率など評価の運用をめぐっては少しずつ軌道修正が行われている節がある。

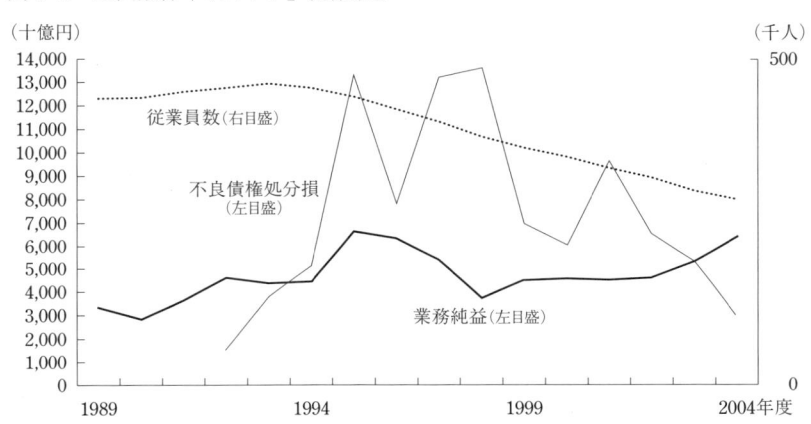

図 7-9 全国銀行「リストラ」指標推移

(資料出所) 全国銀行協会連合会『全国銀行財務諸表分析』，金融庁『金融庁の1年（平成16年度版）』

債権処分損（不良債権処理が本格化したと思われる1992年度からのデータが公表されている）を用いた。これによると，不良債権処分損は1994年度に業務純益を上回った後，2002年まで9年間にわたり業務利益を上回り2004年度になって収まっている。特に住専（住宅金融専門会社）処理にともない母体行だけでなく一般行も含めて5.2兆円の処理損を負担した1995年，北海道拓殖銀行，日本長期信用銀行，日本債券信用銀行と関連ノンバンク・不動産業者の行き詰まりが集中した1997，1998年度には10兆円を超える処分損を計上した。結果として，1992年度から2004年度までの13年間で不良債権処理累計額は96.4兆円に上り，この間の業務純益は漸増傾向にはあるもののその累計額は66.3兆円にすぎず，不良債権処理額が約30兆円も上回った。これに対しては，特別収支[4]（資産処分益など）6.9兆円，資本金の増加（増資）2.7兆円，剰余金の取り崩し7.4兆円

---

3) 銀行の基礎的な収益力を表す指標として業務純益が用いられる。業務純益は，
　　業務粗利益－一般貸倒引当金繰入額－経費－債券費
で求められるが，公表データからは計算不可能で財務諸表にも表記されない。1989年度以降は数値のみ注記されるようになったので，これを用いた。また同年度から第二地方銀行が全国銀行に含まれることになったので，これ以降のデータを採用した。
4) 特別収支から貸し倒れ償却が含まれている可能性が強い「その他の支出」を除いたもの。

等で穴埋めしたが，それでは到底足りず，結果的には12.3兆円の資本注入（大半はバランスシートの資本勘定に反映されていると思われるが，劣後負債，劣後ローン等もあるため，正確な対応関係は不明），破綻銀行に対する金銭贈与（損失補塡，ただし不良債権処分額との対応関係は不明）18.6兆円など合計46.8兆円の公的資金投入を仰ぐこととなった。同時に，抜本的な体質改善，業界再編成を迫られることになる。従業員数は規模自体は小さいが，しばらくは漸増したのち1993年をピークに減少に転じた。

2 銀行の機能不全

　これまでに述べてきたように，1990年代のバブル崩壊後の整理過程で最も大きな打撃を受けたのは，不動産業，建設業，卸小売業のバブル業種と結果的にはそれを支えることになった銀行であった。銀行はほかの産業とは異なり特別な機能を有している。預金，貸出，為替の3業務をとおして各経済主体間の資金の仲介を行うという半公共的な機能である。それだけに銀行が経営的に苦境に陥り，預金者に信用不安を抱かせること，銀行の財務構成上の不安やリスクの過大視から健全な企業に対しても円滑な貸出が行われなくなることは，回避されなければならない。これは過去の銀行の歴史が示すところでもある。銀行の機能不全がどのようなプロセスを通じて発生しかけ，それを回避するためにどのような政策対応がなされたかについて，以下順を追ってみておこう。

　（1）**不良債権処理の先送り**　銀行の不良債権問題が関係者の間で議論されるようになったのは，1992年中頃からである。金融機関の経営者はすでに厳しい現実認識と甘くない将来予想を持って金融当局と不動産買取機関や住専処理について協議をしていたが，当局は公的資金の投入を婉曲に拒否したとの複数の証言[5]がある。1992年8月の公的支援を示唆した宮沢首相の発言も顧みられることはなかった。当時，大蔵省銀行局審議官で後に銀行局長になる西村吉正は，「後日，住専への公的資金の投入が議論になったとき，なぜ周囲がそれを盛り上げなかったのかとの批判があった」として，首相の判断の適切さを認めつつ

5）　日本経済新聞社編『検証バブル 犯意なき過ち』日本経済新聞社，2000年，11頁。西野智彦『検証経済暗雲』岩波書店，2003年，45-46頁。『朝日新聞』1992年8月20日付朝刊。

も，「しかし当時の銀行の経営状況や世論の動向を考えると，その見解は現実の相当先を読んだものであるだけに，その実行にはよほどの政治的決断と指導力を必要とする難問であった」[6]と述べている。しかしその真意についてはいくつかの見方がある。金融当局が金融機関の抱える不良債権額に関して信用できる十分な情報を持っていなかったと情報の不完備性を指摘する堀内勇作，金融破綻処理の枠組みができていなかったうえ財政赤字は国内資金でファイナンスされており，海外への資本流出という切迫感が乏しかったことをあげる田中隆之，「金融機関の経営状態が極度に悪化していることが明らかになれば，国民世論や政治家が大蔵省の責任を追及し，金融部門の分離を求められると考えられたため」という上川龍之進などである[7]。しかし，さきに述べたとおり，官民ともに不動産担保貸出の取り扱いについての無知・不慣れが対応を手間取らせた面は否定できず，もし1992年央時点で不良債権額を算出したとしても，最終的に確定する金額からは大きく乖離したであろうことは想像に難くない。しかし，そうであるがゆえに，世論の動向への顧慮はさておき，ある程度の予断をもってしても早期に対応策に着手することが必要であったことはあらためて指摘しておきたい。本格的な政策対応は1996年の金融三法の成立を待っての住専対策，1998年3月の（旧）金融安定化法に基づく資本注入まで待つことになる。

　(2) **銀行機能の弱体化**　1991年7月には6％にまで達していた公定歩合が引き下げられ，同12月には不動産融資総量規制が解除されるなど，地価，株価の急落を懸念して金融緩和が進められた。これを受けて一時伸びが止まっていた不動産関連業種向け貸出は息を吹き返し，1993～94年には突出した伸びを記録した。建設業向け，金融業向け融資は1995年にピークとなったものの，不動産業向け融資は1997年にようやくピークを迎えることになる。これには，開発や

---

6)　西村吉正『銀行行政の敗因』文春新書，1999年，84頁。
7)　堀内勇作「先送りの構造──1992年夏，公的資金投入はなぜ〈先送り〉されたか」村松岐夫編著『平成バブル先送りの研究』東洋経済新報社，2005年。田中隆之「日本における不良債権問題の〈先送り〉──金融機関による不良債権処理の〈先送り〉と政府による金融機関処理の〈先送り〉」同上書。上川龍之進「金融危機の中の大蔵省と日本銀行」同上書。

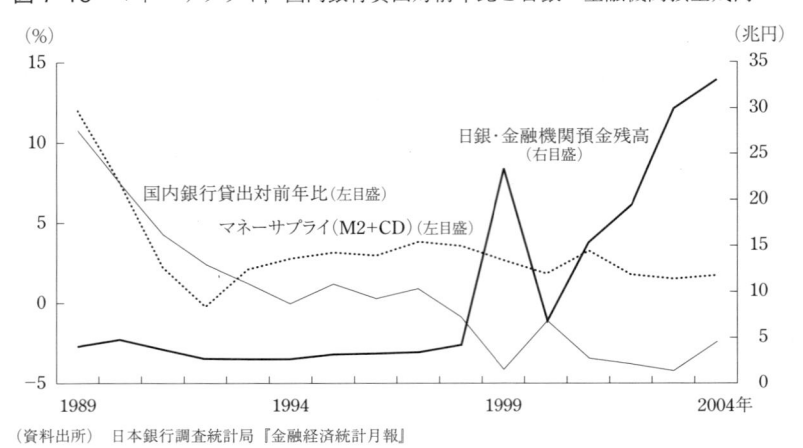

図7-10 マネーサプライ，国内銀行貸出対前年比と日銀・金融機関預金残高

(資料出所) 日本銀行調査統計局『金融経済統計月報』

建設中の事業続行に加えて，値下がりした土地を仕込んで事業拡大を狙ったものも多く，1990年初めに落ち込んだマンション供給も1994〜96年にかけて急増している。一方，これに便乗して安易な金融支援続行や延命策などソフト・バジェット[8]の弊害が問題化してきた。その一方で，銀行ではバブル期に緩んだ審査基準の強化，リスク資産の圧縮，収益志向など，本来のあり方に回帰する動きが進行したが，結果として貸し渋り問題が表面化してきた。これに対して日銀は，1999年2月から翌日物無担保コールレートを0％に誘導するゼロ金利政策をとり，2001年3月には政策の目標を金利目標から日銀当座預金残高を目標とする量的緩和政策に踏み切り，最終的には日銀当座預金残高の目標は30〜35兆円にまで拡大する超金融緩和を行った。しかし，日銀の通貨供給と銀行貸出の乖離は急速に拡大していった。図7-10に示すとおり，日銀における金融機関預金の残高は1999年以降急増し2003年以降は30兆円を超えたが，国内貸出の伸びは1991年以来5％を下回る水準で，1998年以降はマイナスに陥り，なんとかプラスを維持している日銀券の発行高も含むマネーサプライ（CD＋M2）

---

[8] ソフト・バジェットについては，櫻川昌哉「不良債権が日本経済に与えた打撃」岩田規久男・宮川努編『失われた10年の真因は何か』東洋経済新報社，2003年，を参照。

表 7-2　預金保険機構の資金の使用状況（2003年度末）

（単位：十億円）

	投入額	回収額	損失確定額
破綻に関連する金銭贈与	18,616	—	10,432
資産買収	9,648	4,966	
資本注入	12,386	2,071	
その他	6,153	4,535	
合計	46,805	11,573	

（資料出所）　国立国会図書館（鎌倉治子）『調査と情報』第447号（2005年3月）

の伸びとも乖離が拡大している。このことは貸出が資金市場の状況（マネー・ビュー）よりも自己資本の充実度など銀行自体の事情に左右されるレンディング（クレジット）・ビュー[9]の状態に陥っていることを示しており，この現象についてはファイナンシャル・アクセラレーター，資産拘束，デッド・ディスオーガニゼーション[10]など種々の観点から分析が加えられた。銀行貸出の低迷には企業側の資金需要の減退もあるわけで，一方的に銀行の貸出態度にのみ帰することはできないが，貸し渋り現象は金融不安が頂点に達した1998～99年にピークとなる。このことは日銀短観による資金調達難易度 DI が大きく落ち込んだことからも確認できる。

（3）公的資金の投入　1996年のいわゆる金融三法の成立により住専処理のために6850億円の公的資金がはじめて投入された。ついで金融不安の高まりをう

---

[9]　レンディング（クレジット）・ビューについては，北坂真一『現代日本経済入門 〈バランスシート不況〉の正しい見方・考え方』東洋経済新報社，2001年，第4章，および宮川努・石原英彦「金融政策，銀行行動の変化とマクロ経済」浅子和美・福田慎一・吉野直行編『現代マクロ経済分析 転換期の日本経済』東京大学出版会，1997年，を参照。

[10]　ファイナンシャル・アクセラレーターとは資産価格の変動が金融的要因を通じて実体経済変動を増幅することで，これについては，小川一夫・北坂真一『資産市場と景気変動 現代日本経済の実証分析』日本経済新聞社，1998年，第Ⅱ部，および杉原茂・太田智之「資産価格の下落とバランスシート調整」原田泰・岩田規久男編『デフレ不況の実証分析 日本経済の停滞と再生』東洋経済新報社，2002年，を参照。
　　資産拘束とは過剰投資と過剰債務が新規投資を抑制して GDP ギャップを拡大させることで，デッド・ディスオーガニゼーションとは不良債権企業の存在が企業間の信頼関係を低下させネットワーク分断を引き起こすこと。これらについては，今川拓郎「資産の拘束は長期停滞を説明できるか」同上書，を参照。

けて1998年3月には金融機能の安定化のための緊急措置に関する法律（旧安定化法）が成立し，日長銀，日債銀を含む大手21行に対し総額1.8兆円が資本注入された。以下，2003年度までの公的資金の投入額は表7-2に示すとおりで，破綻に関する金銭贈与18.6兆円，資産買取9.6兆円，資本注入12.4兆円，その他（瑕疵担保条項に関する資産買戻し，RCCなど特別公的管理銀行への損失補塡ほか）6.2兆円の合計46.8兆円に達している。このうち，金銭贈与は損失補塡で10.4兆円の損失が確定しており，資産買取では5.0兆円の回収，資本注入分は経営建て直しにより本来全額回収される筋合いにあり，その後大手3行は2006年度中に全額返済予定と伝えられたが，りそな銀行や地方銀行では返済のめどが立っていないところも多い。その他については4.5兆円回収済みである。

（4）**経営破綻の頻発** バブル崩壊の影響を受けた金融機関の経営破綻は，1994年に東京協和，安全の2信用組合が行き詰まったのを皮切りに，信用金庫，第二地方銀行クラスの破綻が続発した。1997年11月にいたり都市銀行にまで波及して北海道拓殖銀行が破綻し，翌1998年には日本長期信用銀行と日本債券信用銀行の長期信用銀行2行が一時国有化された。その後は地方銀行クラスの一時国有化などあるが，大手クラスでは集約化が進み全体としては沈静化した。

（5）**再編成** 生き残った銀行の間でも，国際業務が可能となるような体力の強化と経営の効率化を求めて集約化が急速に進んだ。集約後の銀行は本格的な多角化を志向して新たに認められた持株会社方式をとり，2001年には三菱東京ファイナンシャルグループ（2005年にはUFJグループと合併して三菱東京UFJファイナンシャルグループ），2002年には三井住友ファイナンシャルグループ，2003年にはみずほファイナンシャルグループの3大メガバンク体制となり，同時に国内部門専業のりそなファイナンシャルグループも誕生した。

これらの過程を経てバブル後の不良債権処理も一段落し，業界再編成も一応の区切りがついたかに見える。しかし，本格的な金融サービスのビジネス・モデルが確立したというにはほど遠く，利用者のニーズとの溝は埋まっていない。また企業体としては体力的にもようやく税務上の累損が解消しようかという程度で，事業として収益の安定確保のめども立っていない。メガバンクといえども多国籍企業としての基盤確立という点では産業界に大きく遅れているといわ

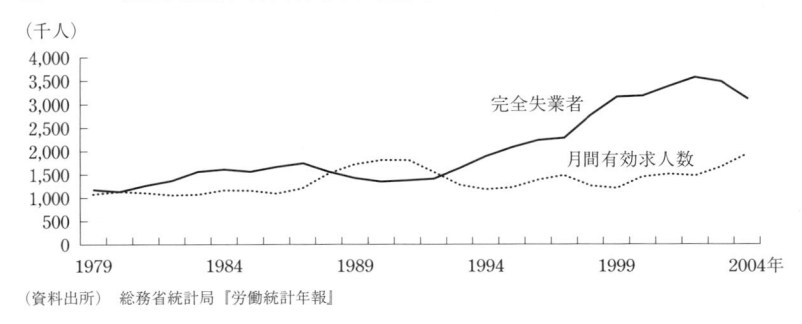

図 7-11　完全失業者，月間有効求人数推移

（資料出所）　総務省統計局『労働統計年報』

ざるをえない。

第3節　家計

　同じ時期について，家計への影響を検証してみたい。戦後の完全失業率，有効求人倍率の推移は第2章の図2-8に示したとおりであり，1980年から1986年の間には大きな人員整理をともなうものは少なかったことは第1節で述べた。それでも円高不況業種のリストラなどにより完全失業率は2％から2.8％に上昇し，実数（図7-11）で見ても114万人から167万人へと1.5倍となった。一方，月間有効求人倍率は0.6〜0.8倍で推移しており，月間有効求人数も113万人が109万人に減少した程度と，実質横ばいであった。このため家計への打撃も比較的軽微で，図7-12に示すとおり，実収入，消費とも上昇している。物価上昇期に高まった貯蓄性向は物価上昇の落ち着きとともに低下し，1982年には底入れして再度上昇に向かった。これに対し国民所得ベースでは1980年代後半に水準を切り下げはしたが，1980年代前半と後半から90年代初頭にかけてはほぼ横ばいに推移した。

　1990年代には各産業で広範囲に人減らしが始まり，輸送機器，卸小売業，運輸通信，その他非製造業などでは雇用は若干増加したが人減らしには及ばず，完全失業者数は1991年には136万人にまで減少していたのに対し，1999年には317万人と2.3倍に増加，その後2002年には359万人，完全失業率5.4％とピークを記録した。一方，月間有効求人数は1991年の181万人から1999年には121万人

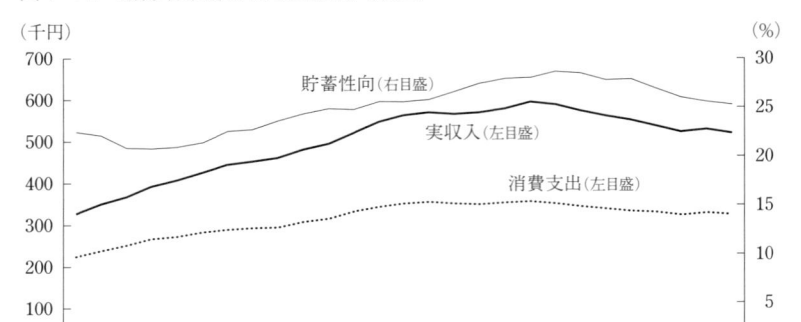

図 7-12　勤労者家計月次収支状況（全国）

（資料出所）　総務省統計局『家計調査』

表 7-3　就業者年齢構成比較　　　　　　　　　　　　　　　　　　　　　　　　（単位：千人）

	15〜19歳	20〜24歳	25〜29歳	30〜34歳	35〜39歳	40〜49歳	50〜64歳	65歳以上	合計
1979年（A）	1,400	5,410	6,810	7,160	7,160	12,970	11,210	2,670	54,790
1991年（B）	1,710	6,650	6,330	5,740	6,820	16,530	16,060	3,850	63,690
B−A	310	1,240	−480	−1,420	−340	3,560	4,850	1,180	8,900

（資料出所）　総務庁統計局『労働力調査年報』

と3分の2に減少，求人数，求人倍率ともこの年に底を記録した。

　これだけ急速に従業員の削減が進んだ背景には，第1節で述べたような企業側の厳しい状況とともに，従業員の高齢化にともない，定年ないしは早期退職対象者層が急増していたことが考えられる。表7-3は不況が始まった1979年と1991年時点の雇用者の年齢構成と両年間の異動を示したものであるが，雇用者数は女性の増加もあり両年の間で890万人増加しているものの，40〜49歳，50〜64歳層が大きく増加しているのに対し，25〜39歳の壮年層は絶対数で減少している。この高年齢，高所得者の増加が勤労者の貯蓄率上昇にも反映されている。この結果，雇用総数は1997年の6557万人をピークとして減少に転じることになる。

　労働市場の需給関係を反映して，全産業の賃金指数は名目，実質とも1997年をピークに下落した。1980年来上昇してきた『家計調査』の勤労者実収入，消費支出も1997年をピークに低下，1982年以来上昇してきた貯蓄性向は1998年を

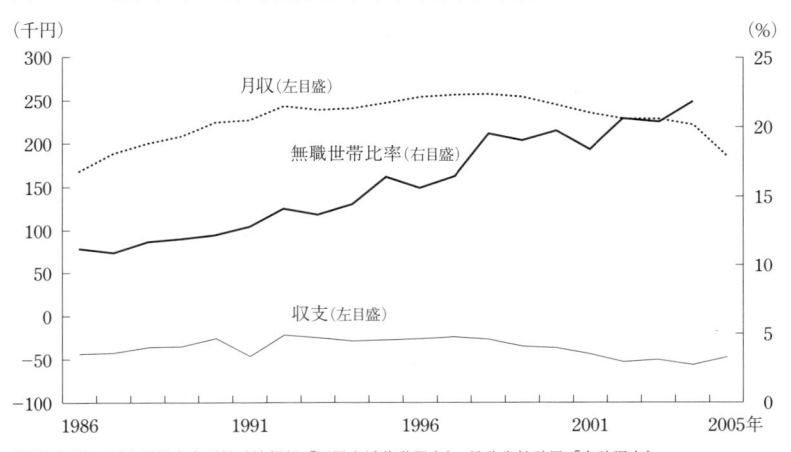

図 7-13　無職世帯比率，高齢無職世帯平均月収，収支

（資料出所）　厚生労働省官房統計情報部『国民生活基礎調査』，総務省統計局『家計調査』。
（注）　『家計調査』の高齢無職世帯は世帯主が60歳以上のため，『国民生活基礎調査』の無職世帯とは一致しない。

ピークに低下傾向に入った（図 7-12）。これに非雇用者の家計まで考えると問題はさらに拡大することになる。国民所得統計と家計調査から抽出した貯蓄性向の推移は第 2 章の図 2-20 において検討した。全家計を対象とする国民所得上の貯蓄性向は，1990年代はほぼ横ばいで推移したが，2000年代に入ると急落し，2004年には12.3％にまで落ち込んでいる。『家計調査』でも2005年には25％台となったが，国民所得統計に比べると落ち込みは緩やかである。この違いについては諸説[11]あるが，大きな要因としては無職者の動向が考えられる。厚生労働省の『国民生活基礎調査』によれば無職世帯比率の推移は図 7-13 のとおりで，把握可能な1986年の11.1％以降急増して2004年には1012万世帯，全世帯の21.8％に達している。これらの世帯の貯蓄性向についての統計はないが，『家計調査』の高齢無職世帯（夫60歳以上で有職者がいない世帯）の全世帯に占める比率が1988年の 9 ％から退職者の増加を主因に2003年には23％に達したのとほぼ符合しており，無職世帯の大半は高齢世帯で占められているものと推

---

11) 第 2 章，注39）参照。なお，この問題について検討したものとして，貞廣彰『戦後日本のマクロ経済分析』東洋経済新報社，2005年，137-159頁も参照。

定される。高齢無職者の実収入と収支状況を同じく図7-13に示したが，実収入は1998年の月25万8000円をピークに低下し，特に2000年以降赤字（貯蓄食いつぶし）幅が拡大している。収入に対する赤字の比率は，1986年の水準ではあるが，高齢無職者の占める割合が倍増したことにより全体の貯蓄率を押し下げているものと見られる。仮にこの15年間に比率が2倍となったことによって無職世帯が450万世帯増加し，1世帯当たりの年間貯蓄取り崩し額が70万円だとすれば，年間の貯蓄取り崩し総額は3.2兆円増加していることになる。2005年には収入が大幅に減少したにもかかわらず赤字幅は若干ながら縮小して，支出面を切り詰めた努力のあとが窺われる。しかしながら年金支給の削減，社会保険負担の増加など収支悪化要因も多い。このままの状態が続けば高齢者の生計ひいては貯蓄に対してもかなりのマイナス・インパクトとなることが予想される。

補論　残された問題と21世紀になって発生した課題

　これまで見てきたように，企業については一部の業種でバブル期の打撃から抜け切れていない部分も見られるが，大半は構造的な問題も含めてほぼ解消し回復軌道に乗ってきたといえる。バブル崩壊の打撃を最も強く受けた銀行も，大手については一応の底を脱したかに見える。家計もとりあえず底入れはした。しかしこれで当面の問題がすべて解決したと見るのは早計にすぎよう。未解決のまま残されている問題のうち，大きなものを指摘しておこう。

　(1) 国債依存経済からの脱却　まず政府部門のリストラにまったく手がついていないことである。たび重なる財政出動の結果，政府の債務は急速に拡大した。表7-4はこれまで見てきた2回の景気調整期間のスタート年（1980年代については統計の関係上1980年）と最終年，それに直近時点の国民所得統計の制度別ストック勘定のうち，金融資産と負債の残高とその差引額を並べたものである。このうち差引額で大きな金額を占めるのは家計，非金融法人，一般政府である。家計は年を追って資金の余剰幅が拡大してきたが，2004年には伸び悩んだ。非金融法人は1986年までは不足幅が縮小してきたが，株価下落とリストラによる大幅赤字で正味資産が減少したため1999年から不足幅が大きく拡大し

表 7-4　国民所得制度別金融資産・負債残高推移　　　　　　　　　　（単位：兆円）

年		1980	1986	1991	1999	2004
非金融法人	金融資産	317	547	803	780	752
	負債	402	585	907	1,475	1,255
	差引	−85	−38	−104	−695	−503
（うち公的部門）	（差引）			(−80)	(−130)	(−129)
金融機関	金融資産	547	1,091	1,681	3,052	2,956
	負債	523	1,062	1,684	3,030	2,942
	差引	24	29	−3	22	14
一般政府	金融資産	83	156	284	398	478
	負債	125	242	306	666	886
	差引	−42	−86	−22	−268	−408
〔一般国債残高〕		〔66〕	〔142〕	〔170〕	〔321〕	〔600〕
家計	金融資産	341	634	1,001	1,408	1,433
	負債	131	211	342	409	378
	差引	210	423	659	999	1,055
対民間非営利団体	金融資産	17	24	33	48	47
	負債	12	18	25	22	19
	差引	5	6	8	26	28
差引合計		112	334	538	84	186

（資料出所）　内閣府経済社会総合研究所『国民経済計算報告』
　　　　　　　日本銀行調査統計局『経済統計月報』，『同年報』
（注）　金融資産・負債には所有株式，資本金（いずれも時価評価）を含む。
　　　1979年以前は家計と対民間非営利団体が未分離のため1980年の計数を用いた。

た。一般政府は1980年代の不足幅拡大はそれほどではなく，1991年にはいったん縮小したが，1999年，2004年と急拡大した。参考までに一般国債発行残高を併記したが，国民所得ベースでの負債の増加ペースが鈍ったのとは対照的に国債残高は2004年に急増して600兆円に達し，国家財政へのしわ寄せが進行したことを示している。しかしながら，差引額の合計を見れば明らかなように，差額はバブル期を除けばそれほど大きな金額ではなく，かつプラスであるということは国内全体での収支は余剰で，現在のところ外国資本への依存状態にはないことを示している。しかしながら，極端な国債累増依存からの脱却は喫緊事で，政府は2006年7月に「骨太方針2006」を決定し，プライマリー・バランス（国債利払費を除いた財政収支，利払いは長期金利が名目成長率の範囲に納まるとの想定で吸収可能と判断する）を2011年までにプラスにするとした。具体

図 7-14　労働分配率推移（全産業）

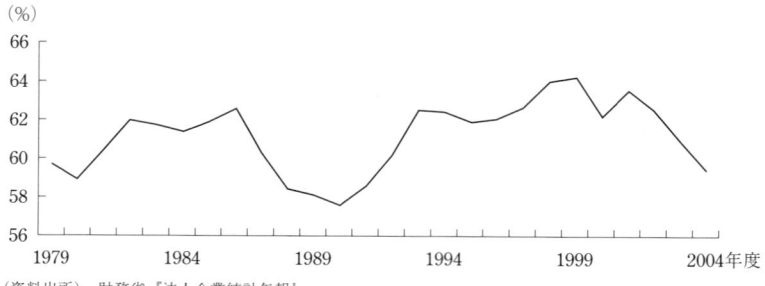

（資料出所）　財務省『法人企業統計年報』
（注）　労働分配率＝（従業員給料手当＋福利費）/付加価値額

的な施策の策定には流動的な要因が数多くあり難航が予想される。

　(2) **政官財癒着の解消**　高度成長時代に確立した政官財，労使，銀行・企業等の相互依存関係の存在とその変質がバブルを引き起こしたか否かという議論については第5章で検討した。ではバブルの崩壊とともにこの相互依存関係も解消したのか。終身雇用制度，銀行のモニタリング機能等かなり変質しつつあるが，完全に解消したとは言い切れない。政官財癒着についても，「仕切られた多元主義」や「護送船団方式」については公益の優先や倒産も含む銀行の淘汰により確かに崩壊が始まっているが，消滅にまではいたっていない。また新しいシステムの姿が見えてきたわけでもない。

　(3) **格差の問題**　バブル崩壊にともなう経済調整の過程では資本の論理が先行して被雇用者側にしわ寄せがいきがちである。長期的な付加価値構成の推移は第2章の図2-12で検討したが，労働分配率のみを抽出して1980年から直近までの推移を示したものが図7-14である。これによれば労働分配率は1980年代の調整期はほぼ安定しており，バブル期（1988～91年）にいったん急低下したが，1990年代の調整期には再び安定した動きで推移した。1990年代後半になり上昇した後，2003～04年にかけて急低下している。このことだけをとれば直近の労働分配率の低下を指摘することはできるが，長期的な水準から見て極端に低いわけでもなく，傾向的なものと見るか循環的なものと見るか，今度の動向が注目される。背景となる雇用については，前項で検討したように，完全失業率，有効求人数とも1999年を底に回復したものの，全産業の賃金指数は1997

年をピークに減少に転じて以来，2004年にかろうじて底入れした。これはパート労働者の存在とも関係している。パート労働者の常用雇用に占める比率は1986年9.0％，1991年12.6％と1980年代まではそれほど高くなかったが，1990年代の調整が進行するに従い1999年19.5％，2005年には25.2％と常用労働者の4分の1を占めるにいたっている。非正規従業員の賃金水準は正規従業員の平均75％という調査結果[12]があり，同時に2002年以降頭打ち傾向にはあるが非典型労働者（フリーター）の増加もある。これらがただちに家計に反映されるわけではないにしても，賃金水準引き下げの要因としては考えられる。また，『経済財政白書』[13]ではジニ係数[14]から見た所得格差について，長期的には緩やかな拡大傾向にあり，このなかで若年層の格差が拡大していることには注意を要するものの，大勢はもともと所得格差が大きい高齢者の増加，世帯人数の縮小によってほとんどが説明可能で，本質的な格差の存在は統計的には確認できない，とする。同様に，地域間格差についても都道府県のばらつきは拡大しているものの大都市圏対地方といった大きな流れはないとする。これも感覚的な格差拡大論とはややギャップがあり，統計の精度向上とともに今後の傾向には注意が必要と思われる。

（4）国際的な投機資金の存在　1970～80年代に不動産，株式に向かった投機資金は日本のバブル崩壊後もアジア・中南米諸国，ロシア等の通貨，IT株，原油などの商品，不動産証券等への国際的な投機を繰り返している。内橋克人[15]は1980年代から90年代にかけてこれらの投機資金の洗礼を受けた国々を見ると，最初の外資流入で国内にバブルが発生し，崩壊して資金が流出した後には，規制緩和の結果としての労働者の圧迫，フラット税制による格差拡大，合併等の合理化が発生する。再度の流入で2度目のバブルを経験した後の外資流

---

12) 厚生労働省『労働経済白書』2005年，347頁。
13) 内閣府『経済財政白書』2006年，256-288頁。
14) ジニ係数とは所得格差を示す指標として用いられるもので，横軸を対象者を所得額の順に並べてそこまでの所得階層に属する人数の累積百分比，縦軸を横軸の対象者に対応する所得の累積百分比を取ったものをローレンツ曲線といい，ローレンツ曲線と45°線とで囲まれる面積を2倍したもの。数字が大きいほど不平等を示し，完全平等ならローレンツ曲線は45°線と重なりジニ係数は0，完全不平等なら横軸と重なり1となる。
15) 内橋克人『悪夢のサイクル』文藝春秋，2006年，118頁。

出後には地域荒廃，共同体破壊，治安悪化がもたらされることを指摘して，これを「悪夢のサイクル」と呼ぶ。わが国の場合は，これまで検討したようにバブルの発生に外資の流入が果たした役割は限定的であり，リストラも国内産業が抱える構造的な理由に起因するものもあるので，直接当てはめるには無理があるが，国際的な大量の資金移動が一国経済に与える影響については，十分な検討が必要であろう。

第8章　結論と政策的含意

　最後に，本書がわが国の20世紀末バブルの分析にいささかなりと貢献できたと考える点と，残された未検討の課題，結論の政策的含意を述べておきたい。
　まず，貢献できた点としては，次の諸点をあげておきたい。
　(1) **実需による資産価格の上昇**　20世紀末バブルとそれ以前の日本の景気循環とを比較した場合，地価，株価の資産価格の上昇が際立って大きい点にある。そしてこの上昇は，株式は1984年，土地は1980年頃から実需により始まったことを確認しえたことである。
　(2) **バブルの定義**　次に分析のスタートとしてバブルの定義を明確にしたことである。これまでともすればバブルの定義が論者によりまちまち，あるいは明確にされないままに議論されてきたきらいがあり，本質的な議論を行う際の行き違いの原因となることを痛感させられていた。ここでは抽象的な定義は避け，バブルの定義に四つの視点を提示した。すなわち，①景気の上昇過程で物価全般が上昇するいわゆる景気過熱，インフレとは区別する，②一方でマクロ経済に影響を与えないような一過性の商品・資産投機とも区別する，③「異常過熱」の意味は「過去に例を見ないような」「長続きしない」上昇という意味で使用する，④崩壊過程も含める，である。その結果バブルの定義は，「資産価格の異常かつ持続不可能な高騰とその高騰，反落にともなう一連の経済的影響」とした。
　(3) **過剰蓄積の発生**　過剰蓄積—恐慌のプロセスは利潤率循環として把握すべきことを，マルクスの蓄積論，それをモデル化した置塩信雄，長島誠一の成果により理論的に確認した。これにしたがって戦後日本経済の成長率，それを支えた設備投資，純固定資産残高推移，稼働率，失業率，企業の売上高の伸び，経常利益率等を長期的に観察して，特に高度成長を支えた製造業では1970年代初頭を境に高度成長の結果，過剰蓄積が発生して，利潤率が低下した構図が実証される。同時に，過剰蓄積の状況は資本蓄積（投資）と貨幣資本蓄積（貯蓄）の両面から捉える必要があること，またそれを行う経済主体が異なる点を

指摘した。

(4) **資本蓄積** 企業の貸借対照表から導かれる資産（純）ストックと自己資本の残高比率を示す負債倍率は，高度成長期には一貫して上昇し1976年に最高（悪）値を記録したが，その後は低下した。これはフローで見た企業の資金運用・調達の基本関係であるキャッシュフロー（減価償却＋当期利益）を設備投資で割った「内部資金比率」が製造業で1を超えて，余剰資金が発生したことと符合する。さらにこの規模を絶対額で把握するため，フリー・キャッシュフロー（キャッシュフロー－設備投資）の概念を導入し，これを織り込む形で『法人企業統計』により産業別に資金移動表を作成して分析したことである。この結果，全産業では1981～92年にはフリー・キャッシュフローのマイナスを社債，借入等で調達したが，それでも借入の1/3は現預金で残った。特に資金余剰の大きい鉄鋼・化学，電機・機械などではフリー・キャッシュフローでその他の資産の増加もまかない，運用にまでは回すことはできなかったものの，結果として借入全額が手元流動性として残った。一方，不動産業，卸小売業等ではフリー・キャッシュフローの不足額が大きく借入依存度が大であるなど，産業ごとの偏りが大きい。すなわちバブル期には製造業の設備投資は増加したにもかかわらずキャッシュフローの範囲内であり，仮に一時的に過剰設備が発生したとしても循環性のものといえる。これに対して，借入に大きく依存したのは不動産業，建設業，卸小売業等のバブル関連業種であったことを明らかにした。また，バブル期の1986～90年の社債，増資などの資本市場調達はこの間の借入増加163兆円に対し，60兆円程度と決定的な大きさではないが限界的には影響は少なくないことも指摘した。

(5) **貨幣資本蓄積** 企業に対する外部資金供給の原資は個人貯蓄が過半を占める。貯蓄性向は所得の増加と勤労者の平均年齢の高齢化も手伝って1998年までは上昇傾向にあり，残高は企業貯蓄を大きく凌駕した。内訳も預貯金，生命保険商品が過半を占めたが，これを仲介する金融機関が金融自由化の結果，高いコストで調達した資金の運用難に直面して，不動産担保融資を急増させることになった。個人の株式への直接投資はわずかであった。

(6) **長期波動との整合性** この長期的にみた資本蓄積は長期波動とも整合性を持つ可能性を指摘した。長期波動の要因のうちでも，社会資本も含めた資本

蓄積の変動とする資本蓄積循環説が最も現実適合的な説明であろう。日米の資本ストックの対前年比増加率を見ると，米国の20世紀の山は1903年，1974年，谷は1933年となり，日本は山が1920年，1969年，谷が1940年代と推定される。これにしたがえば，バブルは長期波動下降期の投資沈滞期に発生する資産への投機と判断される。長波上昇の初期に発生するとか，戦争後のインフレ的過熱であるとする説は適切ではないと考える。また過剰蓄積，利潤率低下，資金余剰，投機の構図は米国の1929年の大恐慌前夜とも酷似していることも指摘した。このようなかたちでバブルの発生が長期波動的現象に今後も随伴するか否かについては現時点では結論を留保せざるをえない。

(7) **心理要因の存在** 20世紀末バブルにはファンダメンタルズで説明できない経済外的な（心理）要因が存在することを主張した。心理要因のひとつの指摘として，20世紀末バブルの形成期におけるバブル関連キーワードの『日本経済新聞』系列4紙での年別出現頻度を時系列で見ると正規分布に近い形状を示す。そしてバブル形成期については，潜伏期（〜1984年），昂進期（1985〜87年），爛熟期（1988〜90年）と三つの段階に分けることができた。このことは『朝日新聞』，雑誌についても同様の結果を得た。これを主要各紙，月・週刊誌の掲出の記事，論評を検討することによって，株式への投資，土地購入が実需からスタートしながらますます実需とは乖離する形で「買えば上がる，上がるからまた買う」という心理要因のフィードバック・ループが形成されていったことを浮き彫りにした。

(8) **心理要因の計量化** 資産価格高騰に作用する心理要因の働きを計量化する試みとして，地価について6大都市商業地の平均地価指数を全国の事務室実質賃料で説明する回帰式に，キーワード「地価高騰」の出現頻度を加えると，さらに説明力が高まる結果を得ることができる。同様に日経平均株価を1株当たり利益で説明する回帰式に，キーワード「財テク」の出現頻度を追加すると，説明力が大きく改善された。いずれも株価，地価がファンダメンタル要因から乖離するバブル最盛期について心理要因を加えることによって，説明力が補強されると考える。したがって資産価格の上昇は実需によりスタートするが，心理要因が作用することにより不安定性を高めたことは否定できない。特にバブルが発生する長期的な経済活動の下降期にあっては，実物資本蓄積への意欲が

減退しているだけに心理要因の作用が大きいといえる。

　(9) 制度要因　高度成長を実現した日本的経済システム（「1975年体制」）が硬直化し，環境変化に対応できなかったことがバブルを招いたとする説について検討した。まず政府については，肥大化，官僚機構の硬直化が進み，省庁局間の縄張り意識は環境変化への柔軟，迅速な対応を阻むと同時に，古い体質を残したままの中途半端な行財政改革・民活・民有化はかえって混乱を大きくした。企業では高度成長を支えた安定した労使関係，株式持ち合いに守られた内向きのガバナンス，メインバンクのモニタリングと後ろ盾等の相互補完関係は，オイル・ショック，国際化などの経営環境の変化により長期雇用制度や株式持ち合いの見直し，一部優良企業の銀行離れを引き起こして，インサイダー・コントロール色の強いワンマン経営体制となった。これが収益至上主義のもとで財テクや土地関連事業に奔らせたことは否めない。さらに銀行に貸出先に対するモニタリングを期待すると同時にレントを認めたが，この結果，横並びの護送船団行政は金融自由化に際して，銀行の柔軟なビジネス・モデル構築を妨げることになった。収益志向が強くなったなかでユニバーサル・バンキングへの進出を長らく封じられていた銀行は，同じくインサイダー・コントロールが強くガバナンスが欠如するままに不動産融資に殺到し，不良債権の山を築いた。ここでも「みんなで渡れば」式の護送船団意識が働いた。また官がこれを黙認し，長期的に低金利政策を続行するなど政策的にもこれをバックアップしていたことも大きい。これがバブルを拡大させた大きな理由であることは間違いない。しかしこのなかにはバブルを生み出した芽はなく，あくまで拡大させた要因といえる。

　(10) 20世紀末バブルはなぜ起こったか　以上を総合して総括した結果，20世紀末バブルの要因としては，まず①過剰蓄積にともなう企業の利潤率低下による投資の減退が内生的には企業内部の金余り，外生的には家計貯蓄の金融機関を通じての資金供給となり，実需から発生した株式投資，不動産取得による価格上昇をバブルにまで押し上げた主因であったといえる。②しかしこの現象が長期波動性を有するか否かについては現時点での結論は留保せざるをえない。③心理要因は資産価格上昇を加速させる要因として従来以上に重視すべきである。④政府，企業，銀行，その相互依存関係などの制度要因もバブルを拡大さ

せた要因として無視できない。特にこれらの結果としての金融政策はかねてから主張されるとおり，大きな役割を果たした。ただし冒頭でも述べたように金融政策がバブルを引き起こしたとする説はとらなかった。

(11) **20世紀末バブルの崩壊**　バブルが崩壊した1990年代の景気調整期は，景気の下降期間が特に長いわけではないにもかかわらず，経済指標で見る打撃は深刻であった。この理由を探るため企業におけるリストラの進行度合いを測る実務的な指標として，①特別損益と経常損益，②支払い利息の水準，③従業員数，の推移を用いて産業別に影響度を分析した。特別損失の発生は1980年代にはほとんどなく，経常利益も短期間で回復して，借金減らし，人減らしもほとんど行われなかった。これに対して，1990年代には，借金減らしが急速に進み，人減らしも大半の製造業で行われた。あわせてどの産業も景気上昇期に入った2000年前後に大きな特別損失を計上した。しかし産業別に見ると，この損失の大半はビジネス・モデル転換（構造改革）にともなう不採算事業の整理が遅れて集中したことによるもので，バブルとの関連性は比較的薄く，一部業種を除きその後の収益の回復ぶりから見て自力で吸収できた水準であった。バブルの崩壊にともなう打撃が大きかったのは，不動産業，建設業，卸小売業のバブル関連業種で，これらは低収益のうえ，特別損失が巨額のため自力での吸収は不可能で，債務免除など銀行の支援に頼った。これらの負担を一手に受けた銀行の打撃は大きく，9年間にわたって業務純益を上回る不良債権処理を余儀なくされて一部は行き詰まり，生き残ったところも公的資金の支援を仰ぐことになった。この間，銀行の機能不全も深刻な問題となった。

(12) **バブルの整理過程が長引いた理由**　これらバブル関連業種および銀行のリストラに時間を要したのには，政策当局の先送り体質があるが，銀行もこの動きに同調して積極的に不良債権の処理を進めなかったことは批判されるべきである。不良債権償却の遅れが，結果として損失の拡大をもたらした背景には，担保である不動産価格情報の把握の遅れ，法的手続きの遅れ，不動産取引マーケット整備の遅れなど，不動産担保融資自体に政策当局，金融機関とも未熟であったことも指摘しておかねばならない。一方，製造業のリストラの遅れについては，銀行のアクションの遅さに加えてパソコンブームやITバブルなど後ろ向きの決断を躊躇させるような現象に幻惑されたことによるものである。

このようにバブルの整理過程が長引いた理由を見ても，バブル崩壊の直接的な影響は主として不動産価格の急騰・急落とそれに関連する不動産業，建設業，卸小売業，銀行に限定されていた。このことからもバブルは資産価格の暴騰・暴落にともなう現象であったといえる。

次に残された課題として，4点あげておきたい。

(1)近年，利潤率の上昇，投資の回復など過剰蓄積緩和の兆しが見られるようになってきている。はたして過剰資本は解消したのか，新たな循環過程に入ったのか否かが，今後の検討課題である。同時に，これを長期波動として捉えようとする場合，遡って19世紀以前の循環メカニズムについての歴史的な検討も残されている。

(2)資産価格のうち株価，地価に関してはこれまで並列的に取り上げてきたが，両者の因果関係，主導性についての検討も未解決である。

(3)心理要因のメルクマールとしてとりあえず新聞記事の出現頻度で検討したが，ほかの指標も発掘する必要がある。心理要因が浸透するプロセスについても心理学的分析手法も動員してさらに深化させる必要がある。

(4)家計の貯蓄には勤労者の年齢構成が大きく影響していることが推測される。2000年代に入ってからの貯蓄性向の急低下については，老齢無職者の急増が原因のひとつとしてあげられており，この動向しだいでは今後の資本蓄積にも大きな影響を与えることになりかねない。この点の十分な解明も今後の課題である。

最後にこれらから得られる政策的含意についても触れておきたい。

(1)まず分析の時間的なスパンの問題がある。政策決定にあたっては最新のデータに基づき判断する必要があることは言うまでもないが，従来ともすれば偏りがちであった短期的な分析に加えて，長期的な視点も欠かせない。資料上の制約はあるが，長期的な経済変動の観察も予測には有効であることを忘れてはならない。

(2)バブルについては心理要因の作用が無視できない。したがって，たとえば定期的なアンケート調査や心理要因を反映すると思われる指標の検討など，なんらかの形で測定する試みがなされてよい。それに基づいて極力早い段階で

心理要因と経済活動との関係を遮断する政策が必要となる。また政府，企業等の意思決定過程の透明性の確保も，情報不足による心理要因の増幅を防ぐ意味で必要である。

(3)不動産担保金融については固有の問題があり，これが不良債権化した不動産担保貸出の損失処理を遅延させたことはさきに述べた。この反省から現在では不動産担保貸出残高を極力圧縮するため，不動産の証券化など不動産保有にともなうリスクを投資家にヘッジする動きが盛んである。その結果，不動産投資のコスト・パフォーマンスが従来以上に重視され，貸ビル，賃貸住宅に対して収益性重視の投資が行われている。このことは管理費用の極端な圧縮を招きやすく，建築物の社会資本としての価値の劣化を招く可能性がある。こうした点でも今後，行政も介入してあるべきガイドラインを明確にすることが必要となろう。

付録 1　20世紀末バブル形成期における経済動向と論文・新聞報道

1983年から90年までの景気動向，バブルに関連すると思われる主要経済雑誌，新聞の記事を参考までに一覧表とし，主要経済事件を併記する。新聞は日本経済（N），朝日（A），毎日（M），読売（Y）の縮刷版によった。社説は紙名略号の後にEを付した。タイトルは記事の内容を簡潔・的確に表すために手を加えたものがある。なお，経済と記事の流れを鳥瞰できるように，参考文献一覧，本文脚注に掲げたものも重複掲載した。

1983	経済		論文			新聞	
1月	24	OPEC流会・逆オイル・ショック	1/			14	N 今年は余り相場
						24	AE 地価の軟化傾向
2月				29	東洋経済	勝又寿良（記者）	土地神話は崩壊した
	15	トヨタ，GMと合弁	2/			13	ME 内需振興で摩擦回避
				5	東洋経済	（社説）	地価安定時代に借家建設の促進を
						25	NE 設備投資意欲沈滞続く
3月			3/			9	N 景気底入れ近い
						18	N 景気転換直前の跛行
4月	5	内需拡大策を発表	4/			2	YE 地価鎮静化の定着を
						6	NE 待ちの景気対策
							YE なぜ景気対策は迫力不足
						8	ME 中身の乏しい景気対策
5月			5/			29	NE 上昇に向かう企業業績
6月			6/			2	YE 明暗まだら決算

	経済		論文			新聞	
1983							
7月	27	景気底入れ宣言	7/	エコノミスト	長谷川徳之輔	崩壊する土地神話	N 景気回復の兆しない堅調
8月			12	エコノミスト	岩田規久男	暗礁に乗り上げた線引き制度	10 NE 景気先取りした株式市場
9月			8/				29 YE 景気の底離れと課題
10月			9/ 1	東洋経済	(編集部)	「金余り」時代の資産倍増作戦	30 NE 底離れ宣言をどう考える
11月	21	黒字減らし策決定	10/ 11/				8 N 8月から外人売り越し
12月	22	公定歩合引下げ5%	12/				19 N 結果オーライの景気対策
	経済		論文			新聞	
1984							
1月	9	東証ダウ1万円台乗せ	1/				5 NE 景気上昇局面に活気づく
2月			2/				10 N ダウ1万円時代の経営
							18 AE ワンルーム住宅の改善を
3月			3/				17 YE 高まってきたドル急落説

付録1　20世紀末バブル形成期における経済動向と論文・新聞報道

月	経済動向	論文	新聞報道
4月	2　円急騰 1ドル227円	19　エコノミスト　大内秀明「なぜ金融は投機化するか」／角瀬保雄「低成長下大企業の蓄積は進んだ」／佐原洋「日本人はもはや貯蓄国民ではない!?」	4　AE 円急騰をどう見るか／7　NE 日米経済摩擦一層悪化／16　NE 薬価上昇で景気本格化
5月			3　YE 地価上昇の再発防止を／AE 安心できぬ地価上昇鈍化／ME 地価鈍っても遠き我が家／25　N 品川駅用地時価の2倍
6月			20　AE 土地神話の陰り
7月	5　円売り続き 1ドル240円台	経済セミナー　宮尾尊弘　都市の土地問題	3　YE 景気回復を裏付ける決算／30　AE 政策転換は慎重に
8月			15　N 投資の自己金融比率増加／23　NE 投資減税の声高まる
9月			22　N ハイテク景気の足音高まる／21　YE 政策の転換は必要ない
10月	17　円 1ドル250円台		2　YE 繁華街ビル用地値上がり

1984	経済		論文		新聞	
11月			11/		4	ME 経済運営の方向誤るな
					13	N 内需主導型経済への転換
					17	NE 東京一極集中にどう対応
12月			12/		4	NE 伸び率鈍化の企業業績
					7	ME 国民不在の景気から脱出
					26	N 対外不均衡が景気の黒点

1985	経済		論文		新聞	
1月			1/		14	NE 当面ドル高、保護主義強まる
	17	G5、ドルへ協調介入で合意			19	ME ドルは米国の財政赤字次第
					20	YE ドル協調介入は成功、財政が鍵
2月	5	1ドル260円台	2/		7	YE 内需拡大は財政難
					20	NE 設備投資実質的には堅調
3月			3/		1	N 財テク日本企業の主要戦略に
					2	ME 教育、医療費で消費低迷?
					8	N 設備投資強い、百貨店も回復
					19	N 数量景気、消費低迷
					20	YE 消費は個人所得伸び悩みが因
4月			4/		2	ME 都市地価がもたらす危険信号
						NE 市場開放と内需拡大に決断を

付録1　20世紀末バブル形成期における経済動向と論文・新聞報道　231

月				
5月	5/28	85年の対外純資産世界一	東洋経済	3 AE 都心地価住宅地に波及すまい
				7 YE 地価鈍化は当分続くと見るが
				14 YE 財政による内需拡大は不要
				17 YE 民活による社会資本充実を
				20 AE 公共投資は不可、中味は慎重に
				21 N 決め手は住宅建設
				25 AE 育てたい円高ドル安の芽
				28 N 内需拡大は減税と民活で
6月	6/			12 YE 財政改革3合目、国内貯蓄活用
				21 ME 減税、公共投資は必要
				28 N 投資減税、住宅減税が必要
				29 YE 東京一極集中の是正を図れ
7月	7/			6 N 景気のピーク近い、内需拡大準備
				11 NE 世界最大の債権国に
				16 AE 景気減速、公共事業も慎重検討
				22 YE 景気対策財政再建に逆行不可
				26 N 特定金銭信託主導の株価形成
				N 米国の成長は落ち込みドル安へ
8月	8/3	「ビル飢饉」の新情報都市・東京	篠原洋（記者）	4 N ハイテク景気は簡単に落ちない
				21 AE 利下げより一層の円高を
				24 N 内需株中心の相場へ
				31 N 財テク欧米では経営の基本事項
				3 N 内需刺激こそ王道
				6 N 景気対策も要準備
				8 N 経営者評価は事業機会創造力

1985	経済		論文			新聞	
9月	22	プラザ合意	9/			11	ME 不備を晒した国有地売却
						27	NE 内需拡大の圧力強い
						29	N 内需拡大と財政改革・行革必要
10月	1	大口預金の金利自由化		28	東洋経済	都市問題取材班	東京がこんなに変わる！	14	N 内需強くない
						22	YE 国債増発の内需拡大論に反対
						26	N 財政出動なくしての内需拡大なし
							AE 財政は量的拡大より配分
			10/				
				14	エコノミスト	武田信二（毎日）	風雲急を告げる「時金信」	2	AE 都心高騰、分散化と利用規制を
						西脇茂雄（時事）	転機迎えた中期国債ファンド		ME 住宅地は鈍化、有効利用を
								3	ME 「安定した地価」の今後に不安
									YE 騰勢鈍る、規制強化より緩和を
11月	15	3.1兆円の内需拡大策	11/			16	YE 財政拡大論を退けた対策は可
							NE 小出ししかつ漸進み的対策
							N 小出し、長期的税制改正を
						28	YE マネーゲームの過熱を慎め
						29	N 思い切った内需拡大策が必要
						3	N 円高肯定論強いが実態直視を

付録1　20世紀末バブル形成期における経済動向と論文・新聞報道　233

	経済		論文		新聞	
12月	25	1ドル200円台割れ	12/		9	NE 円高デフレ効果を放置するな
					12	YE 円高定着を最優先に
					16	NE 金融自由化と円高の両立
					26	NE 外需依存体質からの脱却
					27	YE 円高デフレを騒ぎ過ぎるな
						ME 円高中長期的に持続させよ
					29	N 利下げ、財政出動を
					30	ME 6年ぶりの地価赤信号
1986			論文		新聞	
1月			1/	日銀月報　情勢判断資料(61年冬)	9	NE 内需拡大不要論は縮小均衡へ
						YE 財政再建の範囲内で景気対策
					29	N 製品輸入の拡大を
	20	原油価格低落、先物$10割れ			6	A 個人先物取引喫損
	21	路線価2,3割上昇			8	ME 先行利下げ論
					10	N 海外から見た日本焦点
	30	公定歩合4.5%に			26	AE 利下げ公共事業前倒し
					27	A 個人・会社・官庁、財テク
					30	ME 利下げ評価
						YE 利下げ適切
2月			2/		3	A 都心商業地急騰
					4	A 公共事業と地価上昇
						AE 国鉄用地売却透明に

1986	経済		論文	新聞	
3月				8	N 国内金余り，株・絵・不動産へ
				13	NE 中小企業内需転換へ
				17	A 節税商品ブーム
				24	A 株買い占めグループ暗躍
	10	公定歩合4%に	3/ 日銀月報 最近のわが国経済とマクロ経済政策の課題	6	N 東京地価，周辺波及
				16	N マネーゲームより実物投資を
				17	N 株価純資産倍率の見方
				18	N 財テクでの資金確保
				19	NE 円高定着への対応
					NE 財テク経済活性低下
				24	A 米国債，絵，N.Y.アパート投資
	27	東証出来高過去最高		26	N 波動からみて株上昇余地
4月			4/ 日銀月報 情勢判断資料（61年春）	29	NE 都心地価対策を
				1	YE 公示価都心急騰
				2	ME 土地神話復活を阻め
					N 証高，商低現象
				4	N 東京国際都市化
	7	経構研前川レポート発表			N 地価対策は減税を
	8	円高の総合経済対策発表		8	YE 前川レポ是，円高維持を
				9	AE 円高持久戦の対策を
					YE 円高の利点を生かせ

234

付録1　20世紀末バブル形成期における経済動向と論文・新聞報道

月	日	出来事	出典	月/	著者	タイトル	日	記事
5月	19	公定歩合3.8%に						
			日銀月報	5/		昭和60年度の金融および経済の動向	13	N 現在は50年に1度の不況
							21	A 利殖に絡む悪徳商法
							25	ME 円高は諸外国の総意
							29	N 名目実質成長の逆転
	9	公共事業77%前倒し（過去最高）	エコノミスト	6/	大西啓	日本は世界景気拡大の牽引車になれる	2	M 都の高額所得者43%増
	12	1ドル150円台に						
6月							10	Y 地価、住宅地西郊にも波及
							14	ME 生活重視経済体質へ転換
								AE 財政政策の弾力化を
								NE まともな円高対策を
							17	N 内需拡大と土地政策
							27	N 円高長期的に拡張効果
								AE 財政の本格出動必要か
							29	NE 前川レポートへの不安
								YE 純資産世界一、証券偏重
			世界	6/	飯田経夫 香西泰 岸本重陳	内需拡大論はピントはずれである／内需拡大—「なぜ」と「いかに」／お題目としての国民的大斉唱	2	AE 証券より直接投資内需拡大を
								NE 円高デコに体質転換を
							4	YE 産業構造改革までは内需で
							6	NE 失業率2.9%、対策いつまで？
							8	N 円高失業4%近くに
			経済センター会報	15	原田和明	「円高デフレ」ではなく「円高革命」	15	N 空洞化は杞憂。構造転換を

1986	経済	論文				新聞	
7月		7/	日銀月報	新保生二	情勢判断資料(61年夏)	16	NE 東京周辺のマンション不振
			経済セミナー	田中直毅	円高下の日本経済	19	AE 完全失業2.9%、不況業種多い
		1	エコノミスト	竹内啓	日本経済の「ポスト86」長期構想の下で「内需拡大」策を	26	AE IQ GNP −1.1%、財政柔軟対応を
						8	N 市場から弱気が消えた
						9	AE 鉄鋼の国内炭国際価格に
		15	経済センター会報	中谷巌 西村功	「エントリー促進的政策への転換を国際的視野に立ち、社会資本の充実を	12	AE 米国利下げ、金融偏重脱却を
						28	AE 都 CPI、27年振り −0.2%、さらに下げ
8月		8/	経済セミナー	(インタビュー) 宮崎勇	経済政策	5	M 日銀内需堅調物価安定静観、財界2％成長も危ないすぐ対策を
	31 日米半導体交渉合意					8	N マネーゲームの正常化
						12	YE 構造調整国民間主体で
						22	NE 倒産警戒、抵抗力限界
						27	YE 米国利下、要請無視できず
9月		9/	日銀月報		金融緩和の浸透と企業金融の構造変化について	28	NE 経企庁、「拡大」消えた
						28	N 円高不況構造転換を
						29	YE 利下げ規制緩和で財政再建を

付録1　20世紀末バブル形成期における経済動向と論文・新聞報道　237

		経済セミナー	正村公宏	日本経済の構造変化をどう見るか		
10月	19 総合経済対策				1	AE 社会資本充実国債は最小に
					4	YE 株高は病理現象，PER50倍
					8	NE 景気の二面性
					11	ME IIQ GNP＋3.6％，内需拡大真剣に
	円高不況深刻化　住友・平和合併	10/		情勢判断資料（61年秋）	16	AE 株価下落，財政での内需対策を
	1				20	AE 株式下落，正面切った景気浮揚策
						ME 株式下落，財政再建棚上げも
						NE より高めの成長を
	9 日銀，財テクの増大を発表				2	YE 地価東京大阪中心部高騰
						AE 地価周辺へ波及，対策を
						ME 地価上昇は東京問題
	29 NTT株＠119.7万円で売り出し				5	N 米国利下げ要求へ
						ME 失業率上昇，労組内路線対立
					6	YE 国鉄用地売却対策を
					9	YE 証券は NTT 株売出に節度を
					19	N 財テク経営資源効率化
					29	N 大恐慌再来論
11月	1 公定歩合3％に	11/		円高，原油の物価安定効果とその企業，家計への影響について	1	AE 利下げ副作用心配，銀行自制を
	1 西戸山住宅売り出し44.2倍					YE 利下げ受け入れ策として歓迎
						ME 利下げ遅すぎた国際要請に
						NE 利下げ政府政策とズレ

238

		論文			新聞	
1986	経済					
		28	東洋経済	藤野正三郎	景気循環論から見た世界大不況の可能性	11 N 三二国土法で地価鎮静化
						12 ME 林野庁跡地払下げに警告
				伊藤隆敏	株価急落とドル暴落は, 恐慌のトリガーとなるか?	13 N 利下げで円高天井感が出た
				西山千明	円高不況スパイラルの危機	23 N 円高ストップ4％成長へ
				嶋中雄二	太陽黒点説から見たコンドラチェフ・サイクルの現局面	
12月		12/	社会科学研究経済セミナー	馬場宏二 野村信広	現代日本の焦点 低金利時代のマネーゲーム	3 ME 空洞化否定に懸念拭えず
						AE 国内雇用調整の難しさ
						7 YE Ⅲ Q GNP+2.6％, 民間余資活用
						17 N 87年は2％後半が中心
						20 M 大蔵省, 銀行の土地融資自粛を
						22 M 自民短期超重課, 供給促進
						24 N 株価回復波動的に上昇
						25 NE 政府見通し内需主導を
		論文			新聞	
1987	経済					
1月		1/	日銀月報		情勢判断資料 (62年冬)	4 YE 87年度2.5％成長
		6	エコノミスト	橋本寿朗	過渡期の中の米国と日本	6 N 1ドル140円は覚悟の要
				金森久雄	62年度は4.3％成長できる	10 N 各社見通し暗い, 攻めの経営を
						13 YE 円高防止に全力を

付録1　20世紀末バブル形成期における経済動向と論文・新聞報道　239

月	日	事項	掲載誌	著者	論文タイトル	日	新聞記事見出し
	19	1ドル150円を突破				15	N 円高さらに進もう
						16	N 東京国際市場を
						17	N 過剰貯蓄　超低金利
						18	M 会員権値上がり加速
							N 国際協調低金利しかない
	30	東証2万円乗せ	経済セミナー	森口親司	どうなるのか日本経済	23	YE 固有地売却規制は疑問，総合土地対策を
				叶芳和	87年は景気改善の年となる		NE 列島改造ブーム再来
							AE 土地こそ最優先課題
							AE 来期予算渋すぎ，利下げを
2月			2/	日銀月報		円高下の経済調整について	
	6	国鉄土地公示価の10倍				1	ME 株高に落とし穴の危険
						3	NE 円高対策に長短期のバランスを
	9	NTT 株上場				7	YE 株高は高所恐怖症
						8	NE NTT 株投資は自己判断で
						10	AE NTT 株異常人気
						13	N ハードランディング 1ドル110円必要か
						15	NE 積極財政，利下げ必要
							ME 新日鉄リストラ，重厚長大終焉
						17	YE 異常金余りと NTT 株
						18	N 新三種の「内需」の構築を
						20	N 経済調整完了，心理的に末了

1987		経済	論文			新聞	
3月	23	公定歩合2.5%に				21	NE 利下げ、財政の発動急げ
							YE 利下げ後は財政
							AE 低金利必要、財政再建見直しも
							N 基調は依然金融相場
			3/	経済	徳重昌志	異常円高下日本の景気はどうなる	25	N 財政の出番、柱の一つは住宅
						4	NE 87/1の完全失業率3%
							AE 失業率3%、地域的に偏り
						5	N 87年度は積極予算に組替えよ
						6	YE 予算の運れ雇用に暗雲
						10	N 低金利で設備投資意欲も
						11	NE 87年度投資4年振りマイナス
						14	ME 円高だからリゾートを
						19	NE 土地問題見直せ
							AE 財政も内需拡大の視点で
						20	NE 景気転換点心理的梗入れを
							YE 内需拡大に知恵を
						24	YE 財テク犯罪の根絶を
						27	N 輸出競争力回復
						29	N 産業構造変化の必要性さらに
						31	N 内需拡大の壁、金融制度、官僚
4月	31	1ドル140円台				1	N 公示地価全国+7.7%。東京+70%
	1	国鉄分割民営化					YE 土地臨調の設置を
							AE 土地投機抑制、融資抑制を
			4/	日銀月報		情勢判断資料(62年春)	2	A 不動産3社の経常利益1000億
							ME 地価対策後手過ぎる
							M 日銀、土地融資抑制指導へ

付録1　20世紀末バブル形成期における経済動向と論文・新聞報道　241

月	日	出来事	出典	著者		記事
	16	1人当りGNP 米国を抜く				5 N 企業の土地テク 7 NE 前川レポ1年、経済対応を急げ 　YE 前川レポ1年、事態はより深刻 8 N 株式投資の機関化、皆で買えば 　YE 総合経済対策は中身を 10 N 内需=住宅減税を 15 N 1株当たり純資産重視へ
	23	第2前川レポート案				18 N 米国株投資盛ん 21 NE 87/3のMS+9%、緩和の副作用 　N 株価上昇、金利の下方硬直性
	24	1ドル130円台				24 YE 具体性なく新前川レポ 　AE 新前川レポ具体論弱い 29 N 前川レポの実行、内需拡大市場開放
5月	8	円高原油安差益59%還元	日銀月報		5/	1 N 通貨対策介入に加え利下げを
	22		東洋経済	嶋中雄二		再説・大恐慌への警告 11 NE 土地長者のための経済大国 13 N 株も土地も投機は峠を越えた 19 AE 地価抑制に熱意を 20 A 永続する財政刺激、金融緩和 21 YE 直ちに補正予算、効果重視で
	29	緊急経済対策(6兆円)				24 NE 決算、円高対応の巧拙 30 NE 金融は景気より為替配慮 　YE 積極財政支援の対策評価

1987	経済	論文				新聞	
6月		6/	経済セミナー	香西泰	内需拡大への戦略を問う	1	NE 決算, 営業減益を財テクで穴埋め
						2	YE 決算, 二極化と財テク定着
	9 リゾート法公布					5	A 地価, 都心は鈍化, 周辺急騰
						12	N 株式は業績相場へ
						13	M 大蔵・日銀景気底打ち宣言
						16	NE 景気底固め, マインドは慎重
						17	ME 円高下で企業体質の変革を
							NE 円高定着, 雇用調整の必要性
						19	AE 87年ⅠQ GNP＋1.2%内需拡大の芽出た
						21	N 90年代不況説
						24	NE 87年補正予算は評価
	25 外貨準備世界一に					26	AE 公団家賃25万円に
							A 日銀総裁インフレ警戒に修正と
7月		7/	日銀月報	鈴木正俊	情勢判断資料 (62年夏)		
			世界	伊東光晴	高まる世界恐慌の足音		
		1	経済センター会報	飯田経夫	静かなる狂乱	2	A 土地・株高金融超緩和が原因
					新ライフスタイルの創造で経済発展を	5	N 今後の成長3%前後土地・株は峠
		7	エコノミスト	奥村宏	日本の異常株高はこうしてつくられた	6	N 求人, 製造業もプラス, 失業は3.2%

付録1　20世紀末バブル形成期における経済動向と論文・新聞報道　243

月	No.	事項	日	誌名	著者	論文タイトル	日	新聞記事
8月	21	土地融資自粛申合	8/	経済セミナー	(座談会)鈴木淑夫・林健二郎・井上宗迪	日本の景気回復は本物だ	12	AE 土地臨調、抑制でなく引下げを
							15	ME 土地対策は地方分散の実行
							16	N 株式時価86年度＋120兆円、うち個人30兆円
			4	エコノミスト	金森久雄 高橋乗宣	62年度は景気回復、4％成長を期待 内需拡大よりも通貨の安定を急げ	20	YE 土地融資、行政指導の徹底を
								NE 資産インフレ依存の経営
							23	N 低利用地の稼動化を
					長谷川徳之輔 福井俊彦	地価狂騰の真犯人は誰か 金融機関経営者は公徳心と自制心を	24	AE 土地投機融資自粛実効を
							27	NE 88年度緊縮予算に戻るな
							1	YE 内需拡大と財政再建の両立を
			11	エコノミスト	吉野俊彦	インフレの足音が聞こえる	5	AE 景気の変わり目財政の出番
							8	A 日銀不動産融資1桁に窓口指導
							10	N 住宅建設等内需主導好調
							11	N 資産効果はあと1年
							12	NE 研究投資、海外投資活発化
							14	N 建設資材値上り在庫積増しも
								N 超緩和から通常の緩和へ
							19	YE 内需型成長を確かなものに
							21	N 内需拡大は世界市場のため
							23	N 87年度は4％を超す成長
							24	NE インフレなき調整可、ネックは輸入で

	経済	論文		新聞	
1987					
9月		9/	日銀月報	27	N 株式相場好調期待
			物価安定が支える内需の拡大	29	N 第5超長期波は底入れ上昇へ
				2	YE 財政再建軌道わずな
				5	AE タテホ、財テクへの警告
					ME タテホ、財テク時代終わりへ
				6	YE 米利上げ通貨安定重視で
				10	N 資材高は減量の反動
				11	N 景気変動の型3変じた、新しい分析ツール必要
				12	NE 素材景気はインフレの警戒信号
					AE 土地対策は実行から
				14	ME 回復に安心するな拡大統行を
				15	NE 地価抑制は関連政策とも調整
				22	NE 建設資材の異常高騰
					YE 円高の打撃は小、メリット大
				26	NE 地方自治体、土地高騰の一因
	30 基準地価東京86％上昇				
10月		10/	日銀月報 ESP 西村清彦	1	AE 地価、都心沈静地方波及
			情勢判断資料（62年秋）		A 皿Qの土地融資伸び鈍る
			地価の高騰を生み出すメカニズム		A 地価統制に反対
					ME 土地取引許可制とし地価凍結
					NE 地価地方への波及防止が課題
					N 土地は商品、需給の基本関係を
				2	N 利上げは疑問
				5	YE 土地危機、取引許可・価格凍結

付録1　20世紀末バブル形成期における経済動向と論文・新聞報道　245

月	日	事項			月日		著者	論文等表題	日	新聞報道
11月	12	土地臨調答申（規制強化策）							7	N 資材高騰インフレの可能性小
									8	N 土地取引規制に反対
									13	AE 土地臨調値下げ実行を
										NE 土地供給策、長期ヴィジョン必要
									14	ME 地価抑制不言実行を
									15	N 金余り現象は米ドル安に原因
									16	A 日銀・大蔵利上げ見送り合意
	19	ブラック・マンデー							20	N 日本株は堅調と予想
									21	YE 株暴落恐慌再来は小さい
										AE 株暴落を恐慌につなげるな
										ME 不気味な株暴落
										NE 株暴落大恐慌にはならず
										N 変は終わった
									22	N 景気行き過ぎとインフレ懸念
									30	AE ドル安株安にメスを
					11/	日銀月報		円高下の企業経営の動向について	11	AE 地価高騰足踏み
									13	NE 地価鎮静に向かう
									19	AE 証券・不動産史上最高決算
					26	東洋経済	宮尾尊弘	地価の新局面を迎えて何をなすべきか	20	NE 日本の株価上げ過ぎ
							堀内俊洋	地価高騰でマクロ経済はどう変わる		N 高所得者の資産効果続く
							野口悠紀雄	バブルで膨らんだ地価	23	NE 土地対策宝刀論に陥るな

		経済	論文		新聞	
1987						
12月			12/	鷲尾友春	経済大国・日本の対外不動産投資の問題点	
					27	AE 土地問題は峠を越さず
					30	AE 内需主導の景気上昇を支えよ
					2	N 金融不安定ながら実物安定
					6	YE ⅢQ GNP＋8.4％, 内需拡大を軌道に
					9	NE 外需抑制の成長を
					19	ME 内需拡大を持続させよ
					20	ME 差益還元が至上命令
					21	YE 銀行ぐるみの地上げ
					24	N 日本経済第3の奇跡
						YE 内需と財政再建の両立可能
					30	NE 円高下で大型倒産回避
	31	1ドル122円に				
1988		経済	論文		新聞	
1月			1/	日銀月報	情勢判断資料（63年冬）	
				ESP	最近のマネーサプライ動向について	1	N 88年成長率政府＋3.8％, ＋5.5％は可能
						20	AE 都心地価一部値下がり, 下落促進を
						29	N MS増勢黒字国では当然, 抑制止めよ
2月			2/	日銀月報		
					（座談会）金森久雄, 竹中一雄, 長瀬要石	63年度日本経済はこうなる	

付録1　20世紀末バブル形成期における経済動向と論文・新聞報道

月						項目
3月	12 外国人の不法雇用中止令				21	N N.Y.暴落痛手．東京立ち直り早い
					27	N 流動性増加インフレ要因となりうる
		3/			17	N 消費爆発は永続せず
					18	N 石油危機以来の大型景気
					19	YE 内需中心，物価安定の理想的姿
			22 エコノミスト	長谷川徳之輔 今井澂	地価は「長期低落」に入った 外人投資家が先導の相場展開へ	AE MS 伸び高い，財投前倒し止めよ
					31	N 実質成長率87年＋4.2%．88年＋5%前後？
4月		4/	日銀月報		情勢判断資料（63年春）	1 NE 地価都心は沈静　分散を防げ
						AE 資産効果等地価上昇を評価するな
						YE 土地総合対策を急げ
					2	ME 地価引下げ対策を
						N 88-90年は情報化，国際化，構造転換
					7	YE 銀行・証券の職業倫理を
					8	N 住宅ブームはピークアウトか
					9	AE 株価7日連続高値更新
					13	YE 黒字減らしと景気回復の二兎を得た
5月		5/	日銀月報		昭和62年度の金融および経済の動向	14 N PER は65倍から73倍．益回りは不変
		20	東洋経済	叶芳和	覇権国家よりも国際貢献をめざせ	4 AE 地価狂乱の歪み広がる
						15 N 低調の本業財テクでカバー
						20 N 資産効果の軽視は経済を見誤る

1988		経済		論文		新聞	
6月					24	AE 諸外国最盛期並みの社会資本を
						29	N 需要サイド型の景気上昇供給次第
						29	NE 地価の虚構性を剥ぐ努力を
						30	AE 地価引下げの達成状況を明らかせ
	17	リクルート事件発覚				30	YE 土地, 政策論より実行
	20	牛肉・オレンジ自由化				31	NE 大企業決算前年比＋19.7%
	28	総合土地対策要綱決定	6/				AE 3年ぶりの増収増益決算
						7	N 大空位時代と同じ各国協調の成果
						10	N 潜在株の増加はリスク増大
						17	N 景気短命説あるが来年上旬は上昇
						18	AE 勤労者支出上向き, 投資も好循環
7月	2	日銀, 短期金利高め容認	7/	日銀月報	情勢判断資料 (63年夏)	29	AE 地価に一層の挑戦を
						30	YE 土地対策は期限付き実行を
	11	BIS 規制決定				2	NE 対外協調最優先の金融政策を
						4	NE 87/下, 設備投資＋22.0%体質改善投資
						8	YE リクルート事件, モラルとマネー
						11	NE 大企業内部留保率の転換を
						16	N 金融資産 GNP 比実物資産と乖離
						27	N 設備投資大型化5%成長4.5年続く

付録1　20世紀末バブル形成期における経済動向と論文・新聞報道

月	資料	著者	タイトル	日	内容
8月				1	AE 財政支出の抑制を
				7	ME 分配問題が重要
				17	N 87-88年は金融緩和による投機景気
				25	NE 予想外の個人消費、設備投資
				31	N 設備投資の生産力効果懸念は不要
9月	日銀月報		今回設備投資拡大局面の特徴と持続性		
	経済	米田貢	「金融肥大化下の内需拡大ブーム」		
				2	N 利上げ世界的高金利、景気鈍化に
				10	YE 進出国との摩擦、空洞化考えよ
				17	N 投資生産力化前の需給逼迫懸念
				19	NE 一服感から土地対策迷走
				22	NE IIQ GNP－3.9％ながらバランスの取れれた拡大
					ME 円高体制、内需拡大の定着を
				27	N 製造業投資＋25.8％、能力増は30％
				29	NE 設備投資で輸出エンジンをふかすな
					N 設備投資、早すぎる抑制成めよ
10月	日銀月報		情勢判断資料（63年秋）		
				2	AE 地価高騰地方へ波及
					YE 地価監視区域の整備等対策手ぬるい
				4	ME 地価地方自治体の対策手ぬるい
				6	N 設備投資過去の学習効果微妙に
				7	N 株式相場、次の波動の入り口か
				28	N 黒字不均衡拡大の兆し、成長率アップを

1988	経済	論文			新聞	
11月		11/	景気回復下の企業経営動向について	日銀月報	30	N 来年成長今年より1－1.5ポイントダウン
12月	7 株価3万円台乗せ	12/15	東京の高地価対策	日本経済新聞	4	N 89年、今年並みの成長（5％台）
			東京の国際金融センター化の構図 原田泰英吉利	経済	8	NE 株価3万円、世界最大の東京市場
						AE 黒字減らしに消費ブームの持続を
						ME ⅢQ GNP 外需1年ぶりにプラス
						YE 景気順調、対外黒字増加懸念
	11 光進、国際航業株買占め				9	ME 世界一市場に相応しい株価形成を
					11	NE 外的ショックに備え内需拡大持続を
					12	NE リクルート、経営者の倫理観
					16	N 日本黒字米国インフレ、米財政赤字に因
					20	NE 88年好調の要因来年はなくなる
					25	N 設備投資根強い、5％上回る成長可能
					26	NE 経済人の社会責任
					27	N 日銀利上論議世界的利上誘発、尚早
1989	経済	論文			新聞	
1月		1/	情勢判断資料（平成元年冬）	日銀月報		

付録1　20世紀末バブル形成期における経済動向と論文・新聞報道　251

月	日	雑誌	著者	タイトル	日	記事
2月	23	不動産研究	福本壽男	最近の地価動向とその背景		都銀新プライムレート適用
	10	エコノミスト	(対談)吉冨勝、伊藤正	89年恐慌はやってくるか	1 5	NEマネー大国日本の責任 AE作られた日本の株高
					21	YE物価抑制効果消滅、規制緩和を
					26 28 31	N東証時価500兆個人23％米国は66％ N資産形成土地投機抑制が第一 N成長率政府見通し4％は低め
	21	日銀月報 世界経済評論 ESP 経済セミナー 経済月報	植松忠博 (座談会)小林實、奥村俊男、鈴木洋彦、長濱雯石 田原昭四 森口親司 和田哲郎	最近の物価動向について 89年の日本経済展望 今年の日本経済はどうなる 景気循環論から見た日本経済 大型景気はどこまで持続するか 高度成長期の経済拡大と日本経済の現状	2 9 10 26	N日銀・大蔵のインフレ警戒論景気に悪影響 NE経済政策ビジョン消極化 AE暮らしの不公平感険け AE米利上げ追随の必要なし
3月	31	日本経済研究	植田和男 吉川洋	わが国の株価水準について 資産価格変動のマクロ経済学的分析	4	NE物価下げ余地あり政策は現状維持

252

1989		経済	論文				新聞	
4月	1	消費税導入					10	NE 地価東京神奈川下落地方上昇
								YE 東京地価3倍で高止まり
							13	AE 不動産融資増加地方は値上り願望
								ME 監視区域の地方適用急げ
							14	N ストックの反作用に注意
								N ドル堅調物価安定には利上げも
							19	YE 物価安定資産価格差是正を
							25	N 成長率＋5〜6％に、マネー膨張に注意
							26	NE 金融市場はインフレ懸念、政策転換は不要
								N 都心部地価再騰の懸念あり
				4／	日銀月報	情勢判断資料（平成元年春）	3	ME 土地融資再増加
							8	N 乱気流近づく株式市場
							13	N 利上げで拡大加速物価上昇止めよ
							18	NE 設備今年も＋13％構造転換投資
				22	東洋経済	水谷研治	限界に近づく日本経済の繁栄	19	N 設備能力化せず金利上昇も一時的
							29	NE 物価上昇の兆しなし過剰反応慎め
							30	YE 物価前月比警戒注意警報動策を
5月				5／	日銀月報	昭和63年度の金融および経済の動向	3	N インフレ懸念の強調は慎め
							13	N 金融緩和長期化の弊害、2年は長い
							18	N 株価水準、マネー化経済合で判断を

付録1　20世紀末バブル形成期における経済動向と論文・新聞報道　253

月	日	事項	日付	掲載誌	著者	論文タイトル	#	新聞記事
6月	31	公定歩合引き上げ 3.25%					19	AE ドル高行過ぎ利上げに機を逸するな
							20	N ドル高、過熱には適当なブレーキの時期
							28	AE 支出繰延べ等機動的運営を
			6/	日銀月報			31	NE 金利偏重は不可、機動的予算運営を
								AE 利上げ是、再利上げ機動的に
7月			7/	経済セミナー	高橋乗宣 嶋中雄二	情勢判断資料（平成元年夏）失速する日本経済 日本経済楽観論への疑問	13	N 日本の株 PER 益回りどう見ても割高
							21	ME 好調景気の取り分は企業に偏るな
8月			8/22	エコノミスト	森口親司	日本経済は供給制約をどう乗り越える	5	N 日本経済のストック化
9月	29	三井、太陽神戸合併発表	9/	ESP	(座談会)奥村洋彦、高橋毅夫、中谷巖、土志田征一	平成経済は何をめざすのか	30	N 国内物価ジリ高懸念
	4	日米構造協議開始					3	AE 消費者重視の規制緩和、自由化を
							9	AE 地価東京以外続騰

254

		経済	論文			新聞	
1989							
	27	ソニー、コロンビア買収を発表					
10月			日銀月報	黒田晁生	情勢判断資料(平成元年秋)	11	YE 土地基本法を店晒しにするな
			10/			12	ME 土地周辺続騰 東京も反騰の兆し
			エコノミスト	紺谷典子	日本の株価はバブル(泡沫)だ!?	19	N ストック経済のもつ危うさがアキレス腱
			3		金利水準と企業成長が支える日本の株価	21	N 都心の商業地に再び動意
						24	YE 労働力不足広がる人件費上昇懸念 景気の鍵物価ドル高を止められるか
						27	N ドル高で内外需とも下期は加速
						30	N 設備投資増で円安下の黒字縮小
	11	公定歩合引き上げ 3.75%				6	ME 土地を核とした信用創造を断ち切れ
						7	NE 欧州利上げ日本は時機尚早
						10	N 在庫・設備循環弱く景気循環消えた
						12	AE 機敏だった利上げ
						21	AE 宅地並み課税強化せよ
						24	ME 大恐慌流60年現在の株相場と類似
						26	YE 株主安定化行き過ぎの転換を
							AE 日本取り巻く世界の厳しい目を意識
						30	YE 国富に占める土地66%

付録1　20世紀末バブル形成期における経済動向と論文・新聞報道

月	日	出来事	日付	掲載誌	著者	タイトル	番号	新聞記事
11月	31	三菱地所ロックフェラー・センター買収	31	エコノミスト	上田信行	水ぶくれの地価と株価は修正必至		
			11/	日銀月報	(座談会)石綱康弘、斉藤章二、嶋中雄二、安田靖、内野達郎、西嶋周二、鈴木正俊、宮崎徹	景気拡大局面における企業経営動向について		
				ESP		平成景気の「強さ」と「弱さ」		
						「いざなぎ景気」からみた平成景気　景気循環論からみた平成景気　インフレ再燃の可能性はあるか　90年代への助走過程としての平成景気		
					米沢康博	平成景気と設備投資行動の変化		
							1	YE 宅地並み課税実施を
							3	AE ノンバンク土地融資規制運用を
							4	ME 宅地並み課税運用強化を
							5	NE 土地規制の発想見直しを
								YE 海外投資現地摩擦に配慮を
							22	N 土地基本法には市場機能の重視を
								AE 基本法を梃子に宅地並み課税進めよ
12月	14	土地基本法成立	12/	日銀月報	総裁講演	金融政策の運営と課題		
							3	AE 名実ともなう宅地並み課税を
							4	NE 89年も増益、資産効果大
								YE 宅地並み課税の徹底を
							8	YE 大型景気、物価動向日米摩擦課題

	経済		論文		新聞	
1989						
	25	公定歩合引き上げ 4.25%	18	エコノミスト 鶴田俊正 90年代日本経済の政策課題を考える	15	NE 土地基本法総合的スケジュール示せ
						YE 総合土地対策実綱実質放置同然
					19	N 景気楽観論横行
	29	株価38,915円と最高値			26	YE 利上げ予防的として評価
					28	YE 土地対策閣僚会議作文に終わらすな
1990	経済		論文		新聞	
1月			1/	日銀月報 世界経済評論 植松忠博 情勢判断資料（平成2年冬） 1990年の日本経済展望	5	N 景気反転要因いずれも可能性薄い
					9	N 高度化成長、量的拡大より質的充実
					10	NE 88年末国民総資産6000兆円
					14	AE 日銀、土地・株暴騰の修正
					15	ME 土地基本法、私権の制限もやむをえず
					19	YE 株価動揺、上げ過ぎの修正
					26	N 賃金インフレは原材料費で吸収可
					29	NE グローバル経営をオンハンに見る
2月			2/	調査月報（長銀） 水流正英 需給ギャップから見たインフレ懸念		

付録1　20世紀末バブル形成期における経済動向と論文・新聞報道

			著者	タイトル	日	新聞報道等
		三井銀総研年報	島根祐一	建設ブームと90年代の日本経済		
	1	経済センター会報	植田和男	金融緩和が株価上昇に影響大		
					2	N 生産指数89年をとおして漸減、政策は逆行
					6	AE 人手不足の深刻化
					7	N 株の下げ、89年秋急騰の修正
					14	N 値上げ、ホテル、運送費、建築費等々
					23	AE 株価大揺れ、金利先高観
					24	N 生産低迷、受注好調で徐々に回復か
3月26日 東証株価1569円安					27	YE 株下落円安・原油安・金利安の消滅
3月	3/1	日銀月報	金森久雄	近年の現金の利用動向について		
		経済センター会報		80年代は発展の準備期、90年代は新たな成長の時代		
					1	N 予想インフレ2%での再利上げ慎重に
					2	N 金利先高による株暴落基調は落着き
					3	AE 円安防ぐ為国際協調利上げを
	3	東洋経済		バブル(泡)経済に警戒信号が点滅		
					7	N 株安見解二分、景気に腰折れない
					8	N 円相場1ドル150円台、利上げを急げ
	10	東洋経済	(記者)駒橋憲一	株暴落を導いた高金利の恐怖		
			加藤雅	強すぎる引き締めは副作用呼ぶ		
					13	N 株安、昨年の上げ過ぎの反動

1990	経済	論文		新聞
	20 公定歩合引き上げ 5.25%			19 YE 89年GNP+3％、前期の反動、利上げを
				20 N 株・円・債券トリプル安、ストック経済のツケ
	22 株価3万円割れ、トリプル安			21 NE 利上げ、市場に追随 / AE 利上げやむをえず / YE 好況の持続に必要な利上げ / N 株急落バブル剥落の側面強い
				23 NE 株3ヶ月で1/4下落 / NE 地価高騰の地方分散防げ / N 株28千円台デリケートな水域へ / YE 地価大阪で急騰、東京も上昇拡大
				24 AE 土地神話を崩せ / ME 首都機能移転も決断の時
	27 不動産融資総量規制			27 N 89年IVQ GNP+3％, 輸入除けば+7.5％
				28 N 金利・株の修正、経済の基調は不変 / YE 土地取引規制区域の検討を
				30 N「5％の安定インカムゲイン中心に
		31 東洋経済	理論は平均株価27000円を示唆 / それでも景気は崩れない	(記者)土屋春彦 / (座談会)竹中一雄, 宮崎勇, 鈴木淑夫
4月		4/ 日銀月報	情勢判断資料(平成2年春) / 最近の金融経済情勢	総裁講演

付録1　20世紀末バブル形成期における経済動向と論文・新聞報道

月	日	経済誌	著者	タイトル	日	新聞報道
5月	7	東洋経済	遠山弘徳	わが国における近年の地価上昇の背景と影響について／日本における高度成長と危機	2	N いざなぎ越えも狙える
					3	N 鉄需要に不安無し
						AE 株高・土地高修正必要
					4	NE YE ME 土地税制改革を主役に
	21	東洋経済	（記者）田北浩章	暗く長いトンネルに入った株価	9	ME 円安止まらず、輸入コスト上昇
			（記者）駒橋憲一	信頼失った日銀、真犯人は大蔵	10	N 株価、大型景気曲がり角の予兆
			長谷川徳之輔	地価異常高騰が生んだ虚構の資産大国	25	N 円安のプラス効果で成長率上方修正を
			伊豆宏	地価上昇率は急上昇から低下へ		
	5/	日銀月報		平成元年度の金融および経済の動向	9	NE 長者番付100名中譲渡所得90名
		経済セミナー	宮尾尊弘	土地問題は解決できるか	14	AE 対外黒字急減
					17	N 日銀地価の反転とノンバンクへの打撃警告
					18	ME 企業保有の低未利用地課税を
	22	エコノミスト	田原昭四	新いざなぎ景気論は幻想である	24	NE 土地東京も再騰
						YE 監視区域のガイドライン、ノンバンク規制を

1990	経済	論文			新聞	
6月		6/	ESP	(座談会) 伊藤元重, 岩田一政, 南部鶴彦, 田中努	経済学から見た日本の経済政策	28	AE 岩戸並び, 金利・財政機動的に
						2	N 経常収支黒字 GNP 比 2 %, 特別な対策不要
						5	YE 3 年連続増益, 伸びは鈍化
						6	N 対外援助の為の黒字は自国中心的
						7	N 株価反騰, 土地バブル未解決
						13	N 株半値戻しながら益回り安定圏
		19	エコノミスト	西嶋周二	平成景気が持続する三つの理由	21	AE 90年 I Q GNP +10.4%
							YE 89 年度成長率 +5 %, 物価抑制が課題
						22	N 89 年度成長率, 大型景気の展望開ける
						24	NE 税調土地保有新税で問題解決せず
							ME 保有税具体化を
							YE 保有課税の方向
7月	26 景気拡大期間史上 2 番目	7/	日銀月報 企業会計 ESP	五十畑隆 (対談) 高橋毅夫, 横溝雅夫	情勢判断資料 (平成 2 年夏) バブル経済終焉の実像と虚像 平成景気は「山」を越えたか	7	N 4.5月 MS +13.2% 資金供給に甘さ

付録1　20世紀末バブル形成期における経済動向と論文・新聞報道　　261

月	日	公定歩合	誌/紙	著者	タイトル	日	記事
8月	8/		日銀月報	総裁講演	堅調を続ける個人消費の動向	17	N いざなぎ越え(91/9)まで需要不安なし
				岩見良太郎	最近の内外金融情勢	24	YE 人手不足による物価騰勢
			経済	中川淳司	地価高騰のバブルははじけるか	25	N 円高ながら金利には先高観
					「日はまた沈む」の衝撃度を測る		
	30	公定歩合引き上げ 6.00%					
9月	9/1		ダイヤモンド	フェルドスタイン	日本の黒字・円高基調に変化なし	4	N バーナートによる生産性低下を補う投資増
						24	N 中東緊迫化、原油高
						30	ME 利上げ好タイミング
	15		東洋経済	金森久雄	土地バブル説を疑う	1	N 債券・株2/4のトリプル安水準を下回る
						3	AE 土地無策返上を
						7	N 株のアブクは消えたが土地に及ばず
						11	N 株バブルの遺産は設備投資
						12	AE 土地売却課税強化を
						13	ME 新土地保有税一律課税を
						20	NE 新土地保有税軸に土地税制を
							AE マンション収益還元では時価の4割
							YE 地価地方拡散ノンバンク規制、監視区域拡大を
						21	ME 地価上昇地方へ
						22	N 景気危険水域

1990		経済		論文					新聞
10月	1	東証株価2万円割れ						23	AE 都市・低利用地のみの保有税反対
								28	N 金利先高観, 長プラ上昇
									YE 景気来年前半には転換点か
				10/	29	東洋経済	(共同取材)	8％金利を呑みこむストックパワー	
						日銀月報	鈴木淑夫	中東危機の向こうに見える構図	
						経済	大槻久志	情勢判断資料(平成2年秋)	
									ガラスの城と化したバブル経済
								2	N 10/1株価一時2万円割れ
								7	YE 住銀事件, バブルと銀行の責任
								10	NE リクルート真藤有罪, バブルの歪み
								18	AE 株安, バブルと縁を切る好機
								30	AE YE 土地政審地価を84年水準に
								31	AE YE 税調, 保有・譲渡・取得で税強化
									N 来年の景気, 湾岸の影響大
11月	13	埼玉, 協和合併発表		11/		日銀月報		主要企業経営	
								5	NE 原油高, 円高で吸収
								6	N 土地担保の使途不明融資は自粛を
								14	N 花見酒経済の限界
								15	ME 景気まだら, 中間決算減益会社
								20	N 構造部分(投資, 消費)はしっかりしている
								23	N 89年までは設備投資を内部留保が上回る
								25	AE 新土地保有税非課税範囲を狭れ

262

付録1　20世紀末バブル形成期における経済動向と論文・新聞報道　263

12月	12/	経済	青山四郎	超楽観論と日本の現実
				27 N 91年度GNP＋4％？設備は1桁の伸び
				30 AE 9月先行指数50％割れ
				2 YE 保有税は十分な高さに
				5 YE 9月中間決算全産業増収減益
				6 AE 保有税0.5％死守を
				7 YE 保有税0.3％ながら欧米にない税評価
	8	東洋経済	(論争)鈴木淑夫，野口悠紀雄，本間正明，蝋山昌一，宮尾尊弘	「新土地保有税の功罪」
				8 N 90年度GNP＋4.4％，91年度＋3％台
			野口悠紀雄	バブルの崩壊をめざして
			宮尾尊弘	正しい土地政策とは何か
				12 YE 土地融資総量規制発動遅きすぎる
				14 AE ノンバンク規制一律は不可
				21 N 実物経済好調，シンボル経済混乱
				22 N 土地問題の抜本的解決策を
				23 YE 91年度GNP見通し＋3.8％バブル潰し弾力的に
				24 N 家計支出資産効果より物価効果
				28 NE 89年末正味資産＋380兆円(土地＋300兆円)
				29 N 公定歩合当面下げるな消費者物価下げ先決
				31 NE 民間見通し3％半ばの潜在成長力あり

(注)　表中の略語は次のとおり。 I Q.：第1四半期，第2四半期，… CPI：消費者物価指数　MS：マネー・サプライ　PER：株価・収益比率

付録 2　参考文献一覧（主として引用文献）

Abramovitz, Moses, "The Passing of the Kuzunets Cycle," *Economica*, 34, 1968.
Akerlof, George A., and W. T. Dickens, "The Economic Consequences of Cognitive Dissonance," *The American Economic Review*, vol. 72, no. 3, June 1982.
Allen, Frederick L., *Only Yesterday: An Informal History of the Nineteen Twenties*, Harper and Brothers Publishers, 1931. 藤久ミネ訳『オンリー・イェスタデイ』ちくま文庫，1993年。
Aoki, Masahiko, *Information, Incentives, and Bargaining in the Japanese Economy*, Cambridge Univ. Press, 1988. 永易浩一訳『日本経済の制度分析 情報，インセンティブ，交渉ゲーム』筑摩書房，1992年。
青木昌彦・奥野正寛編著『経済システムの比較制度分析』東京大学出版会，1996年。
Aoki, Masahiko, *Towards a Comparative Institutional Analysis*, MIT, 2001. 瀧澤弘和・谷川和弘訳『比較制度分析に向けて』NTT 出版，2001年。
青木達彦「金融脆弱経済の金融政策――割引窓口政策 vs 公開市場政策」青木達彦編『金融脆弱性と不安定性 バブルの金融ダイナミズム』日本評論社，1995年。
浅子和美・加納悟・佐野尚史「株価とバブル」西村清彦・三輪芳朗編『日本の株価・地価』東京大学出版会，1990年。
安宅川佳之『コンドラチェフ波動のメカニズム 金利予測の基礎理論』ミネルヴァ書房，2000年。
―――『長期波動から見た世界経済史 コンドラチェフ波動と経済システム』ミネルヴァ書房，2005年。
Bernstein, Michael A., *The Great Depression: Delayed Recovery and Economic Change in America, 1929-1939*, Cambridge Univ. Press 1987. 益戸欣也・鵜飼信一訳『アメリカ大不況 歴史的経験と今日的意味』サイマル出版会，1991年。
Berry, Brian J., *Long-Wave Rhythms in Economic Development and Political Behavior*, The John Hopkins Univ. Press, 1991. 小川智弘・小林英一郎・中村亜紀訳『景気の長波と政治行動』亜紀書房，1995年。
Brenner, Robert, *The Boom and the Bubble: The US in the World Economy*, Verso, 2002. 石倉雅男・渡辺雅男訳『ブームとバブル 世界経済のなかのアメリカ』こぶし書房，2005年。
Chancellor, Edward, *Devil Take the Hindmost: A History of Financial Speculation*, Farrar, Straus and Giroux, 1999. 山岡洋一訳『バブルの歴史 チューリップ恐慌からインターネット投機へ』日経 BP，2002年。
Clark, Colin, *The Economics of 1960*, Macmillan, 1944.
―――, *The Conditions of Economic Progress*, Macmillan, 1940, 2nd ed., 1951. 大川一司・小原敬士・高橋長太郎・山田雄三訳篇『経済進歩の諸条件』勁草書房，1954年。
―――, "Is there a Long Cycle?," *Banca Nazionale del Lavoro Quarterly Review*, no. 150, Sept. 1984.
Debondt, Werner and Richard Thaler, "Further Evidence on Investor Overreaction and Stock Market Seasonality," *The Journal of Finance*, vol. 3, 1987.
Fama, Eugune F., "Efficient Capital Market: A Review of Theory and Empirical Work," *The Journal of Finance*, vol. 31, no. 1, 1970.

――― "Efficient Capital Market: II," *The Journal of Finance*, December 1991. 兼弘崇明訳「効率的資本市場：II」『証券アナリストジャーナル』1992年7月。

French, K. R. and J. M. Poterba, "Are Japanese Stock Prices Too High?," NBER Working Paper Series, no. 3290, 1990.

富士銀行調査部百年史編さん室『富士銀行の百年』1980年。

福田慎一「新しい経済環境の下での金融政策の課題について」『金融政策研究』12巻1号，日本銀行金融研究所，1993年。

Galbraith, J. Kennneth, *The Great Crash 1929*, Houghton Mifflin, 1954. 牧野昇監訳『ガルブレイスの大恐慌』徳間文庫，1998年．

―――, *A Short History of Financial Euphoria: Financial Genius is Before the Fall*, Whittle Direct Books, 1990. 鈴木哲太郎訳『バブルの物語　暴落の前に天才がいる』ダイヤモンド社，1991年。

Garber, Peter M., *Famous First Bubbles*, The MIT Press, 2000.

Goldstein, Joshua, *Long Cycles: Prosperity and War in the Modern Age*, Yale Univ. Press, 1988. 岡田光正訳『世界システムと長期波動論争』世界書院，1991年。

Goodwin, R. M., "A Growth Cycle," *Essays in Economic Dynamics*, Macmillan, 1982.

Gordon, D. M., Richard Edwards and Michael Reich, *Segmented Work, Divided Workers: The Historical Transformation of Labour in the United States*, Cambridge Univ. Press, 1982. 河村哲二・伊藤誠訳『アメリカ資本主義と労働　蓄積の社会的構造』東洋経済新報社，1990年。

――― "Inside and Outside the Long Swing: The Endogeneity/Exogeneity Debate and the Social Structures of Accumulation Approach," *Review*, XIV-2, Spring, Fernand Braudel Center for the Study of Economies, Historical Systems and Civilizations, 1991.

――― "Long Swings and Stages of Capitalism," D. M. Kotz, T. McDonough and M. Reich eds., *Social Structures of Accumulation: The Political Economy of Growth and Crisis*, Cambridge Univ. Press, 1994.

萩原伸次郎『世界経済と企業行動　現代アメリカ経済分析序説』大月書店，2005年。

浜田浩児『93 SNAの基礎　国民経済計算の新体系』東洋経済新報社，2001年。

原田泰「東京の高地価対策」『日本経済新聞』1988年11月15日。

長谷部孝司「日本では不良債権問題がなぜ容易に解決しないのか」SGCIME 編『マルクス経済学の現代的課題　第1集第5巻　金融システムの変容と危機』御茶の水書房，2004年。

長谷川徳之輔「主役を演じる銀行の過剰融資」『エコノミスト』1987年8月4日。

―――「地価は長期低迷に入った」『エコノミスト』1988年3月22日。

橋本寿朗「企業システムの〈発生〉，〈洗練〉，〈制度化〉の論理」橋本寿朗編『日本企業システムの戦後史』東京大学出版会，1996年。

―――「長期相対取引の歴史と論理」同上書。

Hasset, Kevin, *Bubbleology*, The Crown Publishing Group, 2002. 望月衛訳『バブル学』日本経済新聞社，2003年。

林敏彦『大恐慌のアメリカ』岩波新書，1988年。

Hilferding, Rudolf, *Das Finanzkapital: Eine Studie über die jüngste Entwicklung des Kapitalismus*, Verlag der Wiener Volksbuchhandlung Igvaz Brand & Co., 1910. 岡崎次郎訳『金融資本論』岩波書店，1955年。

堀内勇作「先送りの構造――1992年夏，公的資金投入はなぜ〈先送り〉されたか」村松岐夫編

著『平成バブル先送りの研究』東洋経済新報社，2005年。
深尾京司「日本の過大貯蓄とバブルの発生」村松岐夫・奥野正寛編『平成バブルの研究』上巻，東洋経済新報社，2002年。
深尾光洋・日本経済研究センター編『金融不況の実証分析　金融市場情報による政策評価』日本経済新聞社，2000年。
―――「1980年代後半の資産価格バブル発生の原因と90年代不況の原因」村松岐夫・奥野正寛編『平成バブルの研究』上巻，東洋経済新報社，2002年。
古川正紀『管理資本主義と平成大不況　市場主義復活の限界』ミネルヴァ書房，1999年。
飯田裕康編『現代金融危機の構造』慶應義塾大学出版会，2000年。
今川拓郎「資産の拘束は長期停滞を説明できるか」，原田泰・岩田規久男編『デフレ不況の実証分析　日本経済の停滞と再生』東洋経済新報社，2002年。
井村喜代子『恐慌・景気循環の理論』有斐閣，1973年。
―――『現代日本経済論』有斐閣，2000年。
―――『日本経済　混沌のただ中で』勁草書房，2005年。
一ノ瀬篤「日本のバブル再考――諸説のサーベイおよび後続不況との関連」同編著『現代金融・経済危機の解明』ミネルヴァ書房，2005年。
伊藤修「バブル期の〈世論〉の分析」香西泰・白川方明・翁邦雄編『バブルと金融政策』日本経済新聞社，2001年。
Jackson, James K., *Japan's Economy: From Bubble to Bust*, Congressional Research Service, 1994.『日本経済　バブルから崩壊まで』米国議会調査局報告書，C-NET, 1994.
上川龍之進「金融危機の中の大蔵省と日本銀行」村松岐夫編著『平成バブル先送りの研究』東洋経済新報社，2005年。
加藤雅「コンドラチェフ波の現在の位相について」『景気とサイクル』（景気循環学会）20号，1995年。
―――『歴史の波動』読売新聞社，1996年。
―――「景気変動の原因について〈Ⅲ〉」『東京経大学会誌・経済学』第211号，1999年。
―――「景気変動の原因について〈Ⅴ〉」同上誌，第219号，2000年7月。
―――「A. Spiethoff 再考――19世紀のコンドラチェフ波のクロノロジー」『景気とサイクル』（景気循環学会）37号，2004年。
―――「社会的な景気変動論」『景気とサイクル』（景気循環学会）39号，2005年4月。
―――『景気変動と時間　循環・成長・長期波動』岩波書店，2006年。
川合一郎『株価形成の理論』著作集第3巻，有斐閣，1981年（初版は日本評論社，1960年）。
景気循環学会＋金森久雄編『景気循環入門』東洋経済新報社，2002年。
経済企画庁（内閣府）『経済白書　日本経済の成長と近代化』至誠堂，1956年。
―――『平成元年度年次経済報告』（『エコノミスト』1989年8月21日）。
―――『平成2年度年次経済報告』（『エコノミスト』1990年8月20日）。
―――『平成3年度年次経済報告』（『エコノミスト』1991年8月26日）。
―――『平成4年度年次経済報告』（『エコノミスト』1992年8月31日）。
―――『経済財政白書』2006年。
毛馬内勇士『長期波動の経済政策』文眞堂，2003年。
Keynes, John M., *The General Theory of Employment, Interest and Money*, Macmillan, 1930. 塩野谷祐一訳『雇用・利子および貨幣の一般理論』東洋経済新報社，1995年。

―――― "The Means to Prosperity: MR Keynes's Reply to Criticism," *The Times*, 5 Apr. 1933, in The Royal Economic Society, *The Collected Writings of John Maynard Keynes XXI*, 1982.

Kindleberger, C. P., *The World in Depression 1929-1939*, Deutscher Taschenbuch Verlag, 1973. 石崎昭彦・木村一朗訳『大不況下の世界 1929-1939』東京大学出版会，1982年。

―――― *Panics and Crashes: A History of Financial Crises*, 4th ed., John Wiley & Sons, 2000. 吉野俊彦・八木甫訳『熱狂，恐慌，崩壊 金融恐慌の歴史』日本経済新聞社，2004年。

衣川恵『現代日本の金融経済』中央大学出版会，1995年。

―――― 『日本のバブル』日本経済評論社，2002年。

北原徹「バブルと銀行行動」青木達彦編『金融脆弱性と不安定性 バブルの金融ダイナミズム』日本評論社，1995年。

北坂真一『現代日本経済入門〈バランスシート不況〉の正しい見方・考え方』東洋経済新報社，2001年。

北澤正敏『概説平成バブル倒産史 激動の15年のレビュー』商事法務研究会，2001年。

Kleinknecht, Alfred, Ernst Mandel and Immanuel Wallerstein eds., *New Findings in Long-Wave Research*, St. Martin's Press, 1992.

Kondratieff, N. and D. I. Oparin, *The Long Wave Cycle*, Translated by G. Daniels, Richardson and Snyder, 1984.

厚生労働省『労働白書』1995-2003年。

―――― 『労働経済白書』2005年。

紺谷典子「日本の株価を考える」『日本の株価水準研究グループ報告書』日本証券研究所，1988年。

久保新一『戦後日本経済の構造と転換 IT 化・グローバル化を超えて』日本経済評論社，2005年。

公文俊平・竹内靖雄「長期趨勢――趨勢のパターンと波動」玉野井芳郎編著『大恐慌の研究 1920年代アメリカ経済の繁栄と崩壊』東京大学出版会，1964年。

―――― 「日本の長期波動」公文俊平編『2005年日本浮上』NTT 出版，1998年。

Maddison, Angus, *Monitoring the World Economy 1820-1992*, OECD, 1995. 政治経済研究所訳『世界経済の成長史 1820-1992年』東洋経済新報社，2000年。

―――― "Standardised Estimates of Fixed Capital Stock: A Six Country Comparison," in his *Explaining the Economic Performance of Nations Essay in Time and Space*, Edward Elger Publishing CO., 1995.

Mandel, Ernst, *Long Waves of Capitalist Development*, Cambridge Univ. Press, 1980. 岡田光正訳『資本主義発展の長期波動』柘植書房，1990年。

Marsh, Terry A. and Robert C. Merton, "Dividend Variability and Variance Bounds Tests for the Rationality of Stock Market Prices," *The American Economic Review*, vol. 76, 1986.

Marx, Karl H., *Das Kapital: Kritik der politischen Ökonomie*. 資本論翻訳委員会訳『資本論』新日本出版社版。

松沼勇『景気循環の一般理論 景気変動概論』白桃書房，2004年。

三木谷良一／A・S・ポーゼン編著『日本の金融危機』東洋経済新報社，2001年。

Minsky, Hyman P., *John Maynard Keynes*, Columbia Univ. Press, 1975. 堀内昭義訳『ケインズ理論とは何か 市場経済の金融的不安定性』岩波書店，1988年。

―――― *Stabilizing an Unstable Economy*, Yale Univ. Press, 1986. 吉野紀・浅田統一郎・内田和男

訳『金融不安定性の経済学 歴史・理論・政策』多賀出版，1989年。

Mitschell, Wesley C., *Business Cycles and Their Causes*, Burt Franklin, 1970 (1st ed., 1913)，種瀬茂・松石勝彦・平井規之訳『景気循環』新評論，1972年。

三井宏隆・益田真也・伊藤秀章『認知的不協和理論 知のメタモルフォーゼ』垣内出版，1996年。

三輪芳朗「株価"モデル"と日本の株価」西村清彦・三輪芳朗編『日本の株価・地価』東京大学出版会，1990年。

宮川努・石原英彦「金融政策，銀行行動の変化とマクロ経済」浅子和美・福田慎一・吉野直行編『現代マクロ経済分析 転換期の日本経済』東京大学出版会，1997年。

宮島英昭『産業政策と企業統治の経済史 日本経済発展のミクロ分析』有斐閣，2004年。

宮尾尊弘「地価の新局面を迎えて何をなすべきか」『東洋経済』1987年11月26日。

─────「〈地価バブル論〉の是非を論ずる」『東洋経済』1991年5月18日。

宮崎義一『現代資本主義と多国籍企業』現代資本主義分析10，岩波書店，1982年。

─────『転換期の資本主義 80年代の展望』日本放送出版協会，1982年。

─────『日本経済の構造と行動 戦後40年の軌跡』筑摩書房，1985年。

─────『複合不況 ポストバブルの処方箋を求めて』中公新書，1992年。

─────『国民経済の黄昏「複合不況」その後』朝日選書，1995年。

Modelski, George, *Long Cycles in World Politics*, Macmillan Press, 1987. 浦野起央・信夫隆司訳『世界システムの動態 世界政治の長期サイクル』晃洋書房，1991年。

村松岐夫・柳川範之「戦後日本における政策実施：政党と官僚 住専処理から」村松岐夫・奥野正寛編『平成バブルの研究』下巻，東洋経済新報社，2002年。

鍋島直樹「金融危機の政治経済学──ポストケインズ派とネオマルクス派の視角」青木達彦編『金融脆弱性と不安定性 バブルの金融ダイナミズム』日本評論社，1995年。

長島誠一『現代資本主義の循環と恐慌』現代資本主義分析6，岩波書店，1981年。

─────『景気循環論』青木書店，1994年。

─────『戦後の日本資本主義』桜井書店，2001年。

─────『現代の景気循環論』桜井書店，2006年。

─────・古ильい高根「景気循環の未決問題──加藤雅教授の遺したものは何か」『東京経大学会誌』第249号，2006年3月。

中村丈夫編『コンドラチェフ景気波動論』亜紀書房，1978年。

中村洋一『SNA統計入門』日本経済新聞社，1999年。

日本銀行史料調査室『日本銀行八十年史』1962年。

日本経済新聞社編『検証バブル 犯意なき過ち』日本経済新聞社，2000年。

西村清彦「地価高騰を生み出すメカニズム」『ESP』1987年10月号。

─────「日本の地価決定メカニズム」西村清彦・三輪芳朗編『日本の株価・地価』東京大学出版会，1990年。

西村吉正『銀行行政の敗因』文春新書，1999年。

西野智彦『検証 経済暗雲』岩波書店，2003年。

野口真「金融脆弱性の理論と現代の金融危機」SGCIME編『マルクス経済学の現代的課題 第Ⅰ集第5巻 金融システムの変容と危機』御茶の水書房，2004年。

野口悠紀雄「バブルで膨らんだ地価」『東洋経済』1987年11月26日。

─────「バブルの崩壊を目指して」『東洋経済』1990年12月8日。

―――『バブルの経済学』日本経済新聞社，1992年。
―――『1940年体制　さらば戦時経済』東洋経済新報社，1995年。
小川一夫・北坂真一『資産市場と景気変動』日本経済新聞社，1998年。
岡部光明『環境変化と日本の金融』日本経済評論社，1999年。
岡田光正『コンドラチェフ経済動学の世界　長期景気波動論と確率統計哲学』世界書院，2006年。
岡崎哲二「企業システム」岡崎哲二・奥野正寛編『現代日本経済システムの源流』日本経済新聞社，1993年。
―――・星岳雄「1980年代の銀行経営――戦略・組織・ガバナンス」村松岐夫・奥野正寛編『平成バブルの研究』上巻，東洋経済新報社，2002年。
―――・奥野正寛「現代日本の経済システムとその歴史的源流」岡崎哲二・奥野正寛編『現代日本経済システムの源流』日本経済新聞社，1993年。
翁邦雄・白川方明・白塚重典「資産価格バブルと金融政策：1980年代後半の日本の経験とその教訓」*Discussion Paper No. 2000-J-11*，日本銀行金融研究所，2000年。
置塩信雄『経済学と現代の諸問題　置塩信雄のメッセージ』大月書店，2004年。
―――編著『景気循環　その理論と数値解析』青木書店，1988年。
奥村洋彦『現代日本経済論「バブル経済」の発生と崩壊』東洋経済新報社，1999年。
奥野正寛「バブル経済とその破綻処理〈1975年体制〉の視点から」村松岐夫・奥野正寛編『平成バブルの研究』，上巻，東洋経済新報社，2002年。
Orlean, Andre, *LE POUVOIR DE LA FINANCE*, Editions Odile Jacob, 1999. 坂口明義・清水和巳訳『金融の権力』藤原書店，2001年。
Pigou, A. C. *Industrial Fluctuations*, 2nd ed., Macmillan, 1929.
Poterba, James M. and Andrew A. Samwick, "Stock Ownership Patterns, Stock Market Fluctuations and Consumption," *Brookings Paper on Economic Activity*, 2, 1995.
Rogers, Everett M., *Diffusion of Innovations*, The Free Press, 1983. 青池慎一・宇野善康訳『イノベーション普及学』産能大学出版部，1990年。
Rostow, W. W., *The Stages of Economic Growth: A Non-Communist Manifesto*, Cambridge Univ. Press, 1960. 木村健康・久保まち子・村上泰亮訳『経済成長の諸段階』ダイヤモンド社，1961年。
―――, *The World Economy: History and Prospect*, Univ. of Texas Press, 1978.
斉藤美彦「日本における1990年代の金融政策」SGCIME 編『マルクス経済学の現代的課題　第Ⅰ集第5巻　金融システムの変容と危機』御茶の水書房，2004年。
櫻川昌哉「不良債権が日本経済に与えた打撃」岩田規久男・宮川努編『失われた10年の真因は何か』東洋経済新報社，2003年。
貞廣彰『戦後日本のマクロ経済分析』東洋経済新報社，2005年。
Samuelson, P. A., "Proof that Properly Anticipated Price Fluctuate Randomly," *Industrial Management Review*, vol. 6, 1965.
佐藤俊幸『バブル経済の発生と展開　日本とドイツの株価変動の比較研究』新評論，2002年。
佐藤章『ドキュメント金融破綻』岩波書店，1998年。
Schumpeter J., *Business Cycles: A Theoretical Analysis of the Capitalist Process*, McGraw-Hill Book Co., 1939. 金融経済研究所訳『景気変動論』Ⅰ．有斐閣，1958年。
Shiller, Robert J., "Do Stock Prices Move too much to Be Justified by Subsequent Movements in

Dividends?," *The American Economic Review*, 76(3), 1981.
―――, *Irrational Exuberance*, Princeton Univ. Press, 2000. 沢崎冬日訳・植草一秀監訳『投機バブル 根拠なき熱狂』ダイヤモンド社, 2001年。
Shleifer, Andrei, *Inefficient Markets: An Introduction to Behavioral Finance*, Oxford Univ. Press, 2000. 兼弘崇明訳『金融バブルの経済学 行動ファイナンス入門』東洋経済新報社, 2001年。
柴田徳太郎『大恐慌と現代資本主義 進化論的アプローチによる段階論の試み』東洋経済新報社, 1996年。
清水谷諭『期待と不確実性の経済学』日本経済新聞社, 2005年。
篠原三代平『産業構造論』経済学全集18, 第2版, 筑摩書房, 1976年。
―――『世界経済の長期ダイナミックス 長期波動と大国の興亡』TBSブリタニカ, 1991年。
―――『戦後50年の景気循環 日本経済のダイナミズムを探る』日本経済新聞社, 1994年。
―――「〈長期不況〉の歴史的考察――大型バブル・デフレの長期的交代」『日経センター会報』1998年12月15日・1999年1月1日合併号。
―――『長期不況のなぞをさぐる』勁草書房, 1999年。
―――「〈平成長期不況〉は最終局面」『日本経済新聞』2006年8月15日。
Solomou, Solomos, *Phases of Economic Growth 1850-1973: Kondratieff Waves and Kuzunets Swings*, Cambridge Univ. Press, 1987. 笹倉和幸訳『長期波動の経済分析 コンドラチェフ波からクズネッツ波へ』東洋経済新報社, 1998年。
Steindl, J., *Maturity and Stagnation in American Capitalism*, Basil Blackwell, 1952. 宮崎義一・笹原昭五・鮎沢成男共訳『アメリカ資本主義の寡占と成長の理論』日本評論社, 1962年。
Stone, Douglas and William T. Ziemba, "Land and Stock Prices in Japan," *Journal of Economic Perspective*, vol. 7, no. 3, Summer 1993.
杉原茂・太田智之「資産価格の下落とバランスシート調整」原田泰・岩田規久男編『デフレ不況の実証分析 日本経済の停滞と再生』東洋経済新報社, 2002年。
杉田茂之「日本のバブルとメディア」村松岐夫・奥野正寛編『平成バブルの研究』上巻, 東洋経済新報社, 2002年。
住友銀行行史編纂委員会『住友銀行百年史』1998年。
多田洋介『行動経済学入門』日本経済新聞社, 2003年。
田原昭四『日本と世界の景気循環 現代景気波動論』東洋経済新報社, 1998年。
高橋亀吉『大正昭和財界変動史』東洋経済新報社, 1955年。
高須賀義博『マルクスの競争・恐慌観』岩波書店, 1985年。
―――『鉄と小麦の資本主義 下降の経済学』世界書院, 1991年。
侘美光彦『世界大恐慌 1929年恐慌の過程と原因』御茶の水書房, 1994年。
田中隆之『現代日本経済 バブルとポストバブルの軌跡』日本評論社, 2002年。
―――「日本における不良債権問題の〈先送り〉――金融機関による不良債権処理の〈先送り〉と政府による金融機関処理の〈先送り〉」村松岐夫編著『平成バブル先送りの研究』東洋経済新報社, 2005年。
寺西重郎『日本の経済システム』岩波書店, 2003年。
―――「メインバンク・システム」岡崎哲二・奥野正寛編『現代日本経済システムの源流』日本経済新聞社, 1993年。
Thaler, Richard H., *The Winner's Curse*, The Free Press, 1992. 篠原勝訳『市場と感情の経済学 「勝者の呪い」はなぜ起こるのか』ダイヤモンド社, 1998年。

東京都企画審議室『地価高騰の実態と影響に関する調査』1989年。
東京三菱銀行企画部銀行史編纂チーム『続々三菱銀行史』1999年。
戸矢哲朗『金融ビッグバンの政治経済学 金融と公共政策策定における制度変化』東洋経済新報社，2003年。
鶴光太郎『日本の経済システム改革 「失われた15年」を超えて』日本経済新聞社，2006年。
Tvede, Lars, *Business Cycles: The Business Cycle Problem from John Law to Chaos Theory*, Academic Publishers, 1998．赤羽隆夫訳『信用恐慌の謎 資本主義経済の落とし穴』ダイヤモンド社，1998年。
植田和男「わが国の株価水準について」『日本経済研究』12巻1号，1989年。
内橋克人『悪夢のサイクル』文藝春秋，2006年。
宇仁宏幸・坂田明義・遠山弘徳・鍋島直樹『入門 社会経済学』ナカニシヤ出版，2004年。
宇野弘蔵『恐慌論』岩波書店，1973年。
Van Duijn, J. J., *et al., The Long Wave in Economic Life*, George Allen & Unwin, 1983.
Wallerstein, Immanuel, *et al.*, "Cyclical Rhythums and Secular Trends of the Capitalist World-Economy: Some Premises, Hypothesis and Questions," *Review*, II-4, Spr. 1979.
―――, ed., *Long Waves*, Fernand Braudel Center & The Research Foundation of the State Univ. of New York. 宇仁宏幸・岡久啓一・遠山弘徳・山田鋭夫訳『長期波動』藤原書店，1992年。
渡辺健一「米国経済の長期（コンドラチェフ波）の時期区分―付論：日本経済の長波」『成蹊大学経済学部論集』第31巻1号，2000年。
Weisskopf, Thomas E., "Marxian Crisis Theory and the Rate of Profit in the Postwar U. S. Economy," *Cambridge Journal of Economics*, vol. 3, no. 4, Dec. 1979.
Wood, Christopher, *The Bubble Economy*．植山周一郎訳『バブル・エコノミー 日本経済・衰退か再生か』共同通信社，1992年。
柳川範之「バブルとは何か」村松岐夫・奥野正寛編『平成バブルの研究』上巻，東洋経済新報社，2002年。
吉川洋「資産価格変動のマクロ経済学的分析」『日本経済研究』12巻1号，1989年。
―――「土地バブル・その原因と時代背景」村松岐夫・奥野正寛編『平成バブルの研究』上巻，東洋経済新報社，2002年。
吉野俊彦「インフレの足音が聞こえる」『エコノミスト』1987年8月4日。
吉冨勝『アメリカの大恐慌』日本評論社，1965年。
―――『日本経済の真実 通説を超えて』東洋経済新報社，1998年。

事項索引

あ行

IT株ブーム　180
赤字国債　158, 165
悪夢のサイクル　218
幹旋融資制度　162
アノマリー　→非合理的バブル
アパート・ローン　169
いざなぎ景気　175
異種サイクルの合成　92
イタイイタイ病　158
偉大な社会　18
イノベーション普及学　114
E/Pレシオ　→株価収益率
インサイダー・コントロール　167, 173
売上高営業利益率　40
売上高経常利益率　40, 57, 176
エイジェンシー・コストによって発生するバブル　30
エクイティファイナンス　127
エージェント　150
NTT株　123, 128
MMC　77
円高対策　164
オイル・ショック　18, 21, 49, 164
億カン　123
オーバーローン　162, 164
卸小売業　56, 65, 173, 192, 200, 201

か行

海外旅行　127
買い替え　27, 181
外資系ファンド　204
外人買い　117
価格上昇期待　127
革新的採用者　114, 117
加工組立産業（電機・機械）　44, 52, 56, 64, 65, 160
ガーシェンクロンの追いつき波（G波）　99
貸し渋り　208
貸し手リスク　138, 139
過剰蓄積　33, 71, 79, 175, 178
加速度因子メカニズムの減衰　91
稼働率　38, 50, 175
過度経済力集中排除法　159
金余り（企業, 家計）　44, 115, 175
株価・収益比率（PER）　28, 42, 108, 109, 110, 181
株価収益率（E/Pレシオ）　106, 110
株式担保　202
株式持ち合い　109, 127, 149, 159
株神話　128
株主　167
借り手リスク　138, 139
機械工業振興臨時措置法　158
企業グループ　160, 166
企業合理化促進法　157
企業内部純余剰仮説　44
技術革新波　103, 179
基準地価　203
基礎物資需給計画　157
期待（感）　119, 136
キチン循環（波）　91, 179
基本（正弦）波　92, 94
qレシオ　108
恐慌　34, 35
恐慌論　35
業務純益　204
局所最適（均衡）　148, 150
キーワードの出現頻度　114, 181
緊急経済対策　123
銀行の株式保有　162
金・ドル交換停止　18, 39, 159
金融安定化法（旧）　207, 210
金融（保険）業　53, 72

金融緊急措置令　161
金融三法　207, 209
金融ビッグバン　172
金利自由化　167
空室率　26
クズネッツ循環(波)　99, 100, 179
クレジット・クランチ　42
クレジット・ビュー　209
軍需会社法　156
経営協議会　159
経営者独裁　156
経済システム　148
経済白書　39, 112, 129
経常収支　194
ケネディ・ジョンソン・ピーク　28
現先運用　44
建設業　53, 54, 57, 65, 72, 158, 167, 173, 177, 192, 200, 201, 207
減損会計　201
後期資本主義　89
公示地価　203
公社債投信　24
公職追放令　159
昂進期, バブルの　116, 120, 129, 181
構造対策　158
構造不況業種　44, 54
高調波　92, 94
公定歩合政策　162
公的資金　209
行動理論　107
高度成長期　45, 55, 59, 164
高度成長期経済システム　147, 153-154
高度大衆消費時代　17
効率的市場仮説　105
合理的な価格　106
合理的バブル　30
高利回り志向　127
国債の窓口販売　167
護送船団　171, 173, 183, 216
500年周期　93
コーポレート・ガバナンス　149, 155, 156, 182
コマーシャル・ペーパー　168

雇用総数　212
根拠なき熱狂　28
コンドラチェフ循環(波)　91, 99, 100, 125, 179
コンベンション(慣行, 共有信念)　136, 139, 140, 141, 186

さ行

財政再建　121
財テク　114, 123, 127, 173, 182
財閥解体指令　159
債務免除　200, 201
サブ・プライムローン問題　180
産業予備軍(説)　34, 36
産出係数　38, 41, 50
3大財閥　155
三頭支配体制　163, 184
地上げ　27, 181
事業会社の株式保有　166
時局共同融資団　156
仕切られた多元主義　171, 172, 216
資金移動表　65
資金運用部資金法　158
資金調達難易度DI　209
シグモイド曲線　113, 120
自己言及的合理性　140
資産効果　42, 130
資産拘束　209
資産再評価等の特別措置法(資本充実法)　159
資産の含み益　127
資産の有効活用　127
市場均衡理論　88
失業保険法　159
失業率　51, 211
実現恐慌説　36
実物要因　135
CD　44
指定金融機関制度　156
ジニ係数　217
支払利息　194
資本家間対立　152
資本―市民協約　152

資本蓄積　49, 175, 179
資本注入　210
資本取引自由化　158
資本の限界効率　137
資本分配率　38, 50
社会変動波　103, 179
ジャパン・アズ・ナンバーワン　186
重化学工業（鉄鋼・化学）　52, 56, 64, 65
従業員数　194
住専（住宅金融専門会社）　172, 205, 207
ジュグラー循環（波）　91, 99, 125, 179
準備預金制度　162
乗数―加速度原理　88
状態依存型ガバナンス　150, 151
消費者保護法　159
剰余価値　34
初期少数採用者　114, 120
職業安定法　159
所得倍増計画　18
自律的貨幣要因　135
新株引受権付社債　168
新自由主義　40, 166
新短期プライムレート　168
信用乗数効果　42
信用制度　35
心理要因　107, 111, 112, 135, 145
スタグフレーション（度）　38, 39, 44
ステークホルダー　156, 167
ステート・ガバナンス　156
スムート・ホーリー関税　144
スランプフレーション　44
政官財癒着　182
正規分布　114
精神的な昂揚　119
製造業　53, 55, 72, 188, 189, 192
成長・資本蓄積波　103, 179
成長循環理論　88
制度的補完　150, 166
生命保険　78
世界システム論　87
節税・相続対策　127
前期多数採用者　114, 124

1955年体制　164
1975年体制　147, 154
1940年体制　153
潜在資本力　152
潜伏期, バブルの　116, 117, 129, 181
戦略的合理性　140
戦略的投機家　141
戦略的補完性　148
相互依存関係　149
相互補完関係（性）　18, 170
総合経済対策　121
総資産経常利益率　188, 189
総資産純利益率　162, 169
創造的破壊　91
租税特別措置法　158
その他非製造業　57, 65, 70, 201
ソフト・バジェット　208

た行

第一次産業　53
大恐慌　80, 143, 186
第三次産業　55
対米鉄鋼輸出の自主規制　159
多角化　127
タテホ化学　123
地価高騰　115, 182
蓄積の社会的構造（SSA）　89, 151
中期波動　86
中小企業金融公庫　158
チューリップ・バブル　28, 31, 106
長期雇用（・年功序列賃金）　149, 155, 166, 182
長期波動　85
貯蓄性向　74, 177-178, 211, 213
貯蓄の自己増殖性　77
賃金指数　212
低成長期　45, 55
停滞期　46, 56
デッド・ディスオーガニゼーション　209
手元流動性　65
転換社債　24, 72
トウキョウ・フィナンシャルセンター　186
倒産・廃業　200

投資信託　23, 162
陶酔的熱病　29, 129, 144
独占禁止法　159
特定産業構造改善臨時措置法　118
特別公的管理銀行　210
特別利益・特別損失(特別損益)　188, 193
都心3区　27
土地転がし　27, 128
土地神話　128
土地投機　115, 173
土地融資　→不動産融資
ドッジ・ライン　18, 159
TOPIX株価指数　21
トービン効果　130
トービンのq　108, 125
transformational growth 理論　90

な行

内需主導型経済　121
内部資金比率　44, 63, 177, 178
ナッシュ均衡(交渉解)　148, 149, 182
南海泡沫会社　31
20世紀ご祝儀ピーク　28
日米繊維交渉　159
日経225種平均株価　21
日本開発銀行　158
日本住宅公団　158
日本的経営　127, 186
日本的雇用システム　149
日本道路公団　158
日本貿易振興会　158
日本輸出入銀行　158
認知的不協和理論　113
熱狂　29, 143, 144
ノンバンク　204, 205

は行

PER　→株価・収益比率
パックス・アメリカーナ　17, 152
パックス・ジャポニカ　125
パート労働者　217
バブル　28, 32, 39, 42, 143, 195, 200

パレート比較　148
BIS規制　168
比較制度分析　147, 148, 182
非合理的バブル(アノマリー)　30, 106
非正規従業員　217
非製造業　188, 192
非典型労働者(フリーター)　217
百貨店法　158
ファイナンシャル・アクセラレーター　209
ファンダメンタル主義的合理性　140
ファンダメンタルズ(価格)　29, 31, 107, 109, 110, 111, 113
ファンド・トラスト　168
フィードバック・ループ　129, 181
フィリップス曲線　40
付加価値/売上高比率　58
複合不況　41, 42
負債倍(比)率　41, 59, 109, 160, 162, 166, 169, 176, 178, 189, 192, 193
双子の赤字　19
物価波　103, 179
不動産業　53, 54, 57, 65, 70, 72, 167, 170, 173, 177, 192, 193, 200, 201, 205, 207
不動産担保　203
不動産(土地)融資　4, 122, 123, 169, 171, 202, 207
プライマリー・バランス　215
プラザ合意　19, 42, 45, 121, 166
ブラック・マンデー　42, 107, 123, 124
フリー・キャッシュフロー　64, 177, 178
不良債権　205, 206
ブレトンウッズ体制　17
プロセス論　135
米国大不況　90
ヘッジファンド　180
変動相場制　18
貿易自由化　158
保護主義　121

ま行

前川レポート　121
マーシャルのk　29
窓口規制　164

マネーゲーム　122, 128
マネーサプライ　21, 122, 123, 208
マネー・ビュー　209
マルクス学派　33, 88
水俣病　158
ミニ国土法　122
(民活・)民営化　19, 166
ミンスキー仮説(モデル)　137, 139, 144
無職者　213
明治大正経済システム　153
メインバンク(システム)　150, 151, 156, 161, 171, 173, 182, 183
モラルハザード　155, 167, 173, 183, 204

や行

有効求人倍率　51, 211
有償増資　74
郵便貯金の限度拡大　167–168
ユニバーサル・バンキング　168
予想収益曲線　138
四日市喘息　158

ら行

ライフサイクル仮説　130
爛熟期, バブルの　75, 116, 124, 129, 181, 182
ランダムウォーク　106
利潤率の低下　34, 175
リストラ　195, 200, 201
リーダーシップサイクル論　87
流通速度　28
レーガノミックス　121
歴史的経路依存性　148
レジャー　127
列島改造ブーム　29, 39
レント(シーキング)　150, 166, 170
労働組合法　159
労働の平和　152
労働分配率　216
路線価格　203

わ行

ワラント債　72, 168

人名索引

あ行

青木昌彦　147, 171
アカロフ（George A. Akerlof）　114
安宅川佳之　95, 156
アブラモビッツ（Moses Abramovitz）　100n
石原英彦　209n
伊豆 宏　126
一ノ瀬 篤　5n
今井 澂　124
今川拓郎　209n
井村喜代子　36n
植田和男　108, 125
上田信行　125
ヴェブレン（Thorstein Veblen）　147
植松忠博　125
ウォーラースタイン（Immanuel Wallerstein）
　　87, 95
内橋克人　217
宇野弘蔵　36n
エンゲルス（Friedrich Engels）　35
太田智之　209n
岡崎哲二　153, 156, 168
岡田光正　85n
岡部光明　130
小川一夫　129, 209n
置塩信雄　36, 37n
奥野正寛　153, 170, 172
奥村 宏　123
オパーリン（D. I. Oparin）　85n
オルレアン（Andre Orlean）　140, 186

か行

加藤 雅　92, 95, 103, 126
金森久雄　126
叶 芳和　125
ガーバー（Peter M. Garber）　106n

上川龍之進　207
ガルブレイス（John K. Galbraith）　29, 142, 143
北坂真一　129, 209n
北澤正敏　200n
キンドルバーガー（C. P. Kindleberger）　29, 142, 143
グッドウィン（Richard M. Goodwin）　88
公文俊平　83n, 95
クラーク（Colin Clark）　54n, 89, 95
黒田晁生　125
ケインズ（John M. Keynes）　44, 136
毛馬内勇士　95
ゴードン（David M. Gordon）　89, 95, 152
コモンズ（John R. Commons）　147
紺谷典子　108, 125
コンドラチェフ（N. Kondratieff）　85, 92, 95

さ行

櫻川昌哉　208n
貞廣 彰　109n, 213n
サミュエルソン（P. A. Samuelson）　106
ジェンバ（William T. Ziemba）　108n, 111
篠原三代平　28, 41, 54n, 85n, 95, 103, 113, 185
嶋中雄二　125
シュタインドル（J. Steindl）　60n
シュレイファー（Andrei Shleifer）　106n, 107
シュンペーター（J. Schumpeter）　91, 95
シラー（Robert J. Shiller）　28, 106
杉原 茂　209n
鈴木淑夫　126
ストーン（Douglas Stone）　108n, 111
セイラー（Richard H. Thaler）　106n, 107
ソロス（George Solos）　141
ソロム（Solomos Solomou）　99

た行

高須賀義博　33n, 37
高橋亀吉　180n
高橋乗宣　125
竹内靖雄　83n
田中隆之　30n, 207
田原昭四　95, 125
チャンセラー（Edward Chancellor）　31n, 142n
鶴田俊正　126
ディケンズ（W. T. Dickens）　114
デボンド（Werner Debondt）　107
寺西重郎　153, 157
トゥヴェーデ（Lars Tvede）　142n
戸矢哲朗　171, 172

な行

長島誠一　35, 38, 85n
中村丈夫　85n
中村洋一　74n
鍋島直樹　139n
西野智彦　206n
西村清彦　112, 124
西村吉正　206
野口　真　139n
野口悠紀雄　112, 124, 126, 153
野村信宏　122

は行

萩原伸次郎　139n
橋本寿朗　153, 155
長谷川徳之輔　112, 123, 124, 126
ハセット（Kevin Hasset）　106n
浜田浩児　46n
原田　泰　111, 125
バーンスタイン（Michael A. Bernstein）　80, 90
ピグー（A. C. Pigou）　135
ヒルファーディング（Rudolf Hilferding）　133
ファーマ（Eugune F. Fama）　106
ファン・デューイン（J. J. Van Duijn）　95
フェスティンガー（L. Festinger）　114
フェルドスタイン（Martin Feldstein）　126
福井俊彦　123
福本寿男　125
フレンチ（K. R. French）　109, 181
ブレナー（Robert Brenner）　28
古野高根　85
ベリー（Brian J. Berry）　100
星　岳雄　168
ポターバ（J. M. Poterba）　109, 181
堀内勇作　207

ま行

マーシュ（Terry A. Marsh）　107
マディソン（Angus Maddison）　81
マートン（Robert C. Merton）　107
マルクス（Karl H. Marx）　35, 133
マンデル（Ernst Mandel）　88, 95
水谷研治　125
ミッチェル（Wesley C. Mitschell）　5, 117, 134, 142, 147
宮尾尊弘　111, 124
宮川　努　209n
宮崎義一　28, 41, 113, 185
宮島英昭　153, 155, 157
三輪芳朗　108
ミンスキー（Hyman Minsky）　137
村松岐夫　171
モデルスキ（George Modelski）　87, 95
森口親司　125

や行

柳川範之　29, 171
吉川　洋　108
吉冨　勝　109
吉野俊彦　3, 123
米田　貢　125

ら行

ロジャース（Everett M. Rogers）　114, 117, 120, 124, 181
ロストウ（W. W. Rostow）　95

わ行

ワイスコフ（Thomas E. Weisskopf） 38
和田哲郎 125
渡辺健一 82, 95

古野高根
ふるの たかね

1938年福岡県生まれ。1962年東京大学経済学部卒業。住友銀行調査第二部長，取締役審査第二部長を経て，1990年以降住銀リース専務取締役，ティーケイビル社長等，現在はニチハ監査役。この間2004年放送大学修士（学術），2007年東京経済大学博士（経済学）。
論文に「景気循環の未決問題──加藤雅教授の遺したものは何か」（長島誠一と共同執筆）『東京経大学会誌』第249号，2006年3月。

20世紀末バブルはなぜ起こったか

2008年11月5日　初　版

著　者　　古野高根
装幀者　　加藤昌子
発行者　　桜井　香
発行所　　株式会社 桜井書店
　　　　　東京都文京区本郷1丁目5-17 三洋ビル16
　　　　　〒113-0033
　　　　　電話（03）5803-7353
　　　　　Fax（03）5803-7356
　　　　　http://www.sakurai-shoten.com/
印刷所　　株式会社 ミツワ
製本所　　誠製本株式会社

© 2008 Takane Furuno

定価はカバー等に表示してあります。
本書の無断複写（コピー）は著作権法上での例外を除き，禁じられています。
落丁本・乱丁本はお取り替えします。

ISBN978-4-921190-53-8　Printed in Japan

菊本義治ほか著
日本経済がわかる 経済学

新しいスタイルの経済学入門テキスト
Ａ５判・定価2800円＋税

森岡孝二編
格差社会の構造
グローバル資本主義の断層

〈格差社会〉と〈グローバル化〉をキーワードに現代経済を読み解く
四六判・定価2700円＋税

伊原亮司著
トヨタの労働現場
ダイナミズムとコンテクスト

気鋭の社会学研究者が体当たりで参与観察・分析
四六判・定価2800円＋税

長島誠一著
現代の景気循環論

理論的考察と数値解析にもとづいて景気循環の実態に迫る
Ａ５判・定価3500円＋税

長島誠一著
現代マルクス経済学

『資本論』の経済学の現代化に取り組んだ挑戦的試み
Ａ５判・定価3700円＋税

エスピン−アンデルセン著／渡辺雅男・渡辺景子訳
ポスト工業経済の社会的基礎
市場・福祉国家・家族の政治経済学

福祉国家の可能性とゆくえを世界視野で考察
Ａ５判・定価4000円＋税

桜井書店
http://www.sakurai-shoten.com/